深远海工程装备与高技术丛书

游艇舒适度原理与设计

蔡 薇　吴卫国　著

上海科学技术出版社

图书在版编目(CIP)数据

游艇舒适度原理与设计 / 蔡薇,吴卫国著. —上海：上海科学技术出版社,2019.1
（深远海工程装备与高技术丛书）
ISBN 978-7-5478-4257-7

Ⅰ.①游… Ⅱ.①蔡… ②吴… Ⅲ.①游艇-舒适性-设计 Ⅳ.①U674.910.2

中国版本图书馆 CIP 数据核字(2018)第 270775 号

游艇舒适度原理与设计
蔡 薇 吴卫国 著

技术编辑 张志建 陈美生
美术编辑 赵 军

上海世纪出版(集团)有限公司
上海科学技术出版社 出版、发行
(上海钦州南路 71 号 邮政编码 200235 www.sstp.cn)
苏州望电印刷有限公司印刷
开本 787×1092 1/16 印张 17.25 插页 4
字数 400 千字
2019 年 1 月第 1 版 2019 年 1 月第 1 次印刷
ISBN 978-7-5478-4257-7/U·75
定价：150.00 元

本书如有缺页、错装或坏损等严重质量问题，请向工厂联系调换

内 容 提 要

舒适度设计是游艇总体设计中的重要方面,游艇作为水上娱乐用高级消费品,不仅集航海、运动、娱乐、休闲等功能于一体,而且更需满足客户的个性化需求,故对舒适度有极高的要求。舒适度是衡量游艇性能优劣评级的重要依据,在融合船东个性化需求之外也体现了船东对其游艇的满意度。

本书在收集国内外游艇舒适度设计经验的基础上,通过对游艇舒适度机理的研究,阐述了游艇舒适度的理论及控制技术,即从外观造型舒适度、游艇舱室空间环境舒适度、游艇运动舒适度、游艇振动舒适度、游艇噪声舒适度、游艇环保材料舒适度等几个方面来进行舒适度机理的剖析,通过对相关游艇及船艇规范的技术分析,找到影响舒适度的各项相关因素,探索建立了游艇舒适度的指标体系,并提出了针对游艇各舒适度的设计方法。

本书是在国家工信部高技术船舶专项的支撑下,通过国家外专局、教育部支持的与荷兰丹尔福特理工大学、英国南安普顿大学联合开展的"高性能船舶学科创新引智基地"活动,融合国内外研究院所和设计制造厂家的多年科研和工作的基础上撰写而成。

本书内容可供从事游艇研制和游艇舒适度研究的工程技术人员参考,也可以作为船舶工程和海洋工程领域设计、研发、管理人员和高等院校相关专业师生的参考用书。

学 术 顾 问

潘镜芙　中国工程院院士、中国船舶重工集团公司第七〇一研究所研究员
闻雪友　中国工程院院士、中国船舶重工集团公司第七〇三研究所研究员
顾心怿　中国工程院院士、胜利石油管理局资深首席高级专家
方书甲　中国造船工程学会原副理事长、研究员
童小川　中国船舶重工集团公司第七〇四研究所科技委主任、研究员
俞宝均　中国船舶设计大师、中国船舶工业集团公司第七〇八研究所研究员
杨葆和　中国船舶设计大师、中国船舶工业集团公司第七〇八研究所研究员
赵耕贤　中国船舶设计大师、中国船舶工业集团公司第七〇八研究所研究员
徐绍衡　中国船舶设计大师、江苏省舰船及海洋自动化工程研究中心首席科学家

丛书编委会

主　　　编　潘镜芙　童小川
常务副主编　闻雪友
副　主　编　方书甲　王自力　刘志刚　沈余生　桂文彬
　　　　　　　黄　震　王文涛
编　　　委（按姓氏笔画排序）
　　　　　　　尤　熙　冯志敏　刘建峰　李林烨　杨葆和
　　　　　　　何可耕　张　云　张锦岚　陈福正　林宪东
　　　　　　　周国平　赵耕贤　俞宝均　翁一武　崔维成
　　　　　　　焦　侬

编委办公室　刘　震　田立群　周海锋　施　璟　杨文英
　　　　　　　方思敏　赵宝祥　李　慧　蒋明迪
主编单位　中国造船工程学会《船舶工程》编辑部

目　录

第1章　游艇设计与游艇舒适度概述 ………………………………………… 1
1.1　游艇船型 ……………………………………………………………… 3
1.1.1　游艇的分类 ………………………………………………… 3
1.1.2　游艇的船体 ………………………………………………… 10
1.1.3　游艇的动力 ………………………………………………… 11
1.2　游艇设计规范 ………………………………………………………… 12
1.2.1　国外规范 …………………………………………………… 12
1.2.2　国内规范 …………………………………………………… 15
1.3　游艇舒适度内涵 ……………………………………………………… 16
1.3.1　外观造型舒适度 …………………………………………… 16
1.3.2　舱室空间环境舒适度 ……………………………………… 16
1.3.3　运动舒适度 ………………………………………………… 16
1.3.4　振动舒适度 ………………………………………………… 17
1.3.5　噪声舒适度 ………………………………………………… 17
1.3.6　环保材料舒适度 …………………………………………… 17
1.4　国内外游艇舒适度的研究及设计进展 ……………………………… 17
1.5　本章小结 ……………………………………………………………… 18
参考文献 …………………………………………………………………… 18

第2章　游艇外观造型舒适度 ………………………………………………… 21
2.1　游艇外观风格与游艇上层建筑的外观造型 ………………………… 23
2.1.1　游艇的外观风格 …………………………………………… 23
2.1.2　上层建筑的外观形式 ……………………………………… 24
2.1.3　上层建筑的首尾端处理 …………………………………… 25
2.2　大型游艇造型美学中的一般数学规律与几何表达 ………………… 26
2.2.1　设计美学的启示 …………………………………………… 26
2.2.2　各层甲板长度之间的比例关系 …………………………… 27
2.2.3　游艇甲板长尺度比的美学与功能解释 …………………… 28
2.2.4　造型三角形的概念与内容 ………………………………… 30

2.2.5 造型三角形的几何与美学特点 ……………………………………… 31
  2.2.6 前窗角度规律 ………………………………………………………… 33
  2.2.7 形心坐标规律 ………………………………………………………… 34
 2.3 造型评价模型的构建与实例验证 ……………………………………………… 37
  2.3.1 单个子函数的处理 …………………………………………………… 37
  2.3.2 权值的计算和造型目标函数的建立 ………………………………… 39
  2.3.3 实例验证 ……………………………………………………………… 41
 2.4 游艇造型美学及最小风阻上层建筑 …………………………………………… 42
  2.4.1 游艇造型美 …………………………………………………………… 42
  2.4.2 基于 CFD 软件的最小风阻上层建筑研究 ………………………… 43
 2.5 游艇造型及线型协调性设计方法 ……………………………………………… 44
  2.5.1 协调性原理 …………………………………………………………… 44
  2.5.2 大型游艇的总布置 …………………………………………………… 45
  2.5.3 大型游艇的重量及重心位置 ………………………………………… 47
  2.5.4 浮心纵向位置及调整 ………………………………………………… 53
 2.6 基于差分进化算法的大型游艇外形优化设计 ………………………………… 54
  2.6.1 差分进化算法的基本理论 …………………………………………… 54
  2.6.2 基本差分进化算法对大型游艇优化问题的求解 …………………… 55
  2.6.3 大游艇优化问题的求解 ……………………………………………… 58
  2.6.4 差分进化算法的改进 ………………………………………………… 60
  2.6.5 改进后算法的应用 …………………………………………………… 62
 2.7 本章小结 ………………………………………………………………………… 64
 参考文献 ………………………………………………………………………………… 64

第 3 章 游艇舱室空间环境舒适度 …………………………………………………… 67
 3.1 基于人机工程学的游艇舱室空间环境舒适度 ………………………………… 69
  3.1.1 游艇舱室空间设计与空间环境舒适度 ……………………………… 69
  3.1.2 舱室设计中的人机工程学原理及应用 ……………………………… 73
  3.1.3 舱室环境舒适度评估专家系统的构建 ……………………………… 78
 3.2 采光舒适度与游艇舷窗设计 …………………………………………………… 80
  3.2.1 游艇舷窗概述 ………………………………………………………… 80
  3.2.2 游艇类型风格与舷窗造型之间的联系 ……………………………… 82
  3.2.3 游艇采光计算研究方法 ……………………………………………… 84
  3.2.4 采光舒适度评价方法 ………………………………………………… 90
  3.2.5 游艇采光舒适度评价分析选择实例 ………………………………… 93
 3.3 舱室空气舒适度及其通风设计 ………………………………………………… 99
  3.3.1 舱室空气环境影响因素 ……………………………………………… 99

  3.3.2 舱室空气控制现状 99
  3.3.3 通风系统 100
  3.3.4 气流组织的形式 100
  3.3.5 气流组织的评价指标 101
 3.4 船东偏好的内装风格与舱室舒适度设计 104
  3.4.1 船东偏好 104
  3.4.2 各式室内设计风格 108
  3.4.3 应用美学与内装舒适度设计 112
 3.5 本章小结 113
 参考文献 113

第 4 章　游艇运动舒适度 115

 4.1 风浪对海洋航行游艇的影响 117
  4.1.1 风浪对游艇快速性的影响 117
  4.1.2 风浪对游艇结构和设备的影响 117
  4.1.3 风浪对游艇舒适度的影响 118
 4.2 基于 MATLAB 的超级游艇运动响应仿真 118
  4.2.1 基于 MATLAB 的海浪特性模拟仿真 118
  4.2.2 基于 MATLAB 的超级游艇横摇运动仿真 121
  4.2.3 基于 MATLAB 的超级游艇纵向和垂向运动仿真 127
 4.3 游艇运动舒适度提升方法 138
  4.3.1 艇型设计 139
  4.3.2 减摇装置 139
 4.4 超级游艇联合减摇装置选型设计 143
  4.4.1 减摇装置选型设计原则 143
  4.4.2 联合减摇装置选型设计和布置 144
 4.5 评估基于模糊模式识别的超级游艇运动舒适度综合评估 146
  4.5.1 模糊模式识别的基本思想 146
  4.5.2 超级游艇运动舒适度衡准指标模糊化分析 150
  4.5.3 超级游艇运动舒适度综合评估模糊化分析 155
 4.6 本章小结 156
 参考文献 157

第 5 章　游艇振动舒适度 159

 5.1 游艇振动源分析 161
  5.1.1 游艇振动的基本特征 161
  5.1.2 主要激励及相关预报公式 162

	5.1.3	游艇振动响应与振源分析	169
	5.1.4	强迫振动分析	170
5.2	振动对人体的危害和相关标准		173
	5.2.1	振动的危害	174
	5.2.2	振动的评价方法	176
	5.2.3	振动的规范衡准	177
5.3	游艇振动控制		179
	5.3.1	振动控制基本方法	179
	5.3.2	隔振技术	180
	5.3.3	阻尼减振	182
	5.3.4	游艇振动舒适性标准	183
5.4	本章小结		185
参考文献			186

第6章 游艇噪声舒适度 … 187

- 6.1 游艇的噪声源 … 189
  - 6.1.1 声学的基本概念 … 190
  - 6.1.2 感觉噪声级和噪声指数 … 192
  - 6.1.3 各种统计声级 … 194
  - 6.1.4 游艇噪声源及传播 … 194
- 6.2 噪声对舒适性的影响及相关标准(ISO及各主要船级社的标准) … 195
  - 6.2.1 噪声的危害 … 195
  - 6.2.2 噪声的评价方法 … 196
  - 6.2.3 游艇噪声衡量标准 … 197
- 6.3 游艇噪声控制技术 … 198
  - 6.3.1 噪声控制的一般方法 … 198
  - 6.3.2 吸声技术 … 201
  - 6.3.3 隔声技术 … 202
  - 6.3.4 消声技术 … 203
  - 6.3.5 游艇噪声的综合控制及治理 … 204
  - 6.3.6 游艇舱室噪声级的估算 … 207
- 6.4 本章小结 … 208
- 参考文献 … 209

第7章 游艇环保材料舒适度 … 211

- 7.1 基于绿色设计的船体材料选择 … 213
  - 7.1.1 绿色材料概述 … 213

  7.1.2 船体材料选择方法 …………………………………………………… 214
7.2 面向船体材料选择的绿色度评价 ……………………………………………… 215
  7.2.1 绿色度评价体系的必要性 ……………………………………………… 216
  7.2.2 绿色度评价指标的选取原则 …………………………………………… 216
  7.2.3 绿色度评价指标体系的建立 …………………………………………… 217
  7.2.4 基于模糊层次分析法的多指标评价算法 ……………………………… 220
  7.2.5 大型游艇船体材料选择实例 …………………………………………… 225
7.3 游艇装备产品分类选型 ………………………………………………………… 229
  7.3.1 船体材料的选择 ………………………………………………………… 230
  7.3.2 轮机设备的选择 ………………………………………………………… 230
  7.3.3 电气设备的选择 ………………………………………………………… 231
  7.3.4 锚泊设备的选择 ………………………………………………………… 232
  7.3.5 救生与消防设备的选择 ………………………………………………… 232
  7.3.6 舾装设备的选择 ………………………………………………………… 233
  7.3.7 通信设备的选择 ………………………………………………………… 234
7.4 游艇装备绿色选配 ……………………………………………………………… 234
  7.4.1 游艇装备绿色选配系统开发平台与工具 ……………………………… 234
  7.4.2 选配系统基本框架及主要功能 ………………………………………… 235
  7.4.3 游艇装备选择配置与分析评估软件系统运行界面 …………………… 236
7.5 基于生命周期评价理论的游艇环保材料舒适度 ……………………………… 237
  7.5.1 船体材料生命周期评价理论实施框架 ………………………………… 237
  7.5.2 目的和范围的确定 ……………………………………………………… 237
  7.5.3 清单分析 ………………………………………………………………… 239
  7.5.4 影响评价 ………………………………………………………………… 249
  7.5.5 大型游艇船体材料生命周期评价实例 ………………………………… 251
7.6 本章小结 ………………………………………………………………………… 259
参考文献 ……………………………………………………………………………… 259

游艇舒适度原理与设计

第 1 章　游艇设计与游艇舒适度概述

游艇作为一种水上娱乐用高级耐用消费品,要求集航海、运动、娱乐、休闲等功能于一体,满足个人及家庭享受生活的需要。游艇与其他船舶的区别在于它既是实用的物质产品,又是体现人类审美需求的精神产品[1]。

目前世界上游艇业发展较快的国家是意大利、美国、英国、挪威、德国、澳大利亚等。游艇服务较为发达的地点是具备良好天然条件的地区,如地中海及周边沿岸、加勒比海沿岸和澳大利亚的大堡礁等。英国、意大利、挪威、荷兰、澳大利亚等国家依靠自己独特的设计理念、合理的设计方法、多年的生产经验和先进的材料,船舶生产技术一直领先于世界上的其他国家与地区[2,3]。在国内,近些年也新兴了一股游艇产业潮,企业、研发人员都瞄准了中国游艇市场。就研发能力而言,我国还无法与国外相竞争。国外企业凭借其创新的设计与技术、卓越的质量和优质的售后服务来抢占中国市场。

随着国际游艇业的发展,游艇的设计开始逐渐深入游艇舒适性的研究。舒适是指个体在其空间中保持一种平和从容的精神状态,是身心健康、没有痛楚、没有恐惧的怡然自得的自我感受[4]。舒适度是指人们从生理与心理上对客观环境所感受到的满意程度的综合评价。为了使人处于完全舒适的状态,就需要人、机、环境三大要素间的相互作用达到最佳,以满足人们舒适性的需要。

1.1 游艇船型

在选择游艇船型时,需要综合考虑游艇的航区、用途、航速、续航力、稳性、适航性、动力装置、船员定额和舱室布置等因素。从不同角度对游艇进行分类,可以从游艇的船体和动力等方面确定游艇船型。

1.1.1 游艇的分类

游艇的种类繁多,分类方式也迥然不同。

1) 按游艇尺度分类

依国际惯例,游艇尺度规格通常是以英尺为量度的,按照游艇长度可以将游艇分为四类。

(1) 小型游艇:尺度在 60 ft(约 18 m)以下。

小型游艇船艏多采用弯曲型,这样可以使船壳舱室面积扩大,同时使乘客在视觉上更能享受前进感、速度感和力量感。这类游艇最为普及,价格一般低于 100 万美元,可以放在游艇拖车上运输。小型游艇的优点是结构简单,使用材料经济,室内装潢由厂商决定,批量生产。美国"Chris Craft Launch 28"是全天候万能家用小型游艇,如图 1.1 所示。

图 1.1　美国"Chris Craft Launch 28"

图 1.2　"华昊"号游艇

（2）中型游艇：尺度为 60～80 ft(约 18～24 m)。

中型游艇多半是由船厂批量设计、生产的，品质不一，一般拥有 1～2 个客房。"华昊"号游艇是由广东大飞洋游艇设备有限公司建造的首艘 60 ft 豪华游艇，如图 1.2 所示。"华昊"号游艇水线长度为 14.83 m，型宽 4.96 m，吃水 0.97 m，续航能力达 200 n mile，巡航速度可达 18 kn。

（3）大型豪华游艇：尺度为 80～120 ft(约 24～36 m)。

大型豪华游艇船艏多采用直立型和飞剪型。其中，飞剪型有较大的艏外飘，不易上浪，劈浪效果更好，显得优雅轻巧。全世界新建游艇花费绝大部分用于 100 ft(约 30 m)以上的大型豪华游艇。这一类游艇的活动区域一般是离岸 8 h 以内的范围，其船体材料一般为铝合金或钢，有两层以上的甲板，拥有 3 个以上的客房。内饰设计完全根据客户个人爱好及品味修改。国内万达集团于 2010 年购买了一艘圣汐 108 ft 特别版豪华游艇"Sunseeker Predator 108 Special Edition"，如图 1.3 所示。

图 1.3　豪华游艇"Sunseeker Predator 108 Special Edition"

图 1.4　超级游艇"Turama"

（4）超级游艇：120 ft(约 36 m)以上。

超级豪华游艇的活动区域是离岸三个昼夜以内的范围。2004 年，由芬兰劳马

(Rauma)造船厂出品的"Turama"号游艇长117 m,除了动力强劲之外,这艘游艇最大的特点在于丰富的细节设计,如大面积的柚木甲板,使这艘钢铁巨轮突然令人有一种宾至如归之感,如图1.4所示。

2) 按游艇航速分类

游艇按相对速度可分为低速艇、中速艇、高速艇和超高速艇。为此,引入弗劳德数:

$$F_n = \frac{v}{\sqrt{gL}}$$

式中,F_n为弗劳德数,v为船舶航速,g为重力加速度,L为船长。

弗劳德数在0.4以下的艇称为低速艇;弗劳德数高于0.4低于0.7的艇称为中速艇;弗劳德数大于0.7的艇称为高速艇。高速艇的艇体会被抬离出水面,形成滑行状态。当艇的弗劳德数大于1时,艇体几乎会被全部抬出水面,形成全滑行状态,称之为"超高速艇"。

当艇处于低速时,艇体满足"阿基米德原理",即艇排开水的重量等于艇体重量,此时的艇体称为排水型艇。

当艇的速度达到中速时,剩余阻力会迅速增长。为此,艇体形状应该要求更狭长一些。随着航速的增加,艇底下的动举力也开始起作用,支持艇的小部分重量,但大部分还是需要由排水量来支持,此时的艇称为过渡型艇或半排水型艇。

当艇超过中速艇的速度范畴后,艇底下的动举力逐渐开始起主要作用,能将艇体逐渐抬出水面。艇体抬升后,由于艇体接触水的面积逐渐减少,摩擦阻力和剩余阻力都相应骤减,艇体的总阻力不增反降,形成一个低谷。在同样的功率条件下,艇的航速显著提高。此时的艇开始进入滑行状态,艇体重量几乎全部由动举力支撑,排水量显得微不足道。图1.5所示为52 kn航速的高速艇"Spectre"。

图1.5 高速艇Spectre

图1.6 动感型游艇"法拉帝108 Vardar"

3) 按游艇风格分类

游艇的风格类型与游艇设计所选取的要素有关,为了分析自变量对因变量的影响力程度,所以引入标准化系数 β。标准化系数越大,则影响力程度越大。标准化系数的正、负值分别代表正向的影响和负向的影响。系数绝对值大于等于 0.7 的影响程度最大;介于 0.5~0.7 的,影响很重要;介于 0.3~0.5 的,影响较重要;低于 0.3 的,基本没什么影响。

将游艇按风格分成四类:动感型游艇、奢华型游艇、品质型游艇、大众型游艇。

(1) 动感型游艇。

动感型游艇会为人们带来运动感,一般为人们娱乐所用。"法拉帝 108 Vardar"就是一艘动感十足的游艇,如图 1.6 所示。

动感型游艇的设计要素与外观造型要求如表 1.1 所示。

表 1.1 动感型游艇设计要素与外形设计要素的要求

游艇外观造型	设 计 要 素	代 码	标准化系数 β
船室-船长比	L_{house}/L_{OA}	X1	−0.448
船室-船长高	H_{house}/H	X2	0.064
艏侧线夹角	θ_1	X3	0.186
艉侧线夹角	θ_2	X4	−0.353
船室前窗夹角	θ_3	X5	0.126
船室侧支柱夹角	θ_4	X6	−0.558
船室纵向中心位置	L_{hc}/L_{OA}	X7	−0.261
雷达架纵向位置	L_{ant}/L_{OA}	X8	−0.269
上层甲板末端位置	L_{up}/L_{OA}	X9	−0.562
舷侧线形状	上弧	X10	0.603
	直线	X11	0.328
	下弧	X12	−0.104
船室窗户形状	曲线	X13	0.851
	直线	X14	0.000
	混合	X15	0.191
下层舷窗形状	大窗	X16	0.174
	小窗	X17	0.068
	解释能力	R^2	0.892

(2) 奢华型游艇。

奢华型游艇建造成本昂贵、奢侈,并且极具观赏性。一名马来西亚的神秘大亨曾斥资 30 亿英镑,动用了 100 t 黄金和白金等贵金属,请英国利物浦著名珠宝商斯图尔特·休斯花费 3 年时间,在意大利为其打造了一条名为"史上最牛"的纯金游艇,如图 1.7 所示。

奢华型游艇的设计要素与外观造型要求如表 1.2 所示。

图 1.7 奢华型游艇——纯金游艇

表 1.2 奢华型游艇设计要素与外形设计要素的要求

游艇外观造型	设 计 要 素	代　码	标准化系数 β
船室-船长比	L_{house}/L_{OA}	X1	−0.415
船室-船长高	H_{house}/H	X2	−0.162
艏侧线夹角	θ_1	X3	−0.406
艉侧线夹角	θ_2	X4	−0.362
船室前窗夹角	θ_3	X5	−0.328
船室侧支柱夹角	θ_4	X6	0.132
船室纵向中心位置	L_{hc}/L_{OA}	X7	−0.073
雷达架纵向位置	L_{ant}/L_{OA}	X8	−0.231
上层甲板末端位置	L_{up}/L_{OA}	X9	−0.115
舷侧线形状	上弧	X10	0.000
	直线	X11	0.642
	下弧	X12	−0.283
船室窗户形状	曲线	X13	0.932
	直线	X14	0.000
	混合	X15	0.683
下层舷窗形状	大窗	X16	0.646
	小窗	X17	0.261
	解释能力	R^2	0.956

(3) 大众型游艇。

为了让更多的普通人享受到游艇的乐趣,一些游艇的设计逐渐走向大众化。普通休闲钓鱼艇是极具代表性的家用游艇,如图 1.8 所示。

大众型游艇的设计要素与外观造型要求如表 1.3 所示。

图 1.8　大众化休闲钓鱼艇

表 1.3　大众型游艇设计要素与外形设计要素的要求

游艇外观造型	设计要素	代码	标准化系数 β
船室-船长比	L_{house}/L_{OA}	X1	0.742
船室-船长高	H_{house}/H	X2	0.163
艏侧线夹角	θ_1	X3	−0.205
艉侧线夹角	θ_2	X4	0.824
船室前窗夹角	θ_3	X5	0.394
船室侧支柱夹角	θ_4	X6	0.136
船室纵向中心位置	L_{hc}/L_{OA}	X7	0.358
雷达架纵向位置	L_{ant}/L_{OA}	X8	0.129
上层甲板末端位置	L_{up}/L_{OA}	X9	0.428
舷侧线形状	上弧	X10	0.013
	直线	X11	−0.352
	下弧	X12	0.021
船室窗户形状	曲线	X13	−0.973
	直线	X14	0.000
	混合	X15	−0.329
下层舷窗形状	大窗	X16	0.000
	小窗	X17	−0.350
	解释能力	R^2	0.858

（4）品质型游艇。

人们在选择游艇的同时，越来越注重游艇的品质。意大利高品质游艇如图 1.9 所示。

图 1.9 意大利高品质游艇

品质型游艇的设计要素与外观造型要求如表 1.4 所示。

表 1.4 品质型游艇设计要素与外形设计要素的要求

游艇外观造型	设计要素	代码	标准化系数 β
船室-船长比	L_{house}/L_{OA}	X1	−0.747
船室-船长高	H_{house}/H	X2	−0.546
艏侧线夹角	θ_1	X3	−0.035
艉侧线夹角	θ_2	X4	−0.116
船室前窗夹角	θ_3	X5	−0.125
船室侧支柱夹角	θ_4	X6	−0.138
船室纵向中心位置	L_{lk}/L_{OA}	X7	0.307
雷达架纵向位置	L_{ant}/L_{OA}	X8	−0.173
上层甲板末端位置	L_{up}/L_{OA}	X9	−0.562
舷侧线形状	上弧	X10	0.000
	直线	X11	0.387
	下弧	X12	−0.381
船室窗户形状	曲线	X13	0.994
	直线	X14	0.000
	混合	X15	0.129
下层舷窗形状	大窗	X16	0.524
	小窗	X17	0.318
	解释能力	R^2	0.926

4)其他分类

游艇按艇体材料分类,可分为木质艇、铝质艇、钢质艇、玻璃钢艇以及复合材料艇;按航行原理分为排水量艇、滑行艇、水翼艇、气垫船、冲翼艇(地效翼船)和潜水艇等;按装机方式可分为舷外挂机艇、艇内装机艇等;按用途可分为个人娱乐艇、家庭游艇、公共游览艇、多用途艇、钓鱼艇和赛艇等。

1.1.2 游艇的船体

按照艇体数量和构造可以将游艇的船型分为单体艇、双体艇和多体艇。其中,单体艇是最为常见的船型。

(1) 单体艇。

单体艇,即只有一个艇体的游艇。在高速运动型游艇中,大多数是采用折角型滑行艇体。在这种艇体中,纵向上没有断阶的游艇称为无断级艇;艇体的纵长方向上设有断阶的则是断级艇。采用一个断阶的称为单断级艇;采用两个或两个以上断阶的称为多断级艇。因此,单体艇按照其结构还可继续细分为无断级艇、单断级艇和多断级艇等。

无断级艇的艇体线型光顺,不仅使用速度范围广,而且在风浪中也具有良好的性能。若在艇体前设置纵向棱条,则可以优化其在风浪中的性能。

断级艇的断阶一般设置在艇体中间偏厚的部位。这种艇能够在静水中发挥快速性的优势,但在风浪影响下性能会降低,严重的颠簸甚至会引起失速。

(2) 双体艇。

双体艇,即由两个艇体组成的游艇,每个艇体称为片体。两个艇体有对称与非对称之分,一般非对称居多。双体艇在中低速上的减阻效果较好。同时,双体艇的优势还在于:甲板面积增加,稳性有所提高。与单体艇相比,双体艇有更好的耐波性、操纵性和稳性等。中国的第一艘豪华双体商务游艇"尚澜"号如图1.10所示。

(3) 多体艇。

三体艇是多体艇中最常见的,但实际应用不多,最具代表性的有三体槽道消波艇。这种艇除了有空气润滑减阻作用外,航行时高速气流进入槽道内可形成气垫,产生附加升力并减缓拍击,从而达到减阻的作用。这种艇之所以称为消波艇,是因为该艇的两侧侧壁减小了艇航行时产生的波浪。目前世界上最大的三体私人游艇——"ADASTRA",长42.5 m,宽16 m,最高航速可达22.5 kn,如图1.11所示。

图1.10 "尚澜"号游艇

图1.11 游艇"ADASTRA"

1.1.3 游艇的动力

游艇按动力的不同可分为机动艇、帆艇以及其他特殊动力游艇。机动艇的动力主要来源于汽油和柴油;帆艇的动力主要来源于风能。根据《国际海上避碰规则(2009修订本)》,对特殊情况进行了相应的规定:若驶帆的游艇装有推进器但不适用,则一般定义为"帆艇";若游艇既驶帆又用机器推进,则应属于"机动艇"。

(1) 机动艇。

机动艇按机器的装配位置可分为舷外挂机艇、艇内装机艇。艇内装机艇还可以分为小汽艇和豪华艇两个档次。机动艇是海上航行中最常见的游艇类型之一,一般是由螺旋桨等推进器进行动力推进,但由于机动艇的主要动力来源是汽油和柴油,在运输、储存和使用过程中会对环境产生恶劣的影响。

(2) 帆艇。

帆艇按照有无辅助设备可分为无辅助动力帆艇和辅助动力帆艇。目前,帆艇中绝大多数还是船长小于24 m的小型帆艇;在国内,一般都是用于体育运动的小型帆艇,没有大型帆艇。

如图1.12所示,帆艇的船体结构及其外载荷都比较独特:船底有压载鳍,甲板上有装备帆索的桅杆,大的帆艇可能有好几个帆桅,帆桅的受力比较复杂。另外,双体帆艇(大的帆艇双体较多)的总强度校核比常规双体船也要复杂得多,除校核片体总纵强度外,还要校核在斜浪航行时,连接桥的扭转强度和艏部侧斜方向上浪时的扭弯强度。

图1.12 帆艇

图1.13 "Zebra"电动游艇

(3) 其他特殊动力游艇。

其他动力游艇包括划艇、电动游艇等。其中,电动游艇的动力主要来源于太阳能等新能源。将太阳能转换成其他形式能源,并将其保存在动力电池中,为游艇航行提供大功率。从节约能源和保护环境的角度考虑,纯电动游艇将会成为未来游艇的重要发展方向。图1.13所示游艇是巴黎工业设计师和工程师Dimitri Bez设计的"Zebra"电动游艇。

1.2 游艇设计规范

1.2.1 国外规范

随着游艇业的迅速发展,游艇的设计也逐渐走向规范化。为了顺应时代的潮流、满足市场的需求,各船级社和各主管机关对游艇的设计规范也在进行不断完善与改进,如美国船级社(American Bureau of Shipping,ABS)、法国船级社(Bureau Veritas,BV)、德国劳氏船级社(Germanischer Lloyd,GL)、意大利船级社(Registo Italiano Navade,RINA)、英国劳氏船级社(Lloyds Register of Shipping,LR)、挪威船级社(DET NORSKE VERITAS,DNV)、英国海事与海岸警卫署(Maritime and Coastguard Agency,MCA)等机构制定的商业及非商业游艇法规,以及马耳他(MALTA)游艇法规等。

(1) 适用范围。

从游艇的规范所涵盖的内容看,大型游艇均以 24 m 船长为界,但该船长有的是总长,有的是水线长,有的是载重线长等,各不相同。DNV、LR、GL、ABS 的规范仅适用于非商业性游艇,而 BV、RINA 的游艇规范涵盖了商业与非商业游艇,且二者要求基本一致,但其法定要求相差甚远。许多国家的商业游艇法定要求直接呼应或引用 MCA 的 LY2 规则(如 ABS、RINA、LR)。任何法定都明确规定,对载客超过 12 人的商业游艇均需满足商船对客船的要求,且大吨位游艇应呼应国际公约要求或与其相当。

(2) 航行区域。

除 RINA 的规范仅适用于无限航区要求外,GL、DNV、LR、MALTA 等所制定的规范与法规均有无限、有限航区之分。考虑到游艇营运性质与普通商船不同,后者长年在海上航行,所处的环境条件更恶劣,而非营业性游艇如遇恶劣天气,船主一般不会出航,出航率较低,其受外载荷的影响很小(航行条件较好时,与商业高速船类似),故其无限航区的抗风浪能力比商船低。如 LR 的规定为无限航区的有义波高 $H_{1/3}$ 允许是 4 m,而欧洲对无限航区的小船都要求抗 6 m 有义波高。可见,对游艇而言,无限航区与一般商船的概念是不一样的。

(3) 适用游艇类型。

从航速上区分,各国相应规范/法规一般分为高速艇和非高速艇;从船型结构上区分,各国规范/法规一般分为单体船、双体船和帆船。

帆艇与机动艇的主要区别在于结构、稳性及其索具,在法规/规范上着不同的要求。国外 6 本游艇规范中有 3 本(RINA、GL 与 BV)可适用于帆船。其中:BV 的规范最详细;RINA 的规范仅适用于 30 m 以下帆船,其对帆船的结构有一些规定,而对索具只有原则要求;GL 的规范虽也适用于帆船,但没有帆船的特殊规定。各国规范/法规适用的船型如表 1.5 所示。

表 1.5　各国船级社规范/法规的适用游艇类型

船级社	适 用 游 艇 类 型
MCA LY2	单体船、双体船、高速船、帆船
MCA 非营业	无规定
MALTA	单体船、多体船、高速船、帆船
BV	单体船、双体船、高速船、帆船
RINA	单体船、双体船;排水型艇、滑行与半滑行艇、帆船
GL	单体帆船、单体机动艇,高速艇;双体船另行考虑
ABS	排水型艇、高速船、单体船、双体船(包括水翼船、全垫升气垫船、水面效应船)
LR	排水型艇,高速船,轻型船,单体船、双体船
DNV	高速船,轻型船,单体船、双体船

(4) 适用游艇材料。

部分规范/法规对船舶材料也有适用范围,如表 1.6 所示。

表 1.6　各国船级社规范/法规的适用游艇材料

船级社	适 用 游 艇 材 料
MCA LY2	无规定
MCA 非营业	无规定
MALTA	无规定
BV	钢质、铝合金及纤维增强塑料
RINA	钢质、铝合金、纤维增强塑料及木质
GL	钢质、铝合金、复合材料及木质
ABS	钢质、铝合金及玻璃钢
LR	钢质、铝合金及玻璃钢
DNV	钢质、铝合金及玻璃钢

由表 1.6 可知,各国相应规范/法规均适用于钢质游艇、铝合金与纤维增强塑料游艇,GL 与 RINA 的规范还可适用于木质游艇。

(5) 船体结构与设计载荷。

各船级社规范/法规对高速游艇的结构要求都与各自的高速船规范一致,而对非高速游艇的结构要求,除 LR 和 DNV 采用轻型船结构标准外,其他船级社均按各自的游艇规范要求。

因为,游艇中除高速游艇外,多数游艇属于"轻型船"。对于这些轻型游艇的结构,LR将其归到特种业务船的"轻型游艇"类,按"轻型船"要求是比较合理的。其中,GL的游艇规范要求最高,接近中国船级社(China Classification Society,CCS)《国内海船入级规范》要求;LR的《特种业务船规范》对轻型游艇的要求与BV的游艇规范对非高速游艇要求相近。

(6) 入级与检验。

有关游艇入级与检验要求,各国船级社规范见表1.7。

表1.7 各国船级社游艇规范/法规概要

船级社	具 体 要 求
GL	《船舶入级和建造规范》第3篇 特殊船舶/第2章 大于等于24 m游艇 该章强调了游艇与普通商船的不同点在于:① 航行条件好;② 航行及在港时间短;③ 船东维护保养好 (1) 适用: — 非商业游艇(即私人休闲娱乐艇) (2) 入级与检验部分: — 该部分要求与GL钢规完全一致,即应符合第0部分—分类与调查,第2、3节(Part 0 - Classification and Surveys, Section 2、3)的要求; — 大于等于24 m游艇仅作为一种船舶类型附加标志出现,即Yachts≥24 m(SAILING YACHT/MOTOR YACHT/SPECIAL YACHT) (3) 6~24 m游艇的检验有特殊要求,如无年度检验要求等,详见第0部分—分类与调查,第2、3节(Part 0 - Classification and Surveys, Section 2、3)
ABS	《机动游艇的建造和入级指南》 (1) 适用: — 24~61 m,不需勘划载重线的动力休闲艇 (2) 入级与检验部分: — Section 1:船级条件与范围(1.15船体部分图纸提交;1.17轮机部分图纸提交); — Section 24:检验,直接引用ABS钢规第7部分"建造后检验"等
LR	《特种业务船舶入级规范》 (1) 适用: — 高速艇 — 轻型艇 — 多体艇 — 艇长大于等于24 m的游艇 — 吃水型深比小于等于0.55的艇 (2) 通则: — 《国际载重线公约》(The International Convention on Load Lines, ICLL) — 《国际海上人命安全公约》(International Convention for Safety of Life at Sea, SOLAS)(包括高速船国际安全规则) — 《国际防止船舶造成污染公约》(The International Convention for the Prevention of Pollution From Ships, MARPOL) (3) 第1部分第2章"入级规则"第4节"检验"包括法定检验及新造船检验 (4) 第1部分第4章"游艇定期检验规则",包括中间检验、坞内及水下检验、特别检验(对钢质艇,包括测厚)、轮机检验、电气设备检验、螺旋桨轴及尾管轴检验、循环检验(包括船体及轮机)、损坏或改装检验、不定期检验及签发公约证书船的检验等;无年度检验要求,内容类似于钢规

(续表)

船级社	具 体 要 求
DNV 非商用（包括租赁）	《高速船、轻型艇及军舰规范》 (1) 适用： — 高速艇 — 轻型艇 — 多体艇 (2) 游艇入级与检验规则主要章节及内容位于第5篇第5章第1节 (3) 游艇应满足 DNV 钢规 Pt1,2,3,4(Pt. 4 Ch. 11 除外)要求 (4) 24 m 以下的游艇应符合欧盟 CE 认证要求
BV（商用＋非商用）	《游艇分类及认证规则》(Rules for the Classification and the Certification of Yachts) (1) 适用于艇长不超过 100 m 游艇 (2) 钢质游艇入级与检验规则与钢规一致 (3) 非钢质游艇还应符合 PtA,Ch1,Sec3【2】、【3】的检验要求 (4) 具有游艇附加标志的船均无须经受年度检验
RINA（商用）	(1) 适用于总长 24 m 及以上、载客不超过 12 人且不载货的商业游艇 (2) 相应章节及内容均类似钢规但无须经受年度检验 (3) 玻璃钢、铝合金及木质游艇的附加检验要求见 PtA,Ch3,Appendix1、2、3。
MCA（非商用）	无检验部分内容
MCA LY2	(1) 适用于载重线船长 24 m 及以上的商用游艇，该游艇用于体育运动或休闲娱乐、不载货且载客不超过 12 人 (2) 应满足载重线公约、SOLAS 公约(500 GT 及以上)、MARPOL 公约(400 GT 及以上)要求，300 GT 及以上游艇应满足 SOLAS 公约关于无线电的要求

从表 1.7 可知，GL、ABS 及 DNV 对游艇的入级及检验模式与普通商用海船的入级规范完全一致，而 LR、BV、RINA 也是以普通商用海船的入级规范为基础，但不包括年度检验要求。

1.2.2 国内规范

在国内，为了让游艇设计规范与国际接轨，CCS 颁布了《钢制海船入级规范(2015)》《海上高速船入级与建造规范(2015)》和《游艇入级与建造规范(2012)》，从而形成了 CCS 独有的游艇设计规范体系。CCS 规范体系是以《钢制海船入级规范(2015)》的相关要求为基础，同时考虑到游艇比一般商用船舶具有较好的工作环境、较少的年工作时间以及较好的维修保养实况，并结合国内游艇的实际情况（大型游艇尚处于起步阶段），参考类比各船级社相应游艇规范的相关规定，进行综合分析研究后形成。

此外，中华人民共和国海事局颁布了《游艇法定检验暂行规定(2013)》。该规定提出了所有长度游艇的检验要求，对舱室布置、消防、稳性、安全设备与环保要求做出了明确规定，并进一步规范了游艇的检验和证书签发。考虑到游艇的特殊功能，只要试验证明其具有同等效能，就准许在游艇上设置部分不同于规定要求的装置、材料和设备。同时，在保证全面安全的前提下，鼓励研究和应用具有新特征的游艇，经许可后可对新技术、新特征免除相关要求。

1.3 游艇舒适度内涵

人对环境的深体验是通过感观来获取的[5]。广义的舒适度是指乘坐游艇的人对游艇航行品质的综合反映评价。舒适度的高低,会影响人们的正常生活与工作,甚至会影响到人们的身心健康。游艇的设计及建造除了满足一般船舶规范的要求外,还需要尽可能完善其舒适度,提升人们在该型游艇上的日常生活质量,以突显出它与高速船和旅游客船的区别。因此,通过建立适当的游艇舒适度评估系统,从各方面对舒适度进行指标的量化,对提升游艇的舒适程度是具有非常重要的意义。

游艇舒适度反映了人们在游艇航行过程中舒适程度的综合性指标,是一个统计标准。游艇作为上流社会社交平台和休闲度假的高端选择,对舒适性的要求应是放在首位的;提高游艇的舒适度等级是游艇设计中的重要因素之一。目前,对于游艇舒适度尚无全面的指标体系。为此,本书就舒适度的内涵进行了较为全面的论述,将舒适度类型分成六大类,即外观造型舒适度、舱室空间环境舒适度、运动舒适度、振动舒适度、噪声舒适度和环保材料舒适度。

1.3.1 外观造型舒适度

游艇的外观造型设计是设计师所要表现的精神寄托,是人们对这艘游艇直观的第一印象。因此,游艇的外观造型能够影响人们的心理感官反应,是舒适度问题需要考虑的设计要求。为了让更多的人接受游艇的外观造型设计,设计师往往将外观造型设计与美学相结合,对游艇的外观造型进行优化。

1.3.2 舱室空间环境舒适度

在游艇航行过程中,居住舱室是人们接触时间较长的区域,舱室空间环境直接关系到人们的生理需求和心理需求。因此,居住舱室舒适度是游艇舒适度问题研究的重要环节。居住舱室环境舒适度的主要影响因素包括舱室的家具、光环境、振动环境、噪声环境、空间环境、耐波性及气味等。这些因素分别通过人们的视觉、听觉、触觉、嗅觉等感官影响着人们的日常生活与工作。

1.3.3 运动舒适度

游艇在风浪作用下航行时会产生6个自由度的运动,即横摇、横荡、艏摇、纵摇、垂荡、纵荡。这些运动相互耦合,极大地影响着游艇的舒适度。运动舒适度就是指游艇在波浪中运动时人们的舒适程度。运动舒适度在游艇设计阶段有着十分重要的地位,也是评价游艇性能优劣的重要技术指标。

1.3.4 振动舒适度

振动是人体产生不舒适感的主要因素。当人们长期处于振动环境时，人们体内复杂的内振荡运动和力量的分布将导致人体感到不适或烦恼，从而影响人们的工作能力与健康状况。人体感受游艇振动舒适度具体有以下几点影响因素。

（1）内在因素：人口类型（年龄、性别、大小、健康状况等）、经验、期望值、兴奋、激励、身体姿势、所从事活动等。

（2）外在因素：振动大小、振动频率、振动轴、振动输入位置、振动持续时间、约束因素，其他如噪声、温度、加速、照明等。

1.3.5 噪声舒适度

在游艇上，动力装置、辅助机械、螺旋桨等设备及装置在工作过程中都会产生噪声。噪声对人们有着很多不利的影响：噪声会影响人们之间的正常交流与沟通；噪声会损伤人们的听觉，最为常见的是"听觉疲劳"，严重时甚至会造成"永久性听力损失"；噪声会危害人们的健康，低频噪声可影响人们呼吸、脉搏、血压，高频噪声可能会引起人们神经错乱、神经机能衰退。因此，游艇噪声舒适度所体现的是人们在游艇上工作、生活及健康状况方面的需求。

1.3.6 环保材料舒适度

游艇材料的组合构成了游客们的工作、生活空间。环保材料舒适度就是人们在游艇上活动时，游艇材料对人们舒适感受的影响程度。船体材料的选择是游艇环保材料舒适度最重要的环节，需要充分考虑到其在整个生命周期内污染物，即 CO_2、CO、CH_4、NO_x、SO_2、粉尘等的排放量，这些污染物的排放会直接影响到人们的生理健康，不利于人们正常的工作与生活。

1.4 国内外游艇舒适度的研究及设计进展

在国内，关于交通工具舒适度的研究大部分集中在汽车或铁路领域，而船舶领域至今没有一个统一的舒适度标准。游艇舒适度相关研究主要集中在居住舱室、造型外观、建造模式及减振降噪等方面。胡敏以游艇居住舱室为对象，运用模糊知识相关原理和技术，构建了豪华游艇居住舱室舒适度评估专家系统[6]；姚冰川运用人机工程学、生物力学和多体动力学等知识构建了人体-海洋平台系统模型，计算分析了运动平台上人体处于不同姿态时的动力学响应,总结了频率、振幅等因素对人体工作性能的影响[7]。

国外对游艇的舒适性研究,相对于国内,不但深入,而且广泛。国外研究者们系统地总结了游艇从设计到生产的各个方面,并在 *Comfort Is The Key* 中从噪声、振动、空气质量等方面阐述了提高游艇舒适性的方法。在"The international HISWA Symposium On Yacht Design and Yacht Construction"会议上曾对游艇舒适度的指标展开讨论。此外,McCauley 和 Griffin 等人认为晕船只与垂荡加速度的频率和幅值有关[8,9];A H Wertheim 则认为晕船不仅与垂荡有关,还与纵摇和横摇运动有关[10];Chih Chung Fang 和 Hoi Sang Chan 应用 ISO-2631/1985 标准作为评价晕船率的方法[11];Barbara M Haward 和 Christopher H Lewis 等研究了金海石油钻井船的运动及船员的生理响应,认为人的工作能力、身体和精神的疲劳以及晕船率等与船的运动幅值有着较大的关系[12]。

1.5 本章小结

本章主要介绍了游艇设计的内容及船型的选择,分析了单体艇、双体艇以及多体艇的优缺。此外,游艇在设计过程需要满足国际、国内相应的建造规范。

在游艇设计中,要综合舒适度中的各类影响因素,权衡利弊、统一协调,以满足舒适度综合要求。

参考文献

[1] Larsson L, Eliasson R E. Principals of Yacht Design[C]. International Marine, 2000.
[2] 华承昌. 国内外游艇产业发展简况[J]. 船舶工业技术经济信息, 2004, 234(10): 4-8.
[3] Roy J. The large Modern Super-yacht[C]. The 19th International HISWA Symposium on Yacht Design and Yacht Construction.
[4] 毛智慧, 张欢, 孙晓婷, 等. 舒适护理及其影响因素的研究进程[J]. 护理研究, 2017, 5(31): 513-516.
[5] 姚泰, 吴博威. 生理学. 第6版[M]. 北京: 人民卫生出版社, 2005.
[6] 胡敏. 豪华游艇居住舱室舒适度评估专家系统的应用研究[D]. 武汉: 武汉理工大学, 2011.
[7] 姚冰川. 海洋平台的运动对人体工作性能的影响研究[D]. 青岛: 中国海洋大学, 2012.
[8] 李殿璞. 船舶运动与建模[M]. 哈尔滨: 哈尔滨工程大学出版社, 1999.
[9] 徐根兴, 王垲, 董文度, 等. 模拟航海运动病 Ca~(2+)内流机制探讨[J]. 南京军医学院学报, 1998, (2): 65-70.
[10] 刘危. 基于 MEMS 的低成本 MIMU 的应用研究[D]. 长沙: 国防科学技术大学, 2004.
[11] Fang C C, Chan H S. An investigation on the vertical motion sickness characteristics of a high-

speed catamaran ferry[J]. Ocean Engineering, 2007, 34(14): 1909-1917.

[12] Haward B M, Lewis C H, Griffin M J. Motions and crew responses on an offshore oil production and storage vessel[J]. Applied Ergonomics, 2009, 40(5): 904-914.

游艇舒适度原理与设计

第 2 章　游艇外观造型舒适度

游艇的外观造型指的是游艇所特有的形象。一艘游艇的外观造型所体现的不仅是美学价值和功能,同时还承载着公司品牌的精神文化。游艇的外观造型能影响人们的心理感受。正是由于人们对游艇的实用功能和审美功能的双重需要,使得游艇造型在设计与建造中有着重要的作用和地位。

游艇的形象是游艇形态特征的综合,游艇形态要素是由造型、色彩和材料所构成。只有经过艺术创作设计和加工,才能形成具有形态美的游艇,游艇形态美包括造型美、色彩美、材质美和工艺美等方面。

2.1 游艇外观风格与游艇上层建筑的外观造型

风格是指人类在某类创作活动中所具有的独特性、稳定性和延续性等。风格不单单指内容方面的特征,也不单单指形式方面的特征,而是形式与内容相统一的、总体上的特征[1]。在游艇外观设计过程中,设计师通常会借鉴以往的风格特征,发展延伸出独有的新创意风格。因此,在游艇的外观设计中,风格是产品的精神依托,也是设计中不可忽视的属性。

2.1.1 游艇的外观风格

一组游艇造型呈现的共同形态所组成的集合形成了游艇的风格[2]。人们认知游艇外观风格需要一个递进的过程:首先,光线会将游艇形体的视觉信息传递给人的视觉系统;然后,视觉系统会将所得到的视觉信息分解成点、线、面、颜色等基本元素,并以视觉信号的形式将信息传递给大脑;最后,大脑对接收到的视觉信息进行分析整合,从而完成风格认知。这一过程如图2.1所示。

为了进一步研究游艇的外观风格,可将游艇外观风格分为造型特征和意象特征。造型特征是指游艇的造型要素,即人们对游艇造型特征的理性认识;意象特征是指人们对游艇造型特征的心理感受,即人们对游艇特征的感性认识。

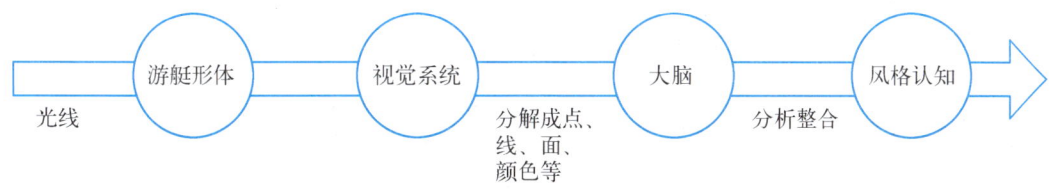

图 2.1 游艇外观风格认知过程

2.1.2 上层建筑的外观形式

由于性能和使用要求不同,以及各层甲板的高度不同,游艇上层建筑外观形式可分为开式、闭式和混合式3种。

(1) 开式上层建筑。

开式上层建筑是以吊檐、舷墙和栏杆作为造型要素,主甲板以上各层建筑设外走道。这种结构形式多为内河游艇和海洋游艇的局部造型所采用,便于交通和观赏风景。

如图 2.2 所示,进取型 50 m 超级游艇"Vertige",宽敞宜居,且融入更多地中海生活元素。

图 2.2 进取型 50 m 超级游艇"Vertige"

(2) 闭式上层建筑。

闭式上层建筑主要用于航区为近海的大型游艇。此航区甲板容易上浪,影响游艇稳性。

意大利杰出游艇品牌之一博星建造的第一艘轻合金游艇——"博星 140",如图 2.3 所示。

图 2.3 意大利"博星 140"

(3) 混合式上层建筑。

混合式上层建筑是指同一游艇上兼有开式和闭式建筑。这种结构形式如果外观上处理得当,兼有开式、闭式的造型效果。一般情况下多为首闭尾开或上开下闭,使人感觉到变化中有统一,统一中有变化。

荷兰的"Skyback"超级游艇采用首闭尾开的上层建筑结构,船尾甲板上有一个巨大的泳池,如图 2.4 所示。

图 2.4　荷兰"Skyback"游艇

2.1.3　上层建筑的首尾端处理

在上层建筑中,首尾端壁的结构形式体现了船舶的时代感和工艺美,是影响船舶上层建筑整体造型风格的关键部位。此外,色条、色块的分割,也是一种有效的造型手段,它不仅能改变大平板式的单调和呆板感,还能降低上层建筑的视觉高度,从而提高视觉稳定感。目前,针对大型游艇上层建筑造型的研究发现,上层建筑的侧面位置及其前端壁与甲板的夹角对于视觉的总体冲击起关键作用。

根据上层建筑的侧面位置及其前端壁与甲板的夹角,大型游艇可分为以下三类:

① 运动型大型游艇,一般倾角不宜小于 135°,而侧面形心位置靠前,如图 2.5 所示。

图 2.5　运动型大型游艇

② 时尚休闲型大型游艇,一般倾角为 90°～135°,侧面形心位置在接近船中处,如图 2.6 所示。

图 2.6　时尚休闲型大型游艇

③ 经典商务型大型游艇,倾角大多数为 90°直立型,而侧面形心位置在船中甚至偏前处,如图 2.7 所示。

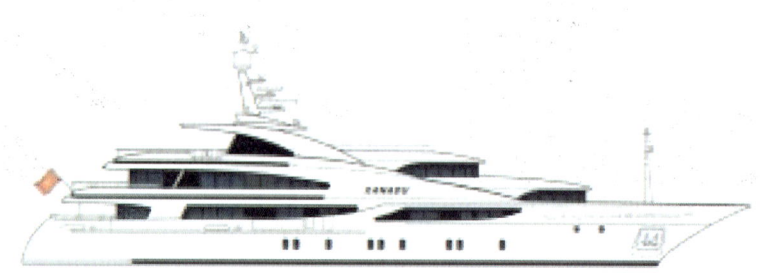

图 2.7　经典商务型大型游艇

2.2　大型游艇造型美学中的一般数学规律与几何表达

大型游艇一般拥有两层或两层以上的上层建筑,并且多为艺术和功能的结合体。游艇的外观造型往往被当作艺术作品欣赏,而美学是一个主观概念,难以对美进行定量研究。然而,许多已建游艇的造型设计被多数人所接受,即多数人从主观上肯定了这些游艇设计的美学水准。因此,这些游艇造型的几何特点,间接地反映了被大众所接受的美学所包含的一般数学规律。

2.2.1　设计美学的启示

在自然界中,动、植物在生长与进化过程中,逐步体现出一些数学上的规律,比如松果、鹦鹉螺和向日葵,人类可以从它们的外形几何特征上抽象出一些简单的图形,如图 2.8 所示[3]。

图 2.8 大自然中抽象出来的图形

图 2.8 中,鹦鹉螺的自然生长曲线所构成的图形就包含有多个矩形,而这些矩形的长宽比接近黄金分割比(约 0.618,即被一点分为两段的线段,其中较短一段与较长一段的比值等于较长一段与整条线段的比值);在松果的螺旋线中有 8 条是沿着顺时针方向螺旋,还有 13 条沿着逆时针方向螺旋,而 8∶13=0.615 4,正好接近于 0.618;在向日葵的螺旋线中,有 21 条为顺时针方向,34 条为逆时针方向,21∶34=0.617 6,也接近 0.618。

由此可以得出结论:在生物的进化过程中,其外形都有意或无意地向这个数字靠近。从美学角度讲,黄金分割比无论从局部还是从整体看都保持了近似相同的比例关系,使事物的整体和局部具有高度的统一性与和谐性,这是其应用广泛的原因之一。因此,产品设计人员需要在产品的美学设计和用户的使用反馈过程中,反复改进产品的几何设计,以获得产品美学与性能兼优的结果,即感性与理性相结合,这在游艇的设计中也有所体现。

2.2.2 各层甲板长度之间的比例关系

大型游艇的甲板长度自下而上逐层递减,且各层甲板长度之间的比例也蕴含着一定规律。甲板长度的具体数据一般无法从统计资料中直接获取,这些数据多是从相应的图纸和实船图片进行手工量取,然后利用已知的实际游艇长计算出各层甲板的长度。

对各游艇分别用式 2.1 计算每层甲板与其下层甲板之间的比例。

$$R_i = \frac{L_{i+1}}{L_i} \quad (i=0,1,2,3) \tag{2.1}$$

其中,$L_0 = L$,即游艇总长。

对于少数只有三层或三层以下甲板的游艇,不能获得 R_2 或 R_3 的值,在计算相应 R_2 和 R_3 的均值时,将这类游艇从样本中剔除,避免造成数据失真。得到各游艇的 R_i 后,利用统计学软件 SPSS 计算其均值和其他统计数据,统计结果如表 2.1 所示。

表 2.1　甲板长度之间的比例统计结果

项　目		$R_0 = L_1/L$		$R_1 = L_2/L_1$		$R_2 = L_3/L_2$		$R_3 = L_4/L_3$	
		统计量	标准误	统计量	标准误	统计量	标准误	统计量	标准误
均值		0.871 4	0.005 32	0.834 4	0.006 41	0.764 5	0.008 26	0.525 2	0.018 11
均值的 95% 置信区间	下限	0.860 8	—	0.821 6	—	0.748	—	0.489 2	—
	上限	0.882	—	0.847 2	—	0.780 9	—	0.561 3	—
5% 修整均值		0.871 6	—	0.836 3	—	0.763 6	—	0.524 2	—
中值		0.875 9	—	0.838 7	—	0.762 5	—	0.537 3	—
方差		0.002	—	0.003	—	0.005	—	0.025	—
标准差		0.046 37	—	0.055 87	—	0.072 02	—	0.157 85	—
极小值		0.73	—	0.69	—	0.61	—	0.24	—
极大值		1	—	0.94	—	0.94	—	0.86	—
范围		0.27	—	0.25	—	0.33	—	0.61	—
四分位距		0.05	—	0.07	—	0.1	—	0.26	—
偏度		−0.21	0.276	−0.458	0.276	0.119	0.276	0.031	0.276
峰度		1.233	0.545	−0.03	0.545	−0.122	0.545	−1.097	0.545

注：在没有特别说明的情况下，本章中与统计相关的图表均采用 SPSS 软件计算获得。

在计算结果中，取 5% 修整均值，即去掉左右两端各 5% 的极端值情况，得到如下结果和结论：

$$\bar{R}_0 = 0.871\,6 \qquad \bar{R}_1 = 0.836\,3 \qquad \bar{R}_2 = 0.763\,6 \qquad \bar{R}_3 = 0.524\,2$$

(1) 对于 R_0、R_1 和 R_2 的均值，其标准误差和方差均在 0.01 以下，说明得到的平均值近似于总体参数值，具有可靠性和代表性。其中，R_0 的四分位距为 0.05，峰度为 1.233，说明样本数据有很高的集中性，甚至优于正态分布的集中性。R_1 和 R_2 的偏度与峰度都与零十分接近，故而可近似视为正态分布。

(2) 对于 R_3 的均值，其标准差和方差均比较大，且四分位距超过 0.25，正态分布的特征不明显，因此 R_3 有着截然不同的统计规律。具体规律可以从图 2.9 的直方图中直观地看出来。

2.2.3　游艇甲板长尺度比的美学与功能解释

船舶的上层建筑设计中，也讲究比例的统一，即韵律美[4]，但根据上节的统计结果，大型游艇各甲板间的平均比例分别为 $R_0 = 0.871\,6$、$R_1 = 0.836\,3$、$R_2 = 0.763\,6$ 和 $R_3 = 0.524\,2$，前面三项虽然都在 0.8 左右，大致符合比例统一的要求，但是有逐渐减小的趋势。

从实用角度来看，如果 R_1（第三层甲板与第二层甲板的长度比值）增至 0.871 6，则相当于增加了第三层甲板的长度，如图 2.10 所示。这会导致第二层甲板的露天面积减

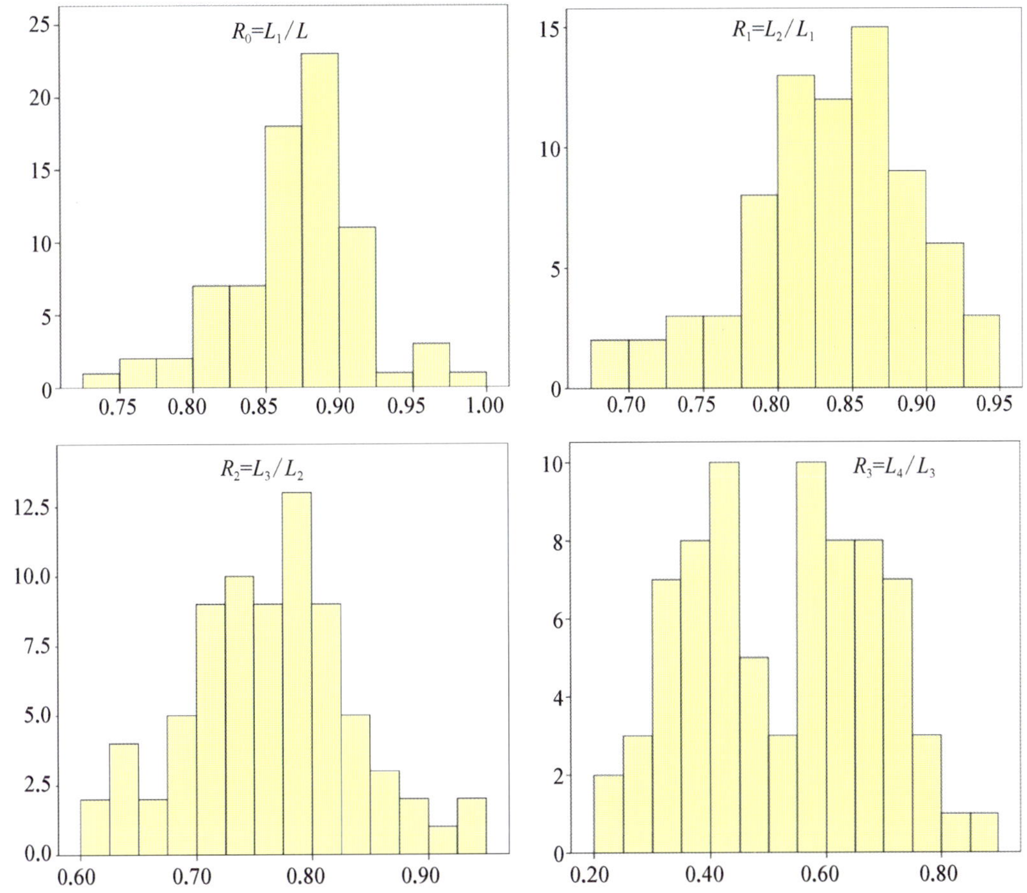

图 2.9　甲板长度比例分布直方图

横坐标表示 $R_i(i=0,1,2,3)$ 的值,纵坐标表示该值在所有统计值中出现的比例(%)

少,对于喜好露天泳池或露天娱乐场所的游艇业主来说是缺乏诱惑力的。所以,设计成这种小公差递减比例,有利于增大一定程度的阳光面积,同时可以保证足够的室内空间。

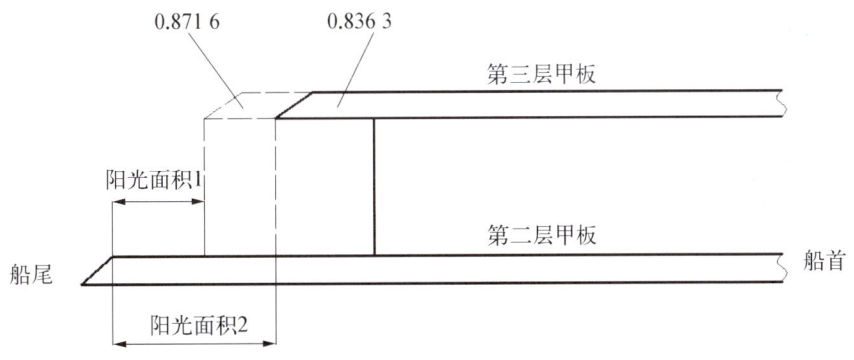

图 2.10　不同 R^2 值对应的阳光甲板

此外，$R_3 = 0.5242$ 与前面三项相差甚大。事实上，从图 2.9 可以看出，R_3 的统计直方图的数据分别集中在 0.40 和 0.70 两个区域，这是因为部分游艇的第四层甲板仅作为信号灯和雷达架的安装基座而存在，所以甲板较为短小，而另外一部分是作为生活甲板，甲板较长，雷达基座设计在更高一层甲板上，多存在于超大型游艇中。所以，R_3 的值可以反映第四层甲板的功能特点。

纯粹从美学角度来看，产品的整体与局部如果有统一的比例关系，能够体现一种和谐的韵律美，但产品的审美感染力既来自理性，也来自直观，更高一级的抽象艺术并不是依靠理性的法则和计算，而只能依靠对形式的直觉把握。统计中的多数游艇为备受人们赞赏的优秀产品，说明游艇外形是符合大多数人的直觉审美要求的，而其各层甲板长比例并不是严格遵循相同比值的，相互之间有着细微差别。英国艺术评论家里德认为，完全遵循比例原则会使艺术缺乏生机。甲板长度比例故意与固定的比例之间的偏离让游艇从审美上更富有生气。因此，游艇甲板在实现功能性的同时，有着一定的审美考虑。

2.2.4　造型三角形的概念与内容

游艇的水上侧面轮廓常常包含于一个三角形区域内，体现了游艇侧面的造型特征，该三角形称为造型三角形。该三角形的三个顶点分别位于主甲板的前端、主甲板的后端和游艇顶部信号设备附近，如图 2.11 中三角形 OAB 所示。

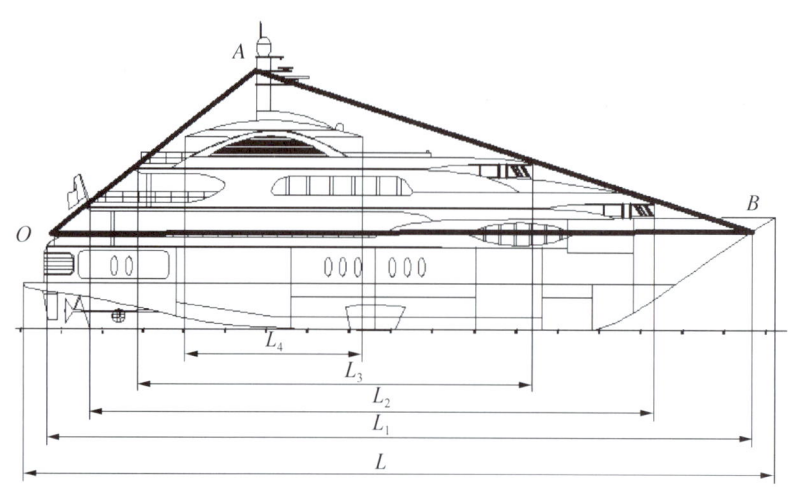

图 2.11　造型三角形

统计时，重点记录游艇主尺度、各层甲板室长度、前端壁后倾角度、前窗后倾角度、造型三角形顶点坐标等数据。

图 2.12 和图 2.13 中显示了需要统计的参数，分别为：

L——游艇总长，从游艇首端到尾端的最大长度；

L_1——第一层甲板长度，即主甲板长度；

L_2——第二层甲板长度，第二层甲板首末两端之间的距离；

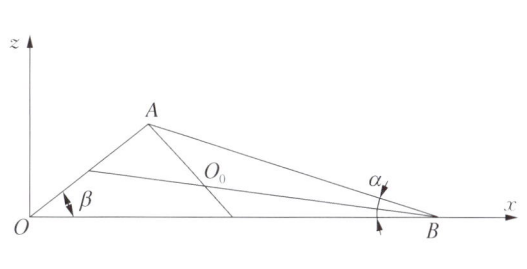

图 2.12 前端壁角度规律

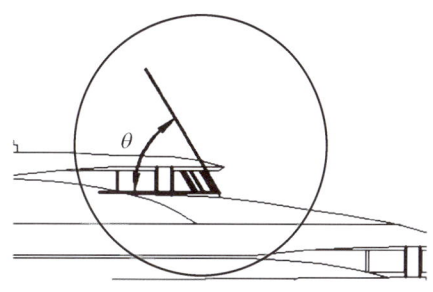

图 2.13 前窗后倾角

L_3——第三层甲板长度,第三层甲板首末两端之间的距离;

L_4——第四层甲板长度,第四层甲板首末两端之间的距离。

说明:仅少数大型游艇拥有五层水上甲板,故忽略第五层甲板长度的统计。

坐标系定义:

原点 O 为造型三角形在船尾处的端点,即游艇中纵剖面与主甲板尾端线的交点。主甲板的位置为 $z=0$,x 轴向船首方向为正,z 轴向上为正。

α——前端壁后倾角,即造型三角形在船首处的内角大小。

β——后端壁前倾角,即造型三角形在船尾处的内角大小。

θ——前窗后倾角,定义后倾为锐角,前倾为钝角。

x——造型三角形的顶点横坐标。

z——造型三角形的顶点垂向坐标。

2.2.5 造型三角形的几何与美学特点

三角形具有稳定的特点,所以广泛应用于产品和建筑的设计中,比如自行车的三角形框架、埃及金字塔等。稳定也是美学设计重点考虑的因素之一,特别是对于需要体现稳重、优雅的产品,需要从整体给人一种稳定感和安全感,因此,三角形广泛存在于游艇产品的设计中。

与车辆前挡风玻璃类似,对于航速较高的游艇,倾向于将其前端壁设计得更加向后倾斜,一方面体现速度感,另一方面降低了水上部分的高度,有利于减小因航速较高而迅速增加的空气阻力。本节以最大航速为自变量,研究前端壁角度的规律,如图 2.14 所示。

对图 2.14 中的统计点添加拟合曲线,采用如下 11 种回归方程模型,从中选

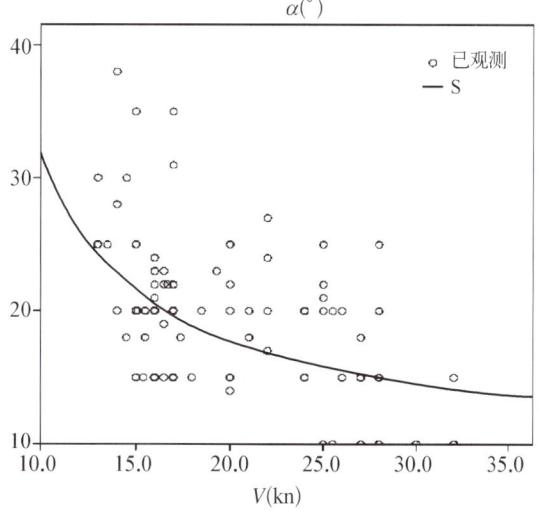

图 2.14 前端壁角度随航速的变化规律

取最好的一种作为统计目标的估计函数：

Linear 线性模型：
$$y = b_0 + b_1 x \tag{2.2}$$

Quadratic 二次模型：
$$y = b_0 + b_1 x + b_2 x_2 \tag{2.3}$$

Compound 复合模型：
$$y = b_0 b_1^x \tag{2.4}$$

Growth 生长模型：
$$y = \exp(b_0 + b_1 x) \tag{2.5}$$

Logarithmic 对数模型：
$$y = b_0 + b_1 x + b_2 x^2 + b_3 x^3 \tag{2.6}$$

S 形模型：
$$y = \exp(b_0 + b_1/x) \tag{2.7}$$

Cubic 抛物线模型：
$$y = b_0 + b_1 x + b_2 x^2 + b_3 x^3 \tag{2.8}$$

Exponential 指数模型：
$$y = b_0 \exp(b_1 x) \tag{2.9}$$

Inverse 倒数模型：
$$y = b_0 + b_1/x \tag{2.10}$$

Power 幂函数模型：
$$y = b_0 x^{b_1} \tag{2.11}$$

Logistic 逻辑斯蒂模型：
$$y = \frac{1}{1/u + b_0 b_1^x} \tag{2.12}$$

选取对前端壁角度归纳最好的 S 形模型，计算结果如表 2.2 所示。

表 2.2 前端壁归纳计算结果

方程类型	模型参数汇总					参数的值	
	R^2	F	d_{f1}	d_{f2}	$sig.$	常数	b_1
S 形	0.273	43.597	1	116	0.000	2.282	11.849

注：R^2——方差；
F——F 检验；
d_{f1}——样本个数；
d_{f2}——变量个数；
$sig.$——显著性水平，小于 0.05 表明差异性显著，拟合较好；
常数和 b_1 是回归方程中两个参数的值。

归纳的函数为：

$$\alpha = e^{2.282 + \frac{11.849}{V}} \quad (2.13)$$

式中 V——游艇的最大航速(kn)，计算结果取整。

由图 2.14 中统计值的分布可以发现，15°与 20°存在于很长的速度区间内，因此游艇前端壁角度的设计与航速没有很强的关联。事实上，航速不同而前端壁角度相同的游艇多出自相同的品牌，设计师为使品牌更具影响力，会有意使该品牌旗下游艇的某些特征相同，前端壁角度值便是其中之一，另外还有后端壁角度、窗户的形状等。所以，除了功能性的考虑以外，品牌的设计习惯也会对游艇的几何规律产生影响。

2.2.6 前窗角度规律

游艇前窗的角度 θ 虽然对游艇整个上层建筑的影响较小，但与前端壁的角度相配合仍能产生出许多具有欣赏价值的造型。不同的前窗角度可以从另一个侧面反映游艇的速度感，本节以最大航速为自变量，探讨游艇前窗角度的设计规律，如图 2.15 所示。

图 2.15 中，根据统计值的分布特点，可分为 A、B、C 三个区域。

A 区为 90°或 90°以上的一类，90°的前窗即为垂直型，与甲板室侧壁融为一体，体现出端庄典雅的风格，有着宽敞的活动空间，是典型的常见甲板舱室设计方法。同时，此类游艇航速大多低于 22 kn，垂直前窗虽然不利于降低空气阻力，但是对于低速船来说影响并不明显。大于 90°的前窗设计通常见于货船，目的是为改善驾驶室的视野，方便驾驶人员观察船舶周围的情况，游艇中采用这种大前窗角设计

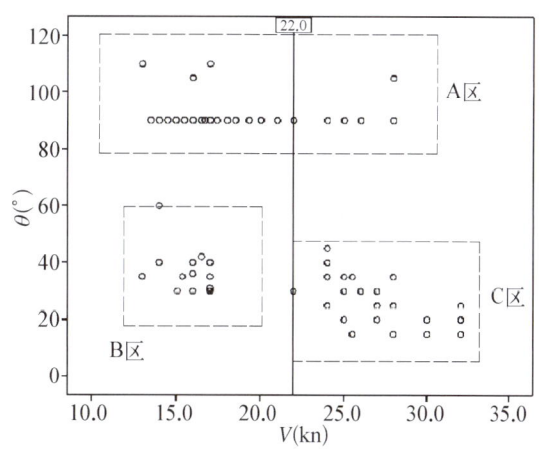

图 2.15 前窗角与航速的关系

也是出于此种考虑，由于空气动力学性能较差，因而较为少见，常用于低速船。

B 区域中的少量低速游艇采用后倾式前窗设计，角度为 30°~60°，虽然能改善风阻性能，但效果不明显，所以它们大多是为了配合整体美观而存在的。因为这类游艇前窗设计与船舶性能关系不明显，且数量较少，所以归纳时忽略此部分的影响。

C 区域游艇前窗角为 15°~45°，皆为 22 kn 的高速艇，小角度的前窗既改善了风阻性能，又有一定的美学贡献，针对此区域函数回归的过程如图 2.16 所示。

经对比，二次多项式模型能很好地反映点的分布，计算结果如表 2.3 所示。

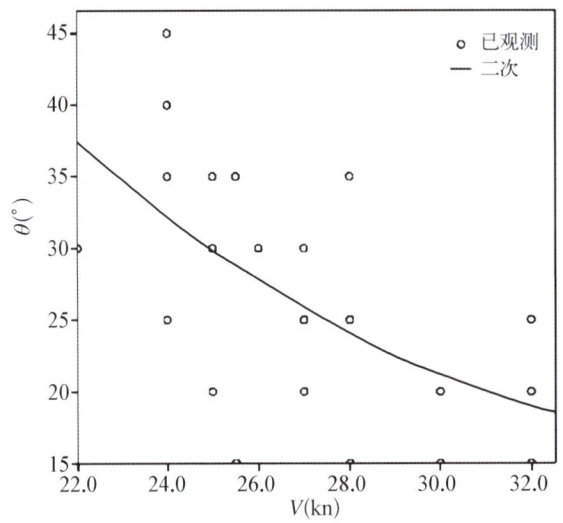

图 2.16 前窗角与高航速的关系

表 2.3 前窗归纳计算结果

方程类型	模型参数汇总					参数的值		
	R^2	F	d_{f1}	d_{f2}	$sig.$	常数	b_1	b_2
二次多项式	0.378	8.219	2	27	0.002	142.484	−6.798	0.092

注：表中参数含义见表 2.2。

根据前窗角度 θ 与游艇最大航速的关系，列出分段函数：

$$\theta = \begin{cases} 90 & V < 22 \text{ kn} \\ 142.484 - 6.798V + 0.092^2 & V \geqslant 22 \text{ kn} \end{cases} \quad (2.14)$$

该函数不连续，在其最大航速为 22 kn 时为第一类间断点（跳跃间断点）。美学上，90°的前窗彰显典雅，低于 45°的前窗彰显运动，而介于 45°～90°的前窗十分罕见；功能上，在航速大于 22 kn，即风阻开始明显增大时，采用低于 45°的前窗可降低风阻。由此可看出，前窗的设计是美学概念和性能要求综合影响的结果。

2.2.7 形心坐标规律

统计中记录了造型三角形两个顶点 A 和 B 的坐标，如图 2.12 所示，即 $A(x, z)$ 和 $B(L_1, 0)$。根据三角形的重心公式，其形心 $O_0(x_0, z_0)$ 可以经过式 2.15 算得：

$$\begin{cases} x_0 = \dfrac{1}{3}(L_1 + x) \\ z_0 = \dfrac{1}{3}z \end{cases} \quad (2.15)$$

定义"造型长度"为总长除去艇尾一段接近水面的平台长度后的距离,如图 2.17 所示。因为尾部的近水平台高度与水面相近,很少进入人们的视野范围内,对游艇水上造型的作用可以忽略,因此除去这一段距离更加有利于研究游艇造型的一般性。

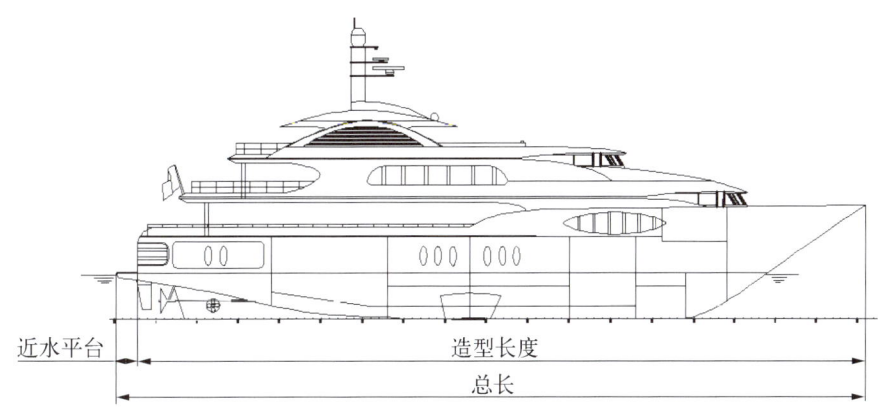

图 2.17 造型长度的定义

将所有形心横坐标值 x_0 除以造型长度,获得形心横坐标占造型长度比例 $x_0\%$,该值对造型三角形有很大影响,一定程度上决定了造型三角形的形状。计算 $x_0\%$ 的均值及统计特征如表 2.4 所示。

表 2.4 $x_0\%$ 的均值及统计特征

项 目		统计量	标准误差
均值		0.388 3	0.002 5
均值的 95% 置信空间	下限	0.383 4	—
	上限	0.393 3	—
5% 修整均值		0.387 3	—
中值		0.387	—
方差		0.001	—
标准差		0.026 91	—
极小值		0.33	—
极大值		0.48	—
范围		0.16	—
四分位距		0.03	—
偏度		0.634	0.225
峰度		1.455	0.446

由表 2.4 可知,$x_0\%$ 的方差为 0.001,四分位距为 0.03,峰度为 1.455,体现出较好的

集中性,去掉左右两端5%的极端值,获得x_0%的均值为0.3873,如图2.18中与横轴平行的直线所示。

从美学角度讲,黄金分割比中,较短的一部分与整个线段的比值为0.382(即1−0.618),这与x_0%的均值0.3873极为接近,说明多数大型游艇的造型美存在一定的几何内涵,并不是纯粹的感性作品。现代设计的发源地——包豪斯设计学院,强调工业产品设计以几何造型为主,使产品形式单纯明快、轮廓简单[5],这进一步印证了几何学在游艇造型设计中占有的重要地位。x_0%的统计值及其与航速的关系如图2.18所示。

造型三角形形心垂向坐标z_0一定程度上取决于甲板的层高,同时受前端壁角度的影响,所以其无法独立对整体造型产生较大影响。在统计中发现,z_0与游艇总长存在明显的线性关系,如图2.19所示。

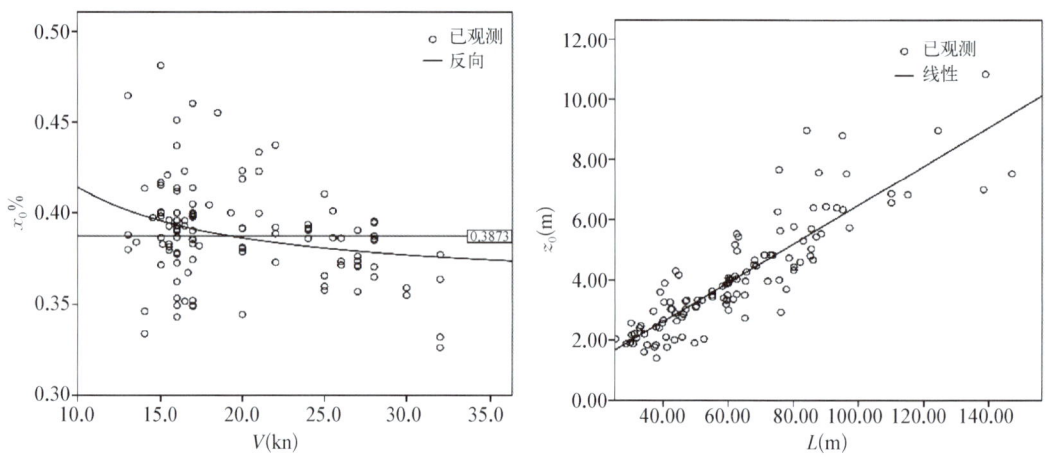

图2.18　x_0%的统计值及其与航速的关系　　　图2.19　z_0与总长的关系

将x_0%与z_0使用曲线估计归纳计算如表2.5所示。

表2.5　x_0%与z_0归纳计算

方程类型	因变量	模型参数汇总					参数的值		自变量
		R^2	F	d_{f1}	d_{f2}	$sig.$	常数	b_1	
倒数	x_0%	0.066	8.059	1	114	0.005	0.358	0.560	V(kn)
线性	z_0	0.767	375.250	1	114	0.000	0.061	0.064	L(m)

可得x_0%与z_0的归纳公式:

$$x_0\% = 0.358 + \frac{0.56}{V} \tag{2.16}$$

$$z_0 = 0.061 + 0.064L \tag{2.17}$$

需要说明的是,各参数若符合上述统计公式的游艇被认为是符合一般美学规律的,即被大多数人所接受的设计方式,但并不否认其他设计不会给人带来美感。美学评价始终是一种主观评价,它与人们的艺术修养、个人经历、受教育水平等密切相关,所以,设计出让所有人都认可的游艇造型是不可能的。本书的目的是归纳出一种能被多数人接受的推荐值,避免盲目的纯感性设计,在推荐值的基础上,可根据个性化需求进行改进。

2.3　造型评价模型的构建与实例验证

2.3.1　单个子函数的处理

归纳出评价游艇造型美学与功能的结果如下:

① $\overline{R}_0 = 0.8716$　　$\overline{R}_1 = 0.8363$　　$\overline{R}_2 = 0.7636$　　$\overline{R}_3 = 0.5242$

② $$\alpha = e^{2.282 + \frac{11.849}{V}}$$

③ $$\theta = \begin{cases} 90 & V < 22 \text{ kn} \\ 142.484 - 6.798V + 0.092V^2 & V \geqslant 22 \text{ kn} \end{cases}$$

④ $$x_0\% = 0.358 + \frac{0.56}{V}$$

⑤ $$z_0 = 0.061 + 0.064L$$

可以发现,它们是最大航速 V 和总长 L 的函数,在已知 V 和 L 的情况下,可以计算上述各值的推荐值,要使上述公式拥有评价游艇上层造型的能力,需要对它们进行改造,引入正态分布的概率密度函数:

$$f(x) = \frac{1}{\sqrt{2\pi}\sigma} \exp\left(-\frac{(x-\mu)^2}{2\sigma^2}\right) \tag{2.18}$$

令 $\sigma = 1$,并去掉前面的常数项,得到新的函数:

$$g(x) = \exp\left(-\frac{(x-\mu)^2}{2}\right) \tag{2.19}$$

$g(x)$ 的函数图像如图 2.20 所示。

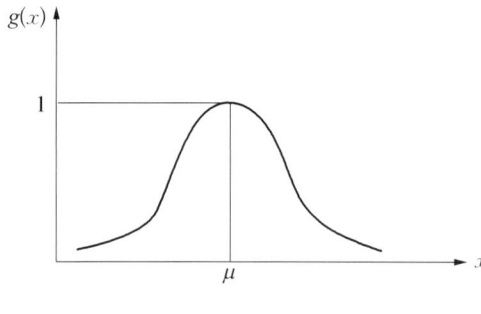

图 2.20　$g(x)$ 的函数图像

该函数最大值为 1,并且关于 $x=\mu$ 对称,距离 μ 越远的 x 值,其 $g(x)$ 值越小。因此,可以将评价函数的推荐值置于 μ 的位置,计算待评价目标的 $g(x)$ 值,这一过程同时可对评价函数值进行归一化处理。

以 R_0 为例,改造后的函数表达式:

$$R_{0a} = \exp\left(-\frac{a(R_{0x}-\overline{R}_0)^2}{2}\right) \quad (2.20)$$

式中,$\overline{R}_0$ 为推荐值,R_{0x} 为待评估值,a 为敏感度调谐因子,R_{0a} 为 0~1 的评价指标。

下面进行敏感度分析,为了保证不同的子评价函数具有相同的敏感度,使各评价函数具有可比性,必须使它们具有相同的数量级,因此引入敏感度调谐因子 a。式(2.20)可以简化为函数 $y=\exp(-ax)$,对于不同 x 值,调整 a 的值,使 ax 整体的取值范围保证落在 (0,10),使最终结果具有可比性。

由实际计算可知,各层甲板长比例、形心横坐标代入 $(R_x-R_0)^2$,数量级为 0.01,所以应取调谐因子 $a=100$;前端壁角度之差、前窗角度代入 $(R_x-R_0)^2$,数量级为 100,所以应取调谐因子 $a=0.01$;形心纵坐标代入 $(R_x-R_0)^2$,数量级为 10,所以应取调谐因子 $a=1$。由此,各评价函数数量级均变到 0~10 之间,写成如下形式。

(1) 改造甲板长比例评价函数。

$$R = \frac{1}{3}\exp\left(-\frac{100(R_{0x}-\overline{R}_0)^2}{2}\right) + \frac{1}{3}\exp\left(-\frac{100(R_{1x}-\overline{R}_1)^2}{2}\right) + \frac{1}{3}\exp\left(-\frac{100(R_{2x}-\overline{R}_2)^2}{2}\right) \quad (2.21)$$

类似地,对其他评价函数改造。

(2) 前端壁角度评价函数。

$$A_1 = \exp\left(-\frac{0.01(\alpha_x-\alpha)^2}{2}\right) \quad (2.22)$$

(3) 前窗角度评价函数。

$$A_2 = \exp\left(-\frac{0.01(\theta_x-\theta)^2}{2}\right) \quad (2.23)$$

(4) 形心横坐标评价函数。

$$X_1 = \exp\left(-\frac{100(x_{0x}\% - x_0\%)^2}{2}\right) \quad (2.24)$$

（5）形心垂向坐标评价函数。

$$z_1 = \exp\left(-\frac{(y_{0x} - y_0)^2}{2}\right) \quad (2.25)$$

2.3.2 权值的计算和造型目标函数的建立

在得到式 2.21～式 2.25 共五个单目标评价函数之后，为更加简单和直观地评价一艘游艇的造型，需要将它们统一到一个目标函数内，即权值的赋予问题。

在五个单目标函数中，部分函数的相对重要性是可以直观预测的，比如，前端壁角度影响整个造型的后倾程度，影响力大于仅有局部影响的前窗角度；前端壁角度越小，造型三角形整体后倾，会影响到形心横坐标取值，所以这两个函数的重要程度相近；甲板长比例对造型美的影响较大，形心垂向坐标更多地取决于甲板层数和层高，所以对造型美的影响不如甲板长比例。

层次分析法（the analytic hierarchy process，AHP）是一种将复杂问题分解成若干层次，再在较简单层次上进行逐步分析的方法。在用层次分析法处理决策问题的时候，需要先把问题条理化、层次化，从而构造一个有层次的结构模型[6]，如图 2.21 所示。

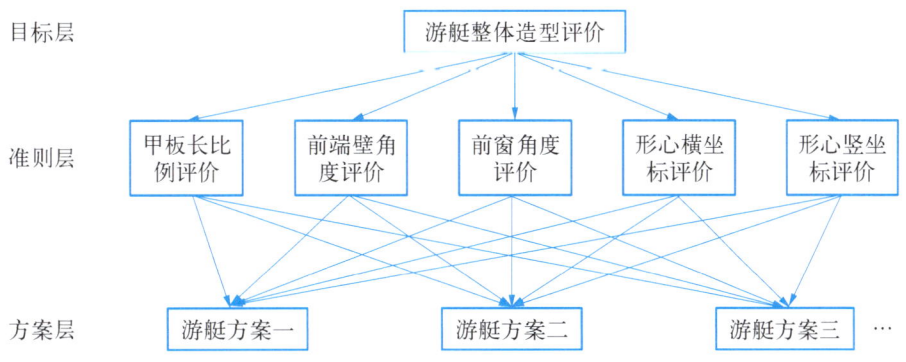

图 2.21 游艇造型评价的层次结构模型

使用数字 1～9 标度各子目标的相对重要程度，完成判断矩阵 $\boldsymbol{A} = (a_{ij})_{n \times n}$，$i$ 和 j 分别为元素的标号，比如，$a_{12} = 3$ 时，说明第 1 个子目标的重要程度是第二个子目标的 3 倍，这种判断是主观的，但是如果有如前述的直观性认识后，能够提高这种主观判断的准确性。针对游艇造型各评价元素，相对重要性如表 2.6 所示。

表 2.6　某游艇造型各评价元素的相对重要性

元　素	R	A_1	A_2	X_1	Z_1
R	1	2	5	2	4
A_1	1/2	1	3	1	2
A_2	1/5	1/3	1	1/3	1/3
X_1	1/2	1	3	1	3
Z_1	1/4	1/2	3	1/3	1

上表中的元素构成了判断矩阵 $\boldsymbol{A}=(a_{ij})_{5\times 5}$，使用 Matlab 计算该矩阵的最大特征值并将其对应的特征向量归一化得：

$$\lambda_{\max}=5.117\,1 \quad \omega=(0.394\,8,\,0.203\,6,\,0.063\,1,\,0.225\,6,\,0.112\,9)$$

ω 为各子目标函数的权值。

为了避免相对重要性判断时出现冲突，比如 A 的重要性是 B 的 2 倍，是 C 的 4 倍，那么 B 的重要程度应该是 C 的 2 倍左右，但如果此时赋予 B 的重要程度是 C 的 1/2 的话，则明显不合理，破坏了整体赋值的一致性。因此，需要对计算结果进行一致性检验。

一致性指标 CI 为：

$$CI=\frac{\lambda_{\max}-n}{n-1} \tag{2.26}$$

式中，$\lambda_{\max}$ 是判断矩阵的最大特征值，n 为方阵的阶数。

平均随机一致性指标 RI 按表 2.7 取值[6]。

表 2.7　平均随机一致性指标 *RI*

n	1	2	3	4	5	6	7	8	9	10
RI	0	0	0.52	0.89	1.12	1.24	1.36	1.41	1.46	1.49

然后按下式计算一致性比例 CR 的值：

$$CR=\frac{CI}{RI} \tag{2.27}$$

当 CR 的值小于 0.1 时，认为判断矩阵通过一致性检验，计算所得的权值是合理的。本节中，一致性检验过程如下：

$$CI=\frac{5.117\,1-5}{5-1}=0.029\,73 \quad CR=\frac{0.029\,73}{1.12}=0.026\,54<0.1$$

由此可知，通过了一致性检验，本节的判断矩阵是合理的。

将分项权值与子目标相结合，最终得到游艇造型总目标函数：

$$M = 0.394\,8R + 0.203\,6A_1 + 0.063\,1A_2 + 0.225\,6x_1 + 0.112\,9z_1 \qquad (2.28)$$

2.3.3 实例验证

选取一艘长江普通客船和荷兰 Heesen 公司的 55 M Quinta Essentia 游艇进行比较计算,其实船如图 2.22 和图 2.23 所示。

图 2.22 长江普通客船

图 2.23 55 M Quinta Essentia 游艇

这两艘船的基本信息如表 2.8 所示。

表 2.8 两艘船舶的基本信息

项 目	长江普通客船	55 M Quinta Essentia 游艇
总长(m)	41.000	55.000
最高航速(kn)	15.000	24.000
第一层甲板长(m)	38.400	48.100
第二层甲板长(m)	29.100	41.300
第三层甲板长(m)	7.600	29.200
第四层甲板长(m)	—	13.800
R_0	0.937	0.875
R_1	0.758	0.859
R_2	0.261	0.707
三角形顶点横坐标 x	19.800	16.500
三角形顶点竖坐标 z	9.300	10.300
三角形形心横坐标 x_0	19.400	21.533
形心横坐标比例 $x_0\%$	0.473	0.409
三角形形心竖坐标 z_0	3.100	3.433
前端壁角度(°)	30.000	20.000
前窗角度(°)	60.000	45.000

根据造型评价的各计算公式对它们计算,结果如表 2.9 所示。

表 2.9 两艘船舶造型计算结果比较

项目	长江普通客船	55 M Quinta Essentia
前端壁角度推荐值 $\alpha(°)$	22	16
前窗角度推荐值 $\theta(°)$	90	32
形心横坐标比例推荐值 x_0 %	0.395	0.381
形心竖坐标推荐值 z_0	2.685	3.581
甲板长比例评价值 R	0.515	0.942
前端壁角度评价值 A_1	0.702	0.925
前窗角度评价值 A_2	0.011	0.448
形心横坐标比例评价值 x_1	0.739	0.961
形心竖坐标评价值 z_1	0.917	0.989
造型总评价值 m	0.617	0.917

造型总评价值的理论取值范围为[0,1],在取值范围内越大越好。长江普通客船的总评价值为 0.617,小于 55 M Quinta Essentia 游艇的总评价值 0.917,按照本章提出的评价方法可以认为后者的造型设计优于前者。

由图片中也可以看出,长江普通客船的造型设计没有注重线条的过渡和比例的整体性,不考虑有争议的主观美感评价,该实例从本章提出的数学构图和比例的角度,得出长江普通客船的造型评价值低于 55 M Quinta Essentia 游艇的造型评价值的结论。

2.4 游艇造型美学及最小风阻上层建筑

游艇既是实用产品,又是体现人们审美需求的精神产品。因此,游艇的造型美学包括物质和精神两方面要素,具体通过功能、工艺结构、材质、色彩、舒适性等要素体现[7]。

此外,游艇上层建筑的造型直接影响着其风阻,尤其是对航速较快且上层建筑较丰满的大型游艇而言,因此必须研究不同上层建筑形式所对应的风压阻力情况,并探讨上层建筑造型与其风阻之间的联系。

2.4.1 游艇造型美

船舶造型美包括物质和精神两方面要素。具体通过功能、工艺结构、材质、色彩、舒适性等要素体现[7]。

(1) 功能美。

随着科学技术的发展,游艇基础理论和游艇工艺研究新成果的涌现,要求不断开发游艇种类和提高游艇性能,也因此要求设计师及时提供美学形态及色彩来进一步体现游艇的功能美。如果形态、色彩与功能不协调,将使游客从心理上丧失愉快感甚至安全感,即丧失了美感功能。

(2) 工艺结构美。

不同的游艇具有不同的结构形式和造型效果。力学新成就为游艇形态结构美提供了途径。如结构有限元计算能将游艇的各种不受力或应力很小的构件艺术性地削弱,但不影响强度和刚度。另外,数学放样和自动加工工艺的采用,保证了游艇加工精度和外观的光顺和平整,有效地体现了工艺美。

(3) 材质美。

材料工业的发展是科学技术进步的必然产物。新型建筑材料的品种很多,各种天然材料和人工合成材料的使用,使游艇的外观造型、表面机理和内部环境有了很大的改进。例如,上层建筑部分或大部分采用玻璃钢、铝合金,能使游艇重量下降,稳性增强。这些材料具有优良的表面理化性能,显得轻巧、悦目。另外,各种高性能表面涂料、铸塑及喷涂工艺的应用,使得游艇外观造型丰富、新颖,充分表现了材质美、机理美。

(4) 色彩美。

色彩是给人印象最深的造型要素之一。色彩对人的生理和心理影响有时甚至超过游艇形态;色彩造型体现了现代光学的研究成果和新型表面材料的美学效果,是造型设计中最生动最有效的要素。好的环境色彩不仅能充分体现游艇的功能,创造协调的人机关系,满足人们对色彩的需求,而且能提高游艇的商品价值和美学价值。

(5) 舒适美。

舒适美是新颖的人机关系,是体现游艇建筑美中精神因素的重要方面。现代游艇的自动化水平不断提高,人机关系在某些场合变得更复杂也更密切。虽然游艇操纵、控制和通信已变得简单、方便,但人的因素即人们心理生理的美感需求、最佳工作状态的保持、劳动效率的提高和安全问题等对人机关系的要求也更高。处理好这一关系,人们将生活和工作在一个有秩序、有节奏、舒适宜人的游艇环境中。

2.4.2　基于 CFD 软件的最小风阻上层建筑研究

随着 CFD 技术在船舶设计领域的应用不断延伸,利用 CFD 计算软件对舰船舰面空气流场进行的数值模拟研究也开始引起国内外舰船设计行业的广泛关注。然而,国内关于该方向的研究尚处于起步阶段,在进行数值模拟时的一些技术细节还需要进一步探讨和论证,使计算结果更具有工程应用价值。由于大型游艇上层建筑造型形式的不同势必会引起风压阻力情况的不同,故这里选取一个游艇造型基本要素。因为各甲板上层建筑前壁与甲板的夹角 θ_{bridge} 的形式对上层建筑风压阻力的影响为最大,所以本书选定其为变量。假设各甲板的 θ_{bridge} 相同,研究 θ_{bridge} 分别取 90°、120°、135°、150°时上层建筑所受到的风压阻力情况,并论证在其他各外型要素相同的情况下,游艇上层建筑风压阻力随 θ_{bridge} 的不同所呈现的变化规律。通过计算可得出以下结论:

① 四种情况下,大型游艇上层建筑所受黏压阻力占其总阻力的 97.7%~98%。

② 随着 θ_{bridge} 的增大,上层建筑所受的黏压阻力、摩擦阻力和总阻力都会减小,减小趋势趋近于线性。

③ θ_{bridge}=120°、135°、150°时大型游艇上层建筑的总阻力比 θ_{bridge}=90°时分别减少 8.6%、12.7%、17.8%。

计算流体力学(computational fluid dynamics,CFD)的基本思想是把原来在时间域和空间域上连续的物理量的场,如速度场和压力场,用一系列有限个离散点上变量值的集合来代替,通过一定的原则和方式建立起关于这些离散点上场变量之间关系的代数方程组,然后求解代数方程组获得场变量的近似值[8]。随着高速数字计算机逐步成熟,使 CFD 得到了有实用意义的发展,同时也出现了许多优秀的通用商业软件(ANSYS-CFX、FLUENT 等)和一些专业的流体力学软件(SHIPFLOW、DAWSON 等)。

2.5 游艇造型及线型协调性设计方法

游艇的设计不同于常规船舶:关于侧重点,游艇的设计不仅要在工程技术上满足规范及客户需求,还注重于游艇造型的美观、内装的豪华;关于设计流程,游艇的造型设计先于水下型线的设计。因此,由游艇的造型所决定的上层建筑的形式、功能舱室的划分、游艇的总布置、设备的布置、全船的重量及重心等也会与普通船舶有所区别。同时,对于优良线型,可采用微调总布置的方法使大型游艇的重量及重心位置与线型相匹配。

通过研究游艇造型的不同所决定的游艇上层建筑形式及总布置的不同,提出在已给定大型游艇造型的基础上分模块估算大型游艇重量及重心位置,并根据客户对游艇性能的需求及母型船的型线图,确定大型游艇水下型线,以实现大型游艇造型及线型协调性方法。

2.5.1 协调性原理

大型游艇造型与线型的协调包括对大型游艇上层建筑造型及风阻的全船重量及重心位置与水下型线所决定的排水量及浮心位置的协调,即游艇在水中受到的浮力等于构成游艇的所有物质的重力之和,浮心位置的纵向位置应等于大型游艇重心的纵向位置。

$$\Delta = \sum W_i, \quad x_b = x_g \tag{2.29}$$

式中，Δ 为该载况下的游艇排水量；$\sum W_i$ 为构成游艇的所有重量之和；x_b 为大型游艇浮心的纵向位置；x_g 为大型游艇重心的纵向位置。

协调方法分为以下两种：

① 通过调整游艇水下型线满足外型决定的全船重量及重心位置；

② 通过调整游艇总布置满足优良的水下型线。

第一种方法是本书介绍的主要方法；第二种方法只适用于设计游艇与母型船外型、总布置等十分相似，而且母型船水下型线各方面性能优秀，设计者不必通过调整水下型线，而是通过移动油水舱来调整游艇重心纵向位置，以与优良的水线船型相协调。

2.5.2 大型游艇的总布置

由于大型游艇的功能、用途及设计理念与常规船舶有所区别，其总布置特点也与常规船舶有所不同。因此，本书针对 180～220 ft(约 55～67 m)豪华游艇，通过收集比较多艘相似尺度的游艇总体布置，总结出大型豪华游艇的总体布置特点。

(1) 大型游艇十分注重水上造型，即上层建筑的造型及形式，色彩的选取及搭配，舷窗的形状及分布，各设计主要要素的选取及搭配等。

(2) 大型游艇艇内各功能舱室十分齐全，可以满足客户各种不同的需求，如沙龙区、餐厅、主人房、客房、健身房、按摩浴池等。游艇露天甲板面积较大，内部装修豪华。

(3) 大型游艇对舒适性要求极高，包括空间、家具、气味、噪声、振动、光环境、耐波性等，故总体布置应处处体现出舒适的元素。如主人、客人房应尽量远离机舱等振动源以避免振动噪声的干扰，舷窗应合理搭配以满足舱室的透光性。

(4) 大型游艇注重高品质先进设备的装配，如减小游艇横摇的减摇鳍，绿色环保的吊舱推进器的选取及装配等。

图 2.24～图 2.29 为"Silver Angel"号大型豪华游艇的总体布置示意图。

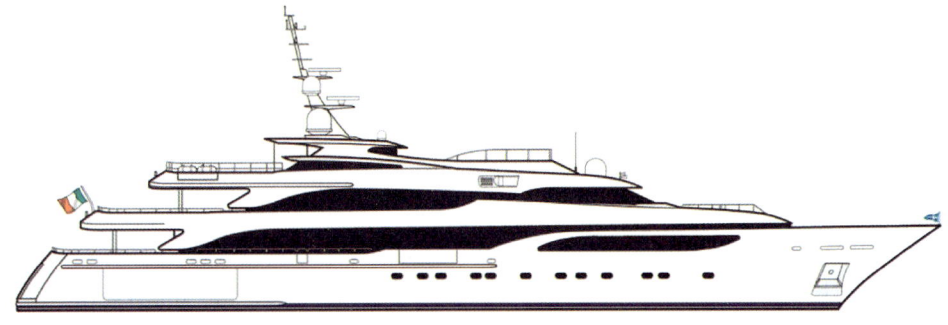

图 2.24 "Silver Angel"号侧视图

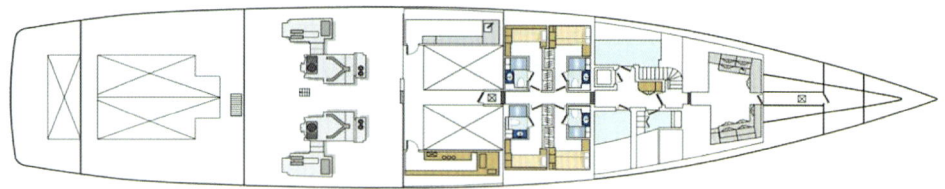

图 2.25 "Silver Angel"号底层甲板平面图

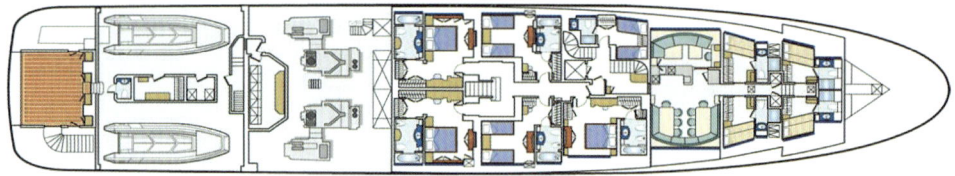

图 2.26 "Silver Angel"号下层甲板平面图

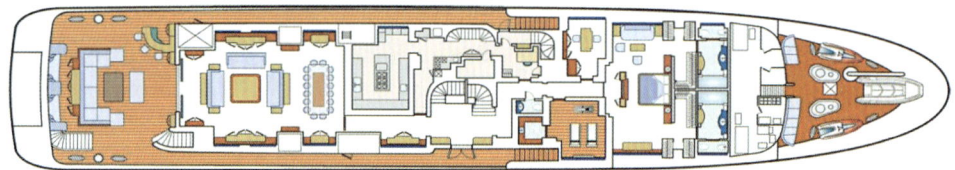

图 2.27 "Silver Angel"号主甲板平面图

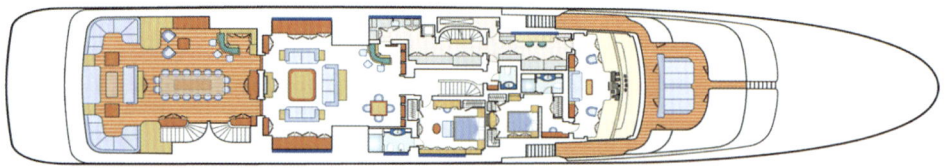

图 2.28 "Silver Angel"号上层甲板平面图

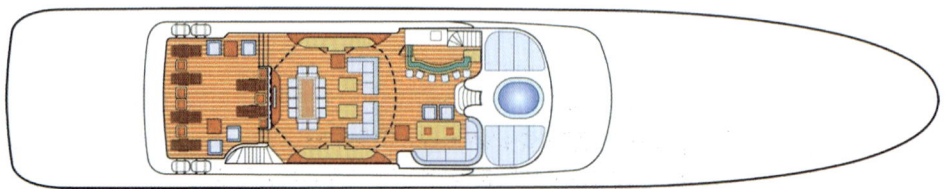

图 2.29 "Silver Angel"号阳光甲板平面图

2.5.3 大型游艇的重量及重心位置

大型游艇总重量分为空船重量和载重量两部分。构成空船重量的项目十分繁杂,为便于游艇设计者准确地计算空船重量,避免重量项目计算的重复或遗漏,应将空船重量按一定的原则进行分类。按惯例,空船重量通常分为船体钢料重量 W_h、木作舾装重量 W_f 和机电设备重量 W_m 三大部分,各部分又细分为若干组,各组再分成若干项[8]。大型游艇的重量分布与分组如表 2.10 所示。

表 2.10 大型游艇重量分布与分组表

序 号	部与组的名称	序 号	部与组的名称
	Ⅰ 船体钢料		Ⅲ 机电设备
1	首尾柱及人字架	1	主辅机械设备
2	船壳板	2	轴系
3	底部及舷侧构架	3	动力管系
4	甲板结构	4	机炉舱杂项
5	舱壁及舱筒	5	机炉舱特种设备
6	支柱	6	锅炉及管系内的液体
7	船体钢料杂项	7	船舶电气
8	底座		Ⅳ 载货量或旅客及其行李
9	上层建筑钢料		Ⅴ 燃料、炉水及滑油
10	焊料	1	燃油
	Ⅱ 木作舾装	2	炉水
1	船体木作	3	滑油
2	船舶金属属具		Ⅵ 供应品、船员及粮食
3	船舶设备和装置	1	船员及其行李
4	舾装木作	2	粮食、淡水
5	生活设备及工作用具	3	供应品和工具
6	水泥及瓷砖		Ⅶ 排水量储备
7	油漆		
8	冷藏与通风		
9	船舶管系		

一般来说,由于游艇型线都是左右对称的,总布置设计时也总是使左右舷重量相平衡,故 $y_b=0$。通常船舶重心的估算,主要指重心纵向坐标 x_b 和重心高 z_g,其中 x_g 将决定船舶浮态,影响船舶纵倾,z_g 则影响船舶稳性和横摇性能。因此,船舶重心估算对船舶技术性能和使用效能的影响甚大。

在初期设计时,一般根据母型船的各部分重量重心资料,运用分项换算法确定设计船的重量及重心高度。由此,通过对模块化设计理论的研究,将模块化的理念运用于大型游艇重量及重心估算中。模块化是指利用每个可以独立设计的,并且能够发挥整体作用的更小的子系统来构筑复杂产品或业务的过程。在模块化结构中,每个模块内部独立开展工作,不必与其他模块进行协调,这使得模块化能够对平行开展的工作进行协调;模块化结构还会产生更多的选择余地,从而应对子系统的不确定性。

根据模块化设计概念,将大型游艇的各项重量分成不同的模块,每个上级模块下包含若干下级模块,且通过大型游艇的外型及总布置建立联系。如图 2.30 所示,为了提高大型游艇重量重心估算的准确性,将大型游艇重量分为结构、机电、舾装、载重量四个模块,每一个模块下面,又设有若干级子模块,如舱室模块是舾装重量模块的子模块,各个舱室又是舱室模块的子模块。每个模块都根据其特点,采取不同的估算方法。然后,将所有模块汇总在一起,构成了大型游艇的重量重心估算方法。

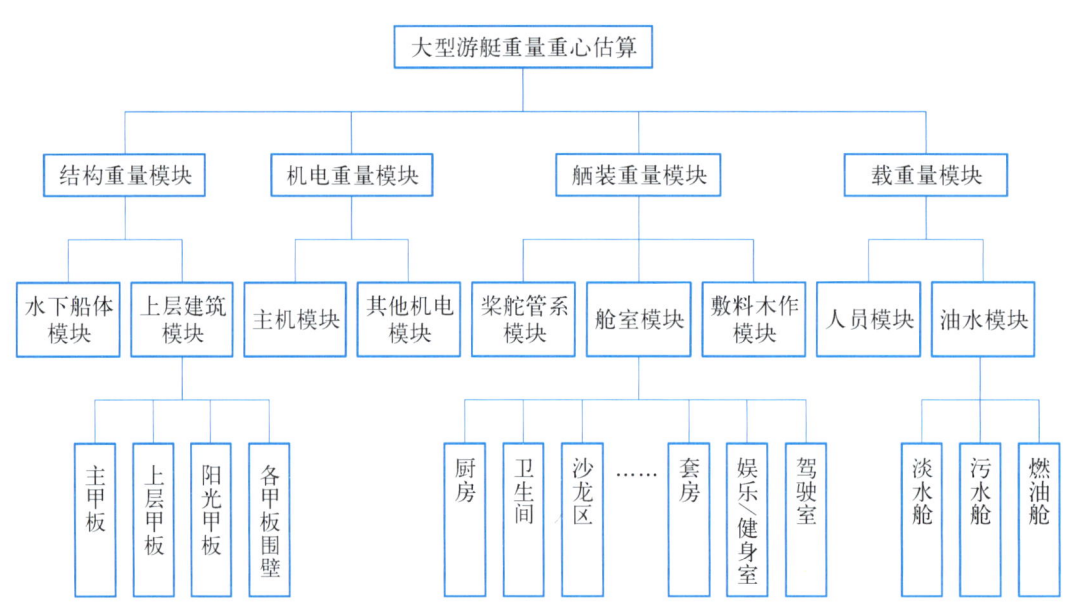

图 2.30 大型游艇重量重心估算模块结构图

1) 结构重量模块重量重心估算方法

结构重量模块分为两个子模块:水下船体模块及上层建筑模块。对于 180～220 ft (约 55～67 m)大型游艇,绝大多数采用的钢铝混合材料,即上层建筑采用铝合金,主体采用钢制,故两个模块的重量重心估算方法有所不同。

(1) 主体模块估算方法。

由于大型游艇造型主要是受水面以上布置形式的影响,水下船体的线型并不特殊;因此,本模块以已有母型船的主体为母版,采用传统的修差法进行估算。由于新船与母型船主体形式较为接近,并且不会涉及因为上层建筑大小、甲板层数等水上结构的影响,故可保证很高的精确性。

此法是根据设计船与母型船主尺度的差别进行修正得出新船的 W_h 值,即:

$$W_h \equiv W_{h0} \pm \delta W_h \tag{2.30}$$

式中　W_{h0}——型船主船体钢料重量;

　　　δW_h——设计船主船体钢料重量的增量。

假定型船的 W_{h0} 与主尺度的关系式为:

$$W_h = C_h L^{1.45} B^{0.945} D^{0.66} \tag{2.31}$$

假定型船的主尺度差值为 δL、δB、δD,则由于设计船与型船的主尺度改变而引起的 W_h 增量 δW_h 为:

$$\delta W_h = \frac{\partial W_h}{\partial L}\delta L + \frac{\partial W_h}{\partial BL}\delta B + \frac{\partial W_h}{\partial D}\delta D \tag{2.32}$$

由此可得到:

$$\delta W_h = 1.45\left(\frac{W_{h0}}{L_0}\right)\delta L + 0.945\left(\frac{W_{h0}}{B_0}\right)\delta B + 0.66\left(\frac{W_{h0}}{D_0}\right)\delta D \tag{2.33}$$

当设计船与母型船的方形系数也不相同时,设其差值为 δC_b,且按 C_b 值每增减 0.01 时,其经主尺度修正后的 W_h 将增减 0.3%,则:

$$W_h = (W_{h0} + \delta W_h)(1 + 0.3\delta C_b) \tag{2.34}$$

设计船的主体模块的重心纵向位置则可认为与船长成正比,垂向位置认为与型深成正比,即:

$$x_g = \xi_l L,\ z_g = \xi_d D \tag{2.35}$$

式中　L,D——船长及型深;

　　　ξ_l,ξ_d——系数,取自于型船。

母型船采用 212 ft(约 65 m)"海燕"号豪华游艇,其主尺度及主体钢结构相关数据如表 2.11 所示。

表 2.11　"海燕"号主尺度及主体结构重量

项　目	数　值
总长 L_{oa}	64.6 m
型宽 B	11 m
型深 D	4.0 m
主体钢结构重量 W_{h0}	220 t

(续表)

项　目	数　值
主体钢结构重心纵向位置 x_g	53.6% L_{oa}
主体钢结构重心垂向位置 z_g	58% D

根据"海燕"号的主尺度及主体钢结构的重量重心资料,可得:

$$W_{h0} = 220 + 4.94\delta L + 18.9\xi B + 36.3\xi D \tag{2.36}$$

$$x_g = 0.536L, \quad z_g = 0.58D \tag{2.37}$$

(2) 上层建筑模块估算方法。

由于大型游艇上层建筑形状的个性化,其上层建筑铝合金重量及重心位置会有所区别。上层建筑铝合金的重量主要由各层甲板的长度、宽度、围板长度及各甲板间层高所决定。

本书采用笔者提出的一种单位面积换算法进行上层建筑铝合金重量及重心的估算。单位面积换算法假设180～220 ft(约55～67 m)大型游艇的上层建筑材料相同且结构形式相似,通过对母型船上层建筑铝合金结构形式及重量重心的分析得到单位面积甲板重量系数 ξ_d 及单位面积围壁重量系数 ξ_s,设计船的上层建筑重量可表示为:

$$W_s = \xi_d A_d + \xi_s A_s \tag{3.38}$$

式中　ξ_d——甲板单位面积系数;
　　　ξ_s——围壁单位面积系数;
　　　A_d——设计船甲板总面积;
　　　A_s——设计船围壁总面积。

上层建筑重心位置表示为:

$$x_s = \frac{\sum_{i=1}^{3}\xi_d A_{di}L_i + \sum_{i=1}^{3}\xi_s A_{si}L_i}{W_s}, \quad z_s = \frac{\sum_{i=1}^{3}\xi_d A_{di}Z_i + \sum_{i=1}^{3}\xi_d A_{si}z_i}{W_s} \tag{3.39}$$

式中　x_s——设计船重心纵向位置;
　　　z_s——设计船重心垂向位置;
　　　A_{di}——设计船各甲板面积;
　　　A_{si}——设计船各甲板围壁面积;
　　　L_i——设计船各甲板/甲板围壁形心距艉垂线距离。
　　　z_i——设计船各甲板/甲板围壁形心距基线距离。

母型船采用212 ft(约65 m)"海燕"号豪华游艇,其上层建筑重量重心数据如表2.12所示。

表 2.12 "海燕"号上层建筑重量与重心

项　目	数　值
甲板总面积	1 366.6 m²
甲板总重量	43.31 t
甲板单位面积系数 ξ_d	0.031 7 t/m²
围壁板总面积	824.2 m²
围壁板总重量	25.95 t
围壁单位面积系数 ξ_s	0.031 4 t/m²

根据"海燕"号的主尺度及主体钢结构的重量重心资料,可得:

$$W_s = 0.031\,7 A_d + 0.031\,4 A_s \tag{3.40}$$

2) 机电重量模块重量重心估算方法

游艇机电设备重量包括主机、辅机、动力管系、电气设备等。影响机电设备重量的因素包括游艇的推进方式(常规推进、电力推进等)、主辅机的类型、技术特征、机舱位置及螺旋桨的数目等。对于同类型的游艇,机电设备的重量主要取决于主机功率。

在游艇设计中,绝大多数情况下主辅机都是预先选定好的,且机舱的位置、主辅机安放的位置也大致确定,所以,主机等机电设备中大项目的重量通常是已知的,未知的部分是其余辅助项目的重量。对于同一类型的游艇,与主辅机配套的其余辅助项目的组成及重量大致相等,故本书采取逐项比较法,通过界面输入主辅机的重量及位置,并通过母型船确定其余辅助项目的重量,从而确定整个机电重量模块的重量及重心位置。

考虑到大型游艇有的采用常规推进方式,有的采用全电推吊舱推进方式,而两种推进方式不管从布置、辅助设备还是重量上而言,都是有所区别的,故本书通过对母型船进行归纳分析,分别针对常规推进及全电推吊舱推进,算出主辅机所占机电总重量的比例,并利用此比例,根据设计船已知的主辅机质量,估算出设计船机电总重量。

计算对象 212 ft(约 65 m)豪华游艇方案,分别采用常规推进及全电推吊舱推进两种方式,具体的主辅机及机电重量数据如表 2.13 所示。

表 2.13 机电重量与重心数据

名　称	常规推进	电力推进
主辅机重量 W_{ma0}	16.2 t	16.2 t
机电总重量 W_{m0}	30.8 t	28.4
主辅机所占机电重量比例	52.6%	57%
机电重量重心纵向位置	$0.25 L_{oa}$	$0.28 L_{oa}$
机电重量重心垂向位置	$0.62 D$	$0.62 D$

可以估算得,设计船机电重量及重心位置:

常规推进时　　$W_m = W_{ma}/0.526$, $x_m = 0.25 L_{oa}$, $z_m = 0.62 D$

电力推进时　　$W_m = W_{ma}/0.57$, $x_m = 0.28 L_{oa}$, $z_m = 0.62 D$

3) 舾装重量模块重量重心估算方法

舾装重量模块是大型游艇中最复杂、最烦琐、最难以准确估算的一个模块。同时,由于舾装重量在大型游艇中占据着较大的比重,其重量及重心估算的准确性将直接影响到全船的重量及重心估算的准确性。大型游艇区别常规船舶的一个重要的特点就是其功能舱室众多,内部装潢豪华且极具个性化,若以常规船舶估算舾装重量的方式进行大型游艇的重量重心估算,则显然是不准确的。根据舾装重量的项目分类及特点,可分成桨舵管系模块、功能舱室模块及木作敷料模块。根据每个模块包含项目的种类及特点,分别采用不同的估算重量重心的方法。

(1) 桨舵管系模块估算方法。

舵桨管系模块包括舵设备、救生、游艇管系、冷藏及通风、锚泊及系泊设备、吊艇设备、舱口盖等。有些项目可根据具体布置情况进行准确计算,如舵设备、吊艇设备等;而无法准确定位定重量的设备如管系、冷藏、通风设备等,则根据母型船的经验进行估算。母型船采用 212 ft(约 65 m)豪华游艇,其舵桨管系的重量重心位置数据如表 2.14 所示。

表 2.14　舵桨管系重量与重心数据

名　　称	常规推进	电力推进
舵桨管系重量 W_{o1}	22.4 t	18.7 t
舵桨管系重心纵向位置	$0.21 L_{oa}$	$0.23 L_{oa}$
舵桨管系重心垂向位置	$0.75 D$	$0.75 D$

(2) 舱室模块估算方法。

舱室模块包括舱室内的家具、属具(金属)、游艇木作(木甲板、木铺板、天花板、木围壁及隔壁等)、水泥基瓷砖、油漆等。由于大型游艇区别于常规船舶的一个很重要的特点就是其功能舱室众多,内部装潢豪华且极具个性化,众多功能舱室如船员舱、主人房、客人房、VIP 房、餐厅、厨房、健身房、娱乐室等内部的布置情况各不相同,整艘游艇的重心位置会受到一定的影响。如,厨房内放置众多电器设备、炊具、餐具、食品等,且空间较狭窄;沙龙区空间广阔,却只是布置有若干沙发、茶几等家具,故两者单位面积上的家具、属具等的重量比相差很多。因此,必须考虑不同功能舱室单位面积重量、不同的舱室布置方式,以免造成较大的舱室模块重心的偏差。

基于以上考虑,运用单位面积舱室重量系数 ξ_c,根据实船资料,统计出每艘大型游艇不同舱室单位面积的 ξ_c 值,并归纳总结不同舱室如船员舱、主人房、客人房、VIP 房、餐厅、厨房、健身房、娱乐室等的 ξ_c 值。母型船采用 212 ft(约 65 m)豪华游艇,其各舱室 ξ_c 值数据如表 2.15 所示。

表 2.15　各舱室 ξ_c 值

舱室名称	ξ_c(t/m)
船员舱	0.012
主人房	0.030
客人房	0.032
VIP 房	0.030
餐厅	0.021
厨房	0.041
娱乐舱室	0.022
走廊及大厅	0.018
露天甲板	0.009

由此可进行估算,设计船的舱室模块重量为各舱室面积分别乘以相应 ξ_c 值的和。

4) 载重量模块重量重心估算方法

大型游艇的载重量包括船员,主、客人及行李、食品、淡水、燃油、滑油、炉水等的重量,本书中考虑到机动性与固定性的区别,把载重量分为人员模块及油水模块。

人员模块中,包括船员及行李,主、客人及行李,由于人员的机动性,其重量根据母型船进行估算,重心位置取船中处。

油水模块中,包括淡水、燃油、滑油等。由于大型游艇大部分需装备大量的燃油及淡水,并且淡水、燃油舱的布置具有灵活性,对全船重量重心有一定的影响,故此单独列出,需要设计人员进行人工计算输入。

2.5.4　浮心纵向位置及调整

浮心纵向位置 x_b 对大型游艇的阻力及纵倾调整有很大的影响,选择 x_b 应从快速性上有利的最佳浮心位置和与总布置所确定的重心纵向位置相配合这两个方面来考虑。

因 x_b 的位置影响前后体的丰满度,所以影响前体的兴波阻力和后体的形状阻力。当 x_b 在中前段时,船首丰满会使兴波阻力增加,船尾瘦削可降低漩涡阻力。当 x_b 在中后段时则产生相反的效果。对于大型游艇,由于航速偏高,方形系数均较小,船型比较瘦削,一般不致产生大量漩涡,但兴波阻力所占比例渐渐增加,故 x_b 以在中后方为宜,可使船首瘦削,减少兴波阻力。

浮心位置的选取,还必须与重心纵向位置相配合,使船有适宜的浮态。当阻力上最佳的浮心位置与重心配合不当而引起不允许的纵倾时,如果在总布置方面调整有困难,或者会造成牺牲过多时,通常是适当损失快速性去兼顾布置上的适宜性。x_b 偏离最佳位置不大时对阻力影响较小。

如果设计游艇与母型船外型、总布置等十分相似,而且母型船水下型线各方面性能优秀,设计者不想通过调整水下型线,而是想通过微调总布置而实现外型与船型的协调性,

那么可以通过以下途径实现:
① 调整机舱位置;
② 油水舱沿船舶纵向位置的移动,可调整船的纵倾。

2.6 基于差分进化算法的大型游艇外形优化设计

差分进化算法(differential evolution algorithm,DE)采用实数编码,其物理意义优于二进制编码,是智能算法中门槛低、有效性强的一种算法。在生成初始种群时采用随机函数,使整个初始种群具有较大的差异性,从而防止计算一开始便陷入局部最优区域,保证全局搜索能力。在迭代后期,种群中个体差异减小,增加了找寻最优解的速度和精度,使算法具有收敛速度快、准确度高的优点。

2.6.1 差分进化算法的基本理论

差分进化算法是一类基于群体差异的演化算法,最早是由 Rainer Storn 和 Kenneth Price 1995 年提出的,其基本理论如下:

(1) 初始化。

DE 算法的种群可以看作一个行数为 NP、列数为 D 的矩阵,其中每个元素可用 X_{ij} 来表示,$i=1,2,\cdots,NP$,NP 为种群的规模,$j=1,2,\cdots,D$,D 为种群的属性数目。

第一代种群按下式进行初始化:

$$X_{ij} = X_{\min,j} + rand(1)(X_{\max,j} - X_{\min,j}) \tag{2.41}$$

式中,$X_{\min,j}$ 为第 j 个属性中的最小值;$X_{\max,j}$ 为第 j 个属性中的最大值;$rand(1)$ 的功能为随机生成 0~1 之间的数值,如此便完成了对第一代种群的初值赋予。

(2) 变异。

变异的目的是形成新的种群,使种群更具多样性,差分进化算法的变异方法如下:

$$X_{i,j} = X_{i1,j} + F(X_{i2,j} - X_{i3,j}) \tag{2.42}$$

式中,F 为变异算子,范围为[0,2],根据条件情况的不同,变异算子选取不同的值,在基本差分进化算法中,F 在整个运算中保持不变。

(3) 交叉。

交叉是为了提高种群的多样性,差分进化算法的交叉操作方法如下:

$$X_{m,:}=(x_{m,1},x_{m,2},\cdots,x_{m,D})$$
$$X_{n,:}=(x_{n,1},x_{n,2},\cdots,x_{n,D})$$
$$X_{i,k}=\begin{cases}X_{m,k},(randik\leqslant CR)\\ X_{n,k},(randik>CR)\end{cases} \quad (2.43)$$
$$(k=1,2,\cdots,D)$$

式中，$randik$ 为第 i 行、第 k 列用 $rand$ 函数在 0～1 中随机生成的数值，CR 是交叉算子，取值范围为 $[0,1]$[9]。

(4) 选择。

以目标函数最大化为例，分别计算各个体的目标函数值，建立一个最佳个体位置，将一随机个体赋予该位置，然后剩余个体一一与其比较，当出现更优个体，则将更优个体赋予该位置，直到比较结束。得到的最优个体将与下一代的个体进行比较。

(5) 边界条件的处理。

若个体的属性有边界条件的约束，在变异和交叉过程中超过边界的元素属性按下式进行处理，当属性值超过最大边界值：

$$X_{\text{new}}=X_{\max}+rand(X_{\max}-X_{\text{old}}) \quad (2.44)$$

当属性低于最小边界值：

$$X_{\text{new}}=X_{\min}+rand(X_{\text{old}}-X_{\min}) \quad (2.45)$$

式中，X_{new} 为新的元素属性值；X_{old} 为不符要求的元素属性值；$X_{\max}$ 为最大边界值；$X_{\min}$ 为最小边界值；$rand$ 产生一个 0～1 之间的随机数。

2.6.2 基本差分进化算法对大型游艇优化问题的求解

在上节的大游艇各子目标函数的求解中，涉及 22 个自变量，它们与各子目标函数的相关关系如表 2.16 所示。

表 2.16 求解各子目标函数用到的自变量

序号	项目	造型	静水阻力	风阻力	耐波性	操纵性
1	前端壁后倾角 α	√				
2	前窗角度 θ	√				
3	形心横坐标比例 $x_0\%$	√				
4	形心竖坐标 z_0	√				
5	船长 L		√		√	√
6	型宽 B		√	√	√	√

(续表)

序 号	项 目	造 型	静水阻力	风阻力	耐波性	操纵性
7	吃水 T		√		√	√
8	排水量 Δ		√			√
9	方形系数 C_b		√			√
10	航速 v	√	√	√		
11	水线面系数 C_w		√			
12	棱形系数 C_p				√	
13	垂向棱形系数 C_{vp}				√	
14	中横剖面系数 C_m		√			
15	浮心纵坐标与船舯距离比船长 x_{CB}		√		√	
16	漂心纵坐标与船舯距离比船长 x_{CF}				√	
17	舷侧推直径 d		√			
18	艉部浸入面积 A_T		√			
19	球鼻艏横剖面积 A_{BT}		√			
20	球首形心高 h_B		√			
21	首部吃水 T_F		√			
22	舵面积 A_R					√

根据通常的简化假设,上述 22 个自变量中部分存在线性相关,称之为重复变量,可以在计算之前将这些变量剔除,仅保留独立变量,具体如下:

① 排水量 $\Delta = \rho C_B LBT$,去掉自变量序号 8;

② 垂向棱形系数 $C_{vp} = \dfrac{C_b}{C_W}$,去掉自变量序号 13;

③ 中横剖面系数 $C_m = \dfrac{C_b}{C_p}$,去掉自变量序号 14;

C_b——方形系数,C_p——棱形系数;

④ 舷侧推直径按表 2.17 选取;

表 2.17 舷侧推直径的选取

附体表面积 $S_{app}(m^2)$	[0,5]	(5,10]	(10,15]	(15,20]	(20,25]
舷侧推直径 $d(m)$	0.1	0.2	0.3	0.4	0.5

取游艇附体的湿表面积约为裸船体湿表面积的 2%,去掉自变量序号 17;

⑤ 游艇方尾浸入水中的面积约取船舯中横剖面面积的 10%,去掉自变量序号 18;

⑥ 球鼻艏的中横剖面面积取船舶中横剖面面积的 5%,去掉自变量序号 19;

⑦ 若该游艇有球鼻艏,则认为球鼻艏的形心位于吃水深度的一半处,去掉自变量序号 20;

⑧ 船舶处于正浮状态,艏艉吃水均等于设计吃水,去掉自变量序号 21;

⑨ 舵面积约为船舶水下侧投影面积的 1/60,去掉自变量序号 22。

消除多余自变量后,剩下 13 个独立变量,如表 2.18 所示。

表 2.18 求解大游艇优化问题的自变量

序号	项目	造型	静水阻力	风阻力	耐波性	操纵性
1	前端壁后倾角 α	√				
2	前窗角度 θ	√				
3	形心横坐标比例 x_0%	√				
4	形心竖坐标 z_0	√				
5	船长 L	√	√		√	√
6	型宽 B		√	√	√	√
7	吃水 T		√		√	√
8	方形系数 C_b		√			
9	航速 v	√	√	√		√
10	水线面系数 C_w		√			
11	棱形系数 C_p		√		√	
12	浮心纵坐标与船艉距离比船长 x_{CB}		√		√	
13	漂心纵坐标与船艉距离比船长 x_{CF}					√

以荷兰 Heesen 公司 55 M Quinta Essentia 游艇为计算母型船,让各个变量在母型船主尺度±20%变化,13 个变量的取值范围如表 2.19 所示。

表 2.19 大游艇的主尺度参数与优化时的取值范围

项目	数值	最小值	最大值
前端壁后倾角 α(°)	20.000	16.000	24.000
前窗角度 θ(°)	45.000	36.000	54.000
形心横坐标比例 x_0%	0.410	0.328	0.492
形心竖坐标 z_0(m)	3.430	2.744	4.116
船长 L(m)	55.000	44.000	66.000
型宽 B(m)	9.900	7.920	11.880
吃水 T(m)	3.000	2.400	3.600

(续表)

项　　目	数　值	最小值	最大值
方形系数 C_B	0.306	0.245	0.367
航速 v(kn)	24.000	19.200	28.800
水线面系数 C_w	0.732	0.586	0.878
棱形系数 C_p	0.401	0.321	0.481
浮心纵坐标与船舯距离比船长 x_{CB}	−2.040	−2.448	−1.632
漂心纵坐标与船舯距离比船长 x_{CF}	−3.150	−3.780	−2.520

2.6.3　大游艇优化问题的求解

采用差分进化算法对大游艇优化问题的求解过程如图 2.31 所示。

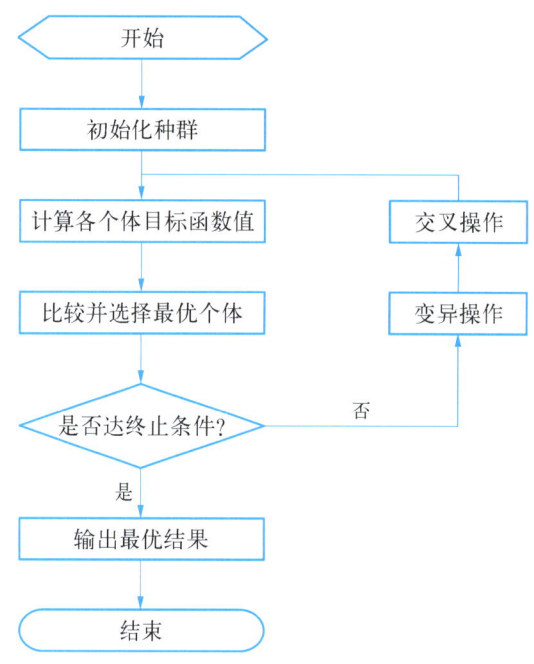

图 2.31　差分进化算法求解大游艇优化问题的流程

(1) 算法常数的选择。

种群大小通常为 $5×D$ 到 $10×D$[10]，本书元素属性的数目 $D=6$，为使种群更具多样性，选取种群大小为 60。

变异算子 F 和交叉算子 CR 若取得过小，则影响种群的差异性，使得优化过早收敛于局部最优解；若取得过大，虽然能保证全局搜索的能力，但收敛速度较慢；所以对于不同的问题，需要选取合适的变异算子和交叉算子。

在文献[10]中，给出常用变异算子 F 和交叉算子 CR 的推荐值，$F=0.5$，CR 取

0.6~0.9,本书选取 $CR=0.9$。迭代次数一般为 100~200 次,本书取 200 次。

(2) 归一化处理。

所有计算均在 Matlab 软件中进行,在计算游艇综合评价指标时,需要对各属性值进行归一化操作,这在第五章中已有叙述,主要代码如下:

```
S_val_min=min(S_val,[],1);
  S_val_max=max(S_val,[],1);
  for k=1:Y_D
    S_val_1(:,k)=(S_val(:,k)-S_val_min(k))/(S_val_max(k)-S_val_min(k));
  end
```

其中,S_val 是归一化前种群属性值的矩阵,大小为 60×13;S_val_1 为归一化后的种群属性值。

(3) 计算结果分析。

差分进化算法的迭代结果一定程度上与初值的选取有关,计算结果各不相同,但都处于 0.47 左右,选取计算结果较好的一次如图 2.32 所示。

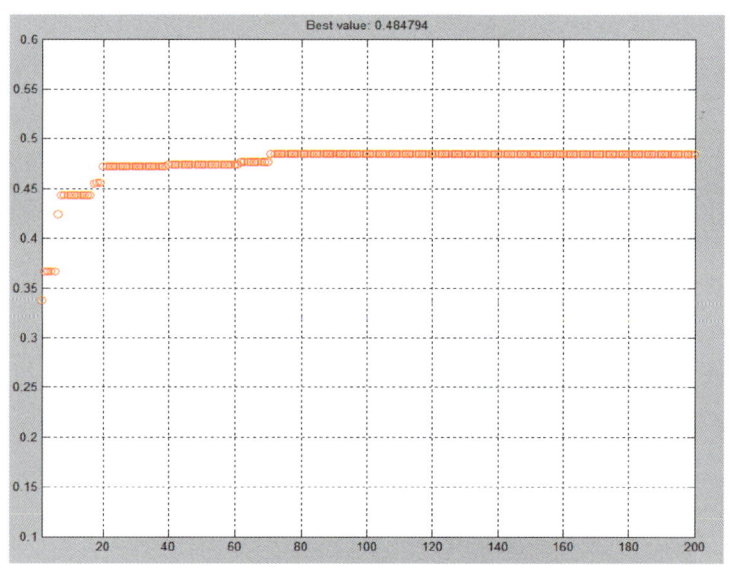

图 2.32 迭代结果

图 2.32 中,横坐标表示迭代次数,纵坐标是总目标值,最佳值为 0.484 794。

在结果收敛后,其最优解与母型船的属性值对比如表 2.20 所示。

由表 2.20 可知,总评价值有大幅度提升,同时也应注意到,并非所有子目标值都是改善的,但这正是体现多目标优化的特点所在,为了获得更优的总目标,是能以部分子目标值变差作为代价的。

表 2.20　优化结果与母型船属性的对比

项　目	母型船	优化方案
总评价值 W	0.250 9	0.484 8
造型 C_1	0.917 2	0.915 9
静水阻力 C_2 (kN)	240.073 9	110.075 7
风阻力 C_3 (kN)	8.795 3	7.344 3
耐波性品级 C_4	−1.895 3	12.482 3
航向稳定性 C_5	0.200 7	0.141 0
回转直径船长比 C_6	9.330 5	10.586 4

2.6.4　差分进化算法的改进

在上节求解过程中,仍存在收敛过快,可能陷入局部最优的问题。同时,在迭代初期,较大的 F 值和 CR 值可以保证种群的多样性;但在迭代后期,较小的 F 值和 CR 值有助于提高程序的局部寻优能力。为此,需对基本的差分进化算法的一些缺点进行改进。

(1) 在子代种群归一化过程中加入父代最优个体。

在基本的差分进化算法中,父代最优解往往用于与子代的评价值比较,不参与子代种群的变异和交叉。大游艇优化问题中存在归一化操作,子代归一化操作后的种群与父代归一化结果没有直接联系,从而容易导致错误产生。因此,在算法改进时,将父代最优个体加入子代种群的末尾,与子代种群一起进行归一化操作。

(2) 变异算子 F 与交叉算子 CR。

如前所述,变异算子 F 和交叉算子 CR 希望在迭代初期取较大值,而在迭代后期取较小值,文献[10—12]对这两个算子的改进总结了一些方法,本书提出另外一种改进。考虑一种函数,它在迭代次数逐渐增加时,数值从 1 逐步变为 0,如下式所示:

$$y = e^x, \quad x = \frac{1 - iter}{iter_{\max} - iter} \tag{2.46}$$

式中,$iter$ 为迭代次数,$iter_{\max}$ 为最大迭代次数。当分母中 $iter$ 的值达到最大迭代次数时分母为零,令此时 x 为无穷小值,Matlab 中计算结果为 −inf(无穷小),这时 y 的计算值为 0,正是需要得到的结果。

函数 $y = f(iter)$ 在 $iter_{\max} = 200$ 时的图像如图 2.33 所示。

由图 2.33 可知,在迭代初期,y 值缓慢下降,在后期下降速度变快,最终达到零。因此,将此函数用于 F 和 CR 的自适应变化

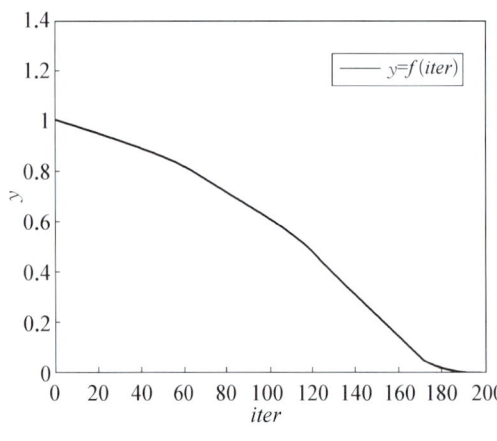

图 2.33　$y = f(iter)$ 函数图像

过程如下：

$$F = F_0 y + 0.1 \tag{2.47}$$

$$CR = CR_0 y + 0.1 \tag{2.48}$$

式中，令 $F_0 = 1$、$CR_0 = 0.9$，为了使迭代末尾仍然具有一定的变异和交叉的能力，在 F 和 CR 后加 0.1。

(3) 迭代次数。

修改变异算子 F 和交叉算子 CR 后，可能出现收敛较慢的情况，通过将迭代次数提升到 500 次以保证获取问题最优解。

为验证改进后算法的有效性，通过下列三个函数来检验。

① Schaffer 函数：

$$\min f(x_1, x_2) = 0.5 + \frac{(\sin\sqrt{x_1^2 + x_2^2})^2 - 0.5}{(1 + 0.001(x_1^2 + x_2^2))^2} \tag{2.49}$$

其中，$-10.0 \leqslant x_1, x_2 \leqslant 10.0$。

该函数是二维的复杂函数，具有无数个极小值点，在 $(0, 0)$ 处取得最小值 0。

② Rastrigrin 函数：

$$\min f(x_i) = \sum_{i=1}^{D} [x_i^2 - 10\cos(2\pi x_i) + 10] \tag{2.50}$$

其中，$x_i \in [-5.12, 5.12]$。

此函数为一个多峰值函数，在 $(x_1, x_2, \cdots, x_n) = (0, 0, \cdots 0)$ 处获得全局最小值 0，在 $\{x_i \in (-5.12, 5.12), i = 1, 2, \cdots n\}$ 内大概有 $10n$ 个局部极小点。

③ Rosenbrock 函数：

$$\min f(x_i) = \sum_{i=1}^{D-1} [100(x_i^2 - x_{i+1})^2 + (x_i - 1)^2] \tag{2.51}$$

其中，$x_i \in [-2.048, 2.048]$。

该函数全局最优点在一个平滑而且狭长的抛物线形山谷内，函数在 $(x_1, x_2, \cdots, x_n) = (1, 1, \cdots, 1)$ 处可以找到最小值 0。

对三个测试函数分别用改进前和改进后的差分进化算法分别进行计算，取 10 次计算的平均值，如表 2.21 所示。

表 2.21 测试函数计算结果

函　数	迭代次数	理论值		DE 改进前	DE 改进后
Schaffer 函数	400	平均值	0	6.8011×10^{-3}	4.8756×10^{-3}
		标准差	0	8.2469×10^{-2}	6.9825×10^{-2}

(续表)

函　　数	迭代次数		理论值	DE 改进前	DE 改进后
Rastrigrin 函数	400	平均值	0	3.557 9	$3.910\ 3 \times 10^{-4}$
		标准差	0	3.787 1	$4.554\ 8 \times 10^{-3}$
Rosenbrock 函数	800	平均值	0	1.773 0	$2.878\ 0 \times 10^{-1}$
		标准差	0	$2.460\ 3 \times 10^{-1}$	$3.351\ 3 \times 10^{-2}$

由表 2.21 可知，改进后的差分进化算法与改进前有不同程度的进步，尤其在 Rastrigrin 函数的最优值计算上表现优良，验证了改进 DE 算法的有效性。

2.6.5　改进后算法的应用

将改进的算法用于上述大游艇优化问题的求解，其迭代情况如图 2.34 所示。

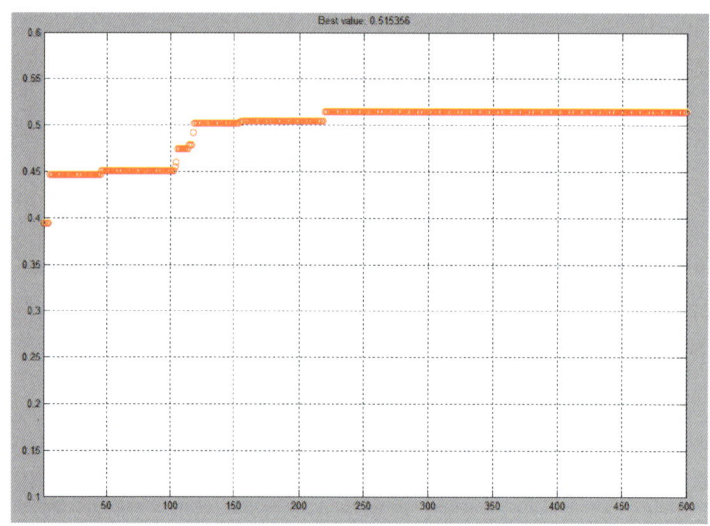

图 2.34　改进后算法的迭代情况

图 2.34 中横坐标是迭代次数，纵坐标是总目标函数值，计算结果如表 2.22 所示。

表 2.22　改进后算法对大游艇优化问题的计算结果

项　目	母型船	常规优化方案	改进优化方案	项　目	母型船	常规优化方案	改进优化方案
总评价值 W	0.264	0.485	0.515	风阻力 C_3(kN)	8.795	7.344	5.354
造型 C_1	0.732	0.916	0.916	耐波性品级 C_4	−2.167	12.482	8.937
静水阻力 C_2(kN)	226.483	110.076	102.417	航向稳定性 C_5	0.203	0.141	0.175

(续表)

项 目	母型船	常规优化方案	改进优化方案	项 目	母型船	常规优化方案	改进优化方案
回转直径船长比 C_6	9.330	10.586	11.050	型宽 B	9.900	10.488	8.824
前端壁后倾角 α	20.000	19.701	19.988	吃水 T	3.000	2.578	2.860
前窗角度 θ	45.000	40.710	42.202	方形系数 C_b	0.306	0.278	0.309
浮心纵坐标与船舯距离比船长 x_{CB}	−2.040	−1.766	−1.631	航速 v	24.000	19.349	19.780
形心横坐标比例 x_0 %	0.410	0.414	0.383	水线面系数 C_w	0.732	0.709	0.618
形心竖坐标 z_0	3.430	4.027	3.977	棱形系数 C_p	0.401	0.458	0.458
船长 L	55.000	62.639	62.052	漂心纵坐标与船舯距离比船长 x_{CF}	−3.150	−3.411	−3.752

由表 2.22 可知，改进后算法计算的总评价值为 0.515，比改进前有一定提升，可见在最优解的搜索能力上，比改进前的算法性能更优。

将优化后的主尺度参数带入上层建筑设计系统生成三维模型，可以与优化前的造型比较，如图 2.35 所示。

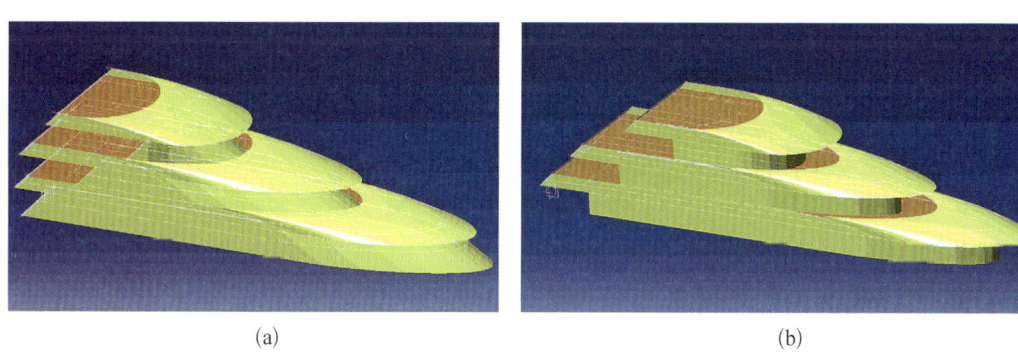

(a)　　　　　　　　　　　　　　(b)

图 2.35　优化前后游艇造型比较

(a) 优化前游艇造型；(b) 优化后游艇造型

通过比较计算结果，除了造型方面有明显变化外，可以发现在改进母型船主尺度和船型参数方面，改进前和改进后的算法在某些参数上有一致的建议，比如，减小吃水、降低航速、增大浮心和漂心的距离都可以改善母型船的综合性能。

因此，不管在改进前还是改进后的算法计算过程中，重复运行程序得到的结果往往与前一次有所不同。这是因为初始种群是随机生成的，而该算法鲁棒性与初始值的选择有关，在一定程度上影响了计算的可重复性。不过，可通过多次求解取平均值得到结果，每次运行得到的最优目标值皆十分相近，证明该算法的确能达到较好的优化效果，在满足工程实际应用的情况下，程序计算而得的结果可以认为是符合要求的方案。

2.7　本章小结

本章首先探讨了大型游艇造型设计中蕴含的一些数学规律，提出造型三角形的概念，采用归纳回归的方法得到甲板长比例、前端壁角度、前窗角度、造型三角形的形心横坐标和垂向坐标的计算方程。运用正态分布函数对单个子目标函数进行处理，使之归一化并能直观地评价单个子目标的优劣，并采用层次分析法计算各子目标的权值，最终获得总的造型目标函数，同时用实例验证了造型目标函数的可行性。

本章还阐述了大型游艇重量重心的概念及大型游艇的总布置特点，并运用模块化方法将大型游艇重量分成若干模块及子模块。通过对每个船舶重量重心模块特点的分析总结，提出针对不同特点的模块不同重量重心的估算方法，并汇总各个模块，即构成大型游艇全船重量重心的估算方法。之后，提出通过调整油水舱的位置使全船重心位置发生微变，以协调优良的水线船型，要求设计游艇与母型船外型、总布置等相似，且母型船水下型线各方面性能优秀。设计者可通过微调总布置而实现外型与船型协调性的情况。

本章运用基本的差分进化算法对某大型游艇的主尺度和船型参数进行了优化，初步体现了差分进化算法在游艇优化问题上优良性能。根据基本差分进化算法收敛过早、可能陷入局部最优等缺点，对算法进行改进，并用检验函数检验改进后的算法。运用改进后的算法对大型游艇优化问题进行计算，得出更加优越的计算结果，进一步验证了算法的有效性。

参考文献

[1] 杨春时. 系统美学[M]. 北京：中国文联出版社，2011.
[2] 李亚维. 游艇造型的风格和功能分类系统研究[D]. 长沙：湖南大学，2011.
[3] 金伯利·伊拉姆. 设计几何学：关于比例与构成的研究[M]. 李乐山，译. 北京：中国水利水电出版社，知识产权出版社，2003.
[4] 龚昌奇，傅德生. 船舶造型[M]. 北京：人民交通出版社，1999.
[5] 徐恒醇. 设计美学[M]. 北京：清华大学出版社，2006.
[6] 邓雪，李家铭，曾浩健，等. 层次分析法权重计算方法分析及其应用研究[J]. 数学的实践与认识，2012,42(7): 93-100.
[7] 邹志红，孙靖南，任广平. 模糊评价因子的熵权法赋权及其在水质评价中的应用[J]. 环境科学学报，2005,25(4): 552-556.
[8] 陈伟民，陈霞萍. 计算流体力学在船舶线型优化中的应用[J]. 上海船舶运输科学研究所学报，2007,30(1): 30-34.

[9] 周艳平,顾幸生. 差分进化算法研究进展[J]. 化工自动化及仪表,2007,34(3):1-6.
[10] 魏玉霞. 差分进化算法的改进及其应用[D]. 广州:华南理工大学,2013.
[11] 牛大鹏,王福利,何大阔,贾明兴. 多目标混沌差分进化算法[J]. 控制与决策,2009,24(3):361-364,370.
[12] 陈亮. 改进自适应差分进化算法及其应用研究[D]. 上海:东华大学,2012.

游艇舒适度原理与设计

第 3 章　游艇舱室空间环境舒适度

游艇属于船舶,但也有别于一般的运输船舶,它的主要功能不是常规船舶的运输货物或是作为人类穿越海峡、渡河等的交通工具,而是作为一种娱乐休闲、享受生活的载体。因此,游艇的内装空间与舱室环境的品质是游艇设计制造的重要内容。提高游艇舱室空间环境舒适度可以充分满足人们对海洋的热爱,让人们驾驶游艇在海洋旅行时更能享受极速飞驰的快感,使游艇成为家人朋友聚会的理想场所。随着人们生活水平和对生活质量要求的提高,为了满足人们的不同需求,游艇舱室空间环境舒适度所包含的空间舒适度、采光舒适度、气流质量舒适度等方面需要进一步的提高和完善。

3.1 基于人机工程学的游艇舱室空间环境舒适度

3.1.1 游艇舱室空间设计与空间环境舒适度

1) 游艇舱室空间设计类型及舒适度要求

从船艇整体来看,广义的游艇舒适度可以包括很多方面,其中舱室空间环境舒适度也因功能的不同而有不同的划分。

(1) 居住舱室。

此类舱室是供游客在其内进行一般性日常生活和休息的空间,其舒适度等级一般要求最高。船舶的振动、噪声、空间大小、家具布置、装饰、光线、温度及湿度等影响舒适度的因素都需在综合各方面的情况下进行优化控制,使居住舱室的舒适度等级达到最佳。

(2) 娱乐舱室。

娱乐空间是游艇上供人们消遣的公共场所,相比舱室而言,噪声对娱乐舱室的要求可以稍低;考虑到进出入人流较其他舱室大,整个空间布局上要注意物件的摆放应避开人流密集区域,使舱室流通性增强,也利于消防。

(3) 驾驶室。

游艇的驾驶室一般位于船首主甲板或上层甲板上,受到主机等的影响较小,因此振动也较轻微。但从舱室类型来看,其对布局的要求非常高,舱室内各种仪器和操纵设备的摆放需遵循人机工程学的原则,尽量使操作人员感到舒适,并有助于提高工作效率。

(4) 机舱。

机舱一般是船舶所有舱室舒适度等级最低的舱室,但是从人体适宜性的角度来看,也可以通过减振降噪等技术措施来提高机舱的舒适度,以改善轮机员检修或工作的环境。

广义的游艇舒适度涉及的内容繁多,这里仅以游艇的居住舱室空间环境舒适度为例,讨论与舒适度关联的具体因素。

2) 游艇居住舱室空间环境舒适度分析

(1) 舱室空间舒适度。

人们对室内空间的要求不是一个固定的尺度,特别是心理上所需空间的尺度受环境因素的影响。通过实验发现,80%的人的心理知觉距离比实际距离短,平均短 1/8。约 70%的人的心理知觉高度比实际高度要高 1/15 左右,且身高越高,所受到的压迫感越大。面积方面,约有 80%的人感觉不到 15~20 m² 的室内面积变化,房间各边缩短 1/10 左右,面积的变化在心理知觉上反映不出来,这就是人对面积心理知觉的无差别间距。活动空间联通性的增强,有利于提高时效和节省体力与能量。距离和面积的改善都可以减轻疲劳。因此,综合来说,室内空间的大小及有效活动面积对人的心理影响和调节具有重要意义。

(2) 舱室光环境舒适度。

人获取的信息 80%都来源于视觉,因此舱室的光环境相对来说也比较重要。光环境可以分为照度、显色性、色温这个三个反映光环境[1,2]舒适程度的因素。

合适的照明能提高近视力和远视力。光亮下,瞳孔缩小,视网膜上成像更为清晰,视物清楚。当照明不良时,因反复努力辨认,易使视觉疲劳,工作不能持久。眼睛疲劳的症状有眼睛乏累、怕光刺眼、眼痛、视力模糊、眼充血以及流泪等。眼睛疲劳还会引起视力下降、眼球发胀、头痛以及其他疾病而影响健康,乃至工作失误。实验表明,照度自 10 lx 增加到 1 000 lx 时,视力可提高 70%。视力不仅受物体亮度的影响,还与周围亮度有关,当周围亮度与中心亮度相等,或周围稍暗时,视力最好,若周围比中心亮,则视力会显著下降。

光源显现被照物体颜色的性能称为显色性,也就是颜色逼真的程度,显色性好的光源对颜色的再现较好,所看到的颜色也就比较接近自然原色,显色性差的光源对颜色的再现较差,所看到的颜色偏差较大。光源的显色性是由光源的光谱功率分布所决定的,光谱连续的光源显色性好。显色性用显色指数表示,日光(阳光)的显色指数最高(其指数定为 100)。

光源的色温是用绝对温度(K)表示。将一标准黑体加热,温度升高至某一程度时颜色开始由红→浅红→橙黄→白→蓝白→蓝逐渐改变,利用这种光色变化的特性,某光源的光色与黑体在某一温度下呈现的光色相同时,将黑体当时的绝对温度称为该光源的色温。色温与白炽体的实际温度有一定的内在联系,但并不相等。热辐射光源以外的其他光源的光色在色度图上不一定准确地落在黑体轨迹上,只能用光源与黑体轨迹最接近的颜色来确定该光源的色温,这样确定的色温称为相关色温。色温在 3 000 K 以下时,光色就开始有偏红的现象,给人以温暖的感觉。色温超过 5 000 K 时光色则偏蓝,给人以清冷的感觉。由于人们所处区域的气候条件的差异,通常亚热带的人较喜欢 4 000 K 以上较高色温的光源照明,寒带的人较喜欢 4 000 K 以下的较低色温的光源照明,不同色温的光源造成的照明效果的冷暖感觉互补了气候条件的差异。人眼的视觉进化经历了一个漫长的过程。自远古以来,人们日出而作,日入而息。白天时,昼光的色温高,人们紧张、高效、精神振奋地进行工作;傍晚太阳落山,人们钻木取火,以火作为照明手段,火光的色温低,人们处于一种松弛、休闲的状态,有一种温馨的感觉。经过长期的视觉进化过程,即使使用电光源进行人工照明以后,人们还是习惯于选用低色温的暖色调灯光在休息场所创造接近日暮黄昏的亲切、轻松的气氛;选用高色温的冷色调灯光在进行工作的场所创造紧张、活泼、振奋的气氛。可见光源色温的选择取决于光环境所要营造的气氛。

(3) 舱室振动环境的舒适度。

船舶是一个在水中运动的弹性体,当船舶航行时,在螺旋桨、柴油机等各种激励的作用下,必然会产生响应,即存在着不同程度的振动,这是不可避免的。

振动将导致人的烦恼和不适,直接对人的生理、心理和人体机能构成威胁。振动对人的作用取决于振动强度、频率、方向和持续时间4个因素,其中最主要是振动强度。振动加速度值反映了振动强度的大小,在不同频率下,随着振动强度的增加,对人的影响分为"感觉阈""不舒适阈""疲劳阈"和"极限阈"4个阶段。主要内容如下:

① 人体刚能感受到振动的信息,这就是通常所说的"感觉阈",人们对刚超过感觉阈的振动,一般并不会觉得不舒适,即多数人对这种振动是可容忍的;

② 振动的振幅加大到一定程度时,人就感觉到不舒适,或者做出"厌烦"的反应,这就是"不舒适阈","不舒适"是一种心理反应,是大脑对振动信息的一种判断,并没有产生生理的影响;

③ 振动的振幅进一步增加,达到某种程度时,人对振动的感觉就由"不舒适"变化成"疲劳",这就进入了"疲劳阈",对超过疲劳阈的振动,不仅有心理上的反应,而且也出现生理上的反应。这就是说,振动的感受器官和神经系统的功能在振动的刺激下受到影响,并通过神经系统对人体的其他功能产生影响,如注意力的转移、工作效率的降低等。刚超过疲劳阈的振动,振动停止以后,对人产生的生理影响是可以消除的。

④ 振动的强度继续增加,就进到"极限阈"(或"危险阈")。超过极限阈时,振动对人不仅有心理、生理的影响,还会使人产生病理性的损伤,也就是说,这类强振动将使感受器官和神经系统产生永久性病变,即使振动停止也不能使人复原。

(4) 舱室噪声环境的舒适度。

对于船舶而言,船上的动力装置、辅助机械、螺旋桨等设备和装置都会引起噪声,噪声对人体有以下危害。

① 噪声对语言清晰度的影响。

语言清晰度,一般是指能听懂发言者所讲的无连贯意思的单字百分率。通常,声级50 dB以下的环境算是安静的,当噪声声级达到55 dB,语言清晰度为68%,会话距离缩小到2 m左右;当噪声达到60 dB时,语言清晰度62%,会话距离缩小到1 m;在80 dB的噪声环境里人们交谈困难;而在90 dB的噪声环境里则无法交谈。

② 噪声对人听觉的损伤。

噪声损伤听觉,最常见的是"听觉疲劳",人的听觉灵敏度暂时下降,过后很快就会自动恢复,这种现象也称"暂时性听力损失"。当听觉长期暴露在强噪声环境中,致使听觉灵敏度下降变成长期的,以后不能再全部恢复,就会造成"永久性听力损失"。

③ 噪声危害人的健康。

根据卫生部门的研究,噪声对人体影响最常见的是引起肾上腺活动的增加,影响人的新陈代谢,容易使人产生头脑发胀、疲劳、神经过敏等现象。更为严重的还会引起某些疾病,几十赫兹的低频强噪声可引起人体各部分共振,进而影响呼吸、脉搏、血压,会使人头晕、视物不清等;高频噪声可引起神经错乱及神经机能的衰退。

(5) 舱室个性化配置家具的舒适度。

游艇居住舱室中,家具是在生活中与人体接触次数最多和使用最久的用具。这种使用性极强的用具不能只讲求外观,更重要的是具备舒适的使用功能。因此,家具设计强调与人体工程学相结合。对于豪华游艇来说,居住舱室舒适程度的要求等级比一般游艇更高,下面就从人体尺寸与家具尺寸协调的关系对家具的舒适度进行论述。

以下是部分人体参数与家具尺寸协调的关系[3]。

① 身高,限定头顶上悬挂家具等障碍物的高度。
② 肩高,限定人们在行走时,肩可能触及的靠墙搁板等障碍物的高度。
③ 肘高,确定站立工作时的台面等高度。
④ 中指尖点上举高,限定上部柜门、抽屉拉手等高度。
⑤ 肩宽,确定家具排列时最小通道宽度、椅背宽度和环绕桌子的座椅间距。
⑥ 胸厚,限定储藏柜及台前最小使用空间水平尺寸。
⑦ 坐高,限定座椅上空障碍物的最小高度。
⑧ 坐姿肘高,确定座椅扶手最小高度和桌面高度。
⑨ 坐姿膝高,限定柜台、书桌、餐桌等台底至地面的最小垂距。
⑩ 坐姿大腿厚,限定椅面至台面底的最小垂距。
⑪ 小腿加足高,确定椅面高度。
⑫ 臀膝距,限定臀部后缘至膝盖前面障碍物的最小水平距离。
⑬ 坐深,确定座面的深度。
⑭ 坐姿两肘间宽,确定座椅扶手的水平间距。
⑮ 坐姿臀宽,确定椅面的最小宽度。
⑯ 肩指点距离,确定柜类家具最大水平深度。
⑰ 腋高,限定如吧柜、银柜等高服务台的高度。
⑱ 跪高,限定用板及上部储物柜拉手的最大高度。
⑲ 蹲高,限定蹲下时,头部上空障碍物最低高度。
⑳ 蹲踞,限定蹲下时家具前面空间最小水平距离。
㉑ 单腿跪高,限定单腿跪下时,头部上空障碍物最低高度。
㉒ 单腿跪距,限定单腿跪下时,家具前面空间最小水平距离。
㉓ 立姿单手推拉舒适高度,确定拉手和隔板等物的适宜高度。

由于人体尺寸的测量范围非常繁杂,一般情况下也不易实现。本书借鉴参考文献[3]中的身高换算公式,加以适当修正,通过身高换算得出人体相关参数值,用以评判家具与人的协调度,从而得出家具的舒适程度值。

(6) 游艇耐波性的舒适度。

船舶的耐波性包含安全性和舒适性。豪华游艇作为一种顶级的奢侈品和休闲工具,其耐波性的舒适性要求非常高,对舒适性影响最大的因素为纵摇幅度、横摇幅度与横向加速度。

(7) 气味的舒适度。

舱室内部的气味环境很重要,直接影响人的情绪和工作效率。气味的定量化是非常困难的,但是在室内应当以臭气或异味的强度指标为基准来设计通风换气的设施。为了便于设计通风换气量,日本学者将气味尺度化,将气味分为7个等级,用数字表示,称为气味指数。室内通风换气量与室内气温、人均所有空间以及挥发性物质浓度有关,室温越高、人均空间越小、气味浓度就会越大。

根据以上对影响游艇居住舱室舒适度各因素的分析,游艇居住舱室舒适度的构成可划分如图3.1所示。

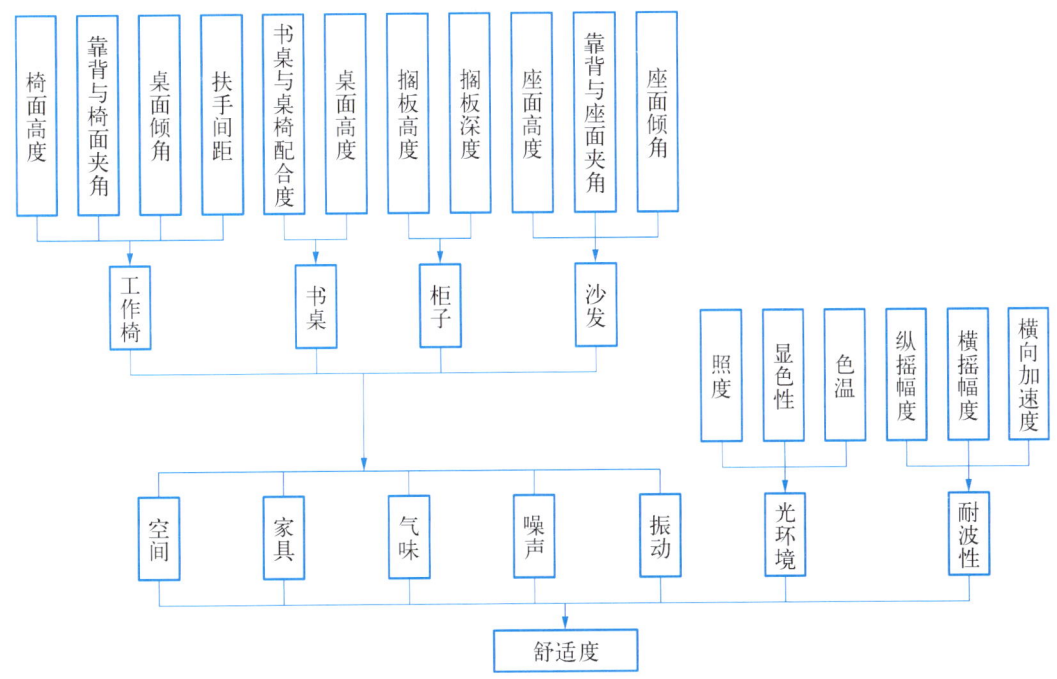

图 3.1 游艇居住舱室舒适度构成

3.1.2 舱室设计中的人机工程学原理及应用

1) 人机工程学原理

(1) 人机工程学的概念与意义。

人机工程学起源于欧美,是近几十年发展起来的新兴综合性学科,它综合运用了生理学、心理学、医学、卫生学、人体测量学、系统工程学、社会科学等学科的知识和成果[4],通过合适的设计尽可能协调好人—机器—环境之间的关系,以达到在工作中、生活中、休息度假中体验的最优化。

人机工程学是一门研究和应用范围都极其广泛的综合性边缘科学,由于该学科跨越不同学科领域,涉及范围很广,且各学科侧重点不同,因此其命名具有多样化的特点。该学科在各国命名不同,在美国称为人类工程学(Human Engineering)或人类因素工程学(Human Factor Engineering),西欧国家多用人类工效学(Ergonomics),日本称为人间工学,俄罗斯则译为工程心理学。人机工程学在20世纪70年代末才在我国兴起,目前该学科在国内常用名称有人机工程学、人体工程学、人类工效学、人类工程学、人—机—环境系统工程等。

人机工程学在室内设计中的意义为以人为主体,运用人体计测、生理、心理计测等手段和方法,研究人体结构功能、心理、力学等方面与室内环境之间的合理协调功能,以适合人的身心活动要求,取得最佳的使用效能;其目标应是安全、健康、高效能和舒适[5]。综合起来,可以认为人机工程学是一门以人的生理的、感知的、社会的和环境的因素为依据,研究人与人机系统中其他元素之间的相互关系,为创造健康、安全、舒适、协调的人—机—环境系统提供理论和方法的学科。其中,人是指操作者或使用者,机泛指人操作与使用的物即广义的人造物,可以是机器、用具或生活用品、设施、软件等,环境是人与机共处的环境,如作业场所和作业空间、自然环境和社会环境等,人—机—环境系统是指由共处于同一时间和空间的人与其所使用的机以及他们周围的环境所构成的系统,简称人—机系统。在人—机系统中,人、机、环境相互依存、相互作用、相互制约,完成某一特定的生产或生活过程。

(2) 人机工程学的发展历程。

人机工程学在形成与发展的过程中,大致经历了以下三个阶段。

① 经验人机工程学。

从20世纪初美国学者的科学管理方法和理论的形成,到第二次世界大战之前,是经验人机工程学的发展阶段,在这一阶段是人适应机器的被动阶段。人机工程学真正的形成是在第一次世界大战时期,这一时期的特点是运用心理学来选择和训练人,使人适应于机器,其研究者大多为心理学家,这是人机工程学的萌芽阶段。

② 科学人机工程学。

人机工程学发展的第二阶段是在第二次世界大战期间。由于各国开发的新式武器和装备片面注重功能的研究,而忽视了"人的因素",因而导致了许多惨痛的失败。通过分析研究,人们逐步认识到,在人和武器的关系中,主要的限制因素不是武器而是人,并深深感到"人的因素"在设计中是不能忽视的,机器设备、工具、作业、场所以及各种用具的设计应考虑如何适应人的各方面特征,为使用者创造安全、舒适、健康、高效的工作条件。

③ 现代人机工程学。

这一阶段是将人—机器—环境作为一个整体进行研究的阶段。到了20世纪60年代,欧美各国进入了大规模的经济发展时期。由于科学技术的进步,控制论、信息论、系统论和人体科学等学科中新理论的建立,新理论和新技术进行人机系统的研究应运而生。人机工程学不仅有了新的理论和新的实验场所,同时也有了新的要求和新的课题,进入了系统的研究阶段。从60年代至今,可以认为是现代人机工程学发展阶段。

现代人机工程学研究的方向是把人—机—环境系统作为一个统一的整体来研究,以创造最适合于人的各种产品和作业环境,使人—机—环境系统和谐统一,从而获得系统的最优综合效能。

(3) 人机工程学的研究内容。

在工作和生活场所,总是包含着人与机,以及围绕着他们的环境条件而构成的一个综合体。在人体工学所研究的人、机、环境三者关系之中,人是主体,机是对象,环境是条件。因此,人机工程学基本研究对象是处在机和环境中的人。在这个"人—机—环境系统"中,人与机的关系是系统的中心,人机工程学的主要任务是对这一系统建立合理而又可行的方案,以便有效地发挥人的作用,并为系统中的人提供舒适和安全的环境,从而达到提高工效的目的,研究内容主要包含以下几个方面。

① 人与产品关系的设计。

在人与产品关系中,人是主体,具有自然属性和社会属性。在自然方面的研究有人体形态特征参数,人的感知特性、反映特性,以及人在工作和生活中的生理和心理特征等。在社会方面的研究有人在工作和生活中的社会行为、价值观念、人文环境等,目的是解决机器设备、工具、作业、场所以及各种用具的设计如何适应人的各方面特征,为使用者创造安全、舒适、健康、高效的工作条件。

② 人机系统的整体设计。

人机系统设计的目的就是创造最优的人机关系、最佳的系统效益、最舒适的工作环境,充分发挥人、机各自特点,取长补短、相互协调、相互配合。如何合理分配人与机在系统功能以及人机间有效传递信息是系统整体设计的基本问题。

随着信息技术的发展,人们面对越来越大量快速传递的信息,要求操作精度高、快速准确。同时,人机界面由硬件向软件转移,这时人与机都进入了一个新阶段。因此,新系统中人的特性如何体现,人与机的功能如何分配,机器系统如何更宜人等,成为人机系统设计的主要内容。

③ 工作场所和信息传递装置的设计。

工作场所设计的是否宜人,将对人的健康舒适和工作效率产生直接的影响。工作场所设计一般包括作业空间设计、作业场所的总体布置、工作台或操纵台设计、座椅设计、工具设计等。作业场所设计的研究目的是保证工作场所适合操作者的作业,工作环境符合人的特点,使人在工作过程中健康不会受到损害,高效而又舒适地完成工作。

人—机—环境系统的信息传递,主要是机器和环境向人传递信息,机器接受人的信息,即操纵与显示。人机工程学不是重点解决工程技术上的具体问题,而是从人的特性出发,研究信息传递方式、准确性、可靠性以及人的认读速度与精度等,研究操作装置的形状、大小、位置和操纵方式与人的生理、心理、生活方式等相适应等方面的问题。

④ 环境控制和安全保护设计。

人机工程学研究环境因素,如温度、湿度、照明、噪声、振动、粉尘、辐射等对作业过程和健康的影响,研究控制、改良环境条件的措施和方法,为操作者创造安全、健康、舒适的工作空间。人机系统设计的首要任务应该是保护操作者的人身安全,要求在产品的设计过程中,研究在产生不安全因素前如何采取预防措施,包括防护装置、保险装置、冗余性设计、防止人为失误装置、事故控制方法、求援方法、安全保护措施等。

2) 人机工程学应用

将人机工程学应用于舱室空间设计的意义在于在舱室设计追求安全性、可靠性、舒适性和高效性的同时,可以使设计者将美学因素与其相结合,达到功能美、结构美、材料美和形式美四方面的高度统一,目前主要应用有如下几个方面。

（1）人体测量数据在舱室设计中的应用。

在游船艇中，为满足极端舒适性的要求，特别注重人的舒适性感受，再设计舱室空间、家具等配置时，应用人体测量数据，使其达到满意功效。人体测量数据在产品设计中应用的步骤遵循以下基本步骤：

① 识别所有与产品设计相关的人体尺寸；
② 确定预期的用户人群；
③ 选择一个合适的预期目标用户满足度；
④ 获取正确的人体测量数据，并从中找出需要的基本数据；
⑤ 考虑各种影响因素，对基本数据进行恰当地修正；
⑥ 进行人机工程学的评价和修正。

在产品设计中如何将人体测量数据正确应用到产品设计中，设计出符合人体尺寸特性的产品的设计过程如图3.2所示。

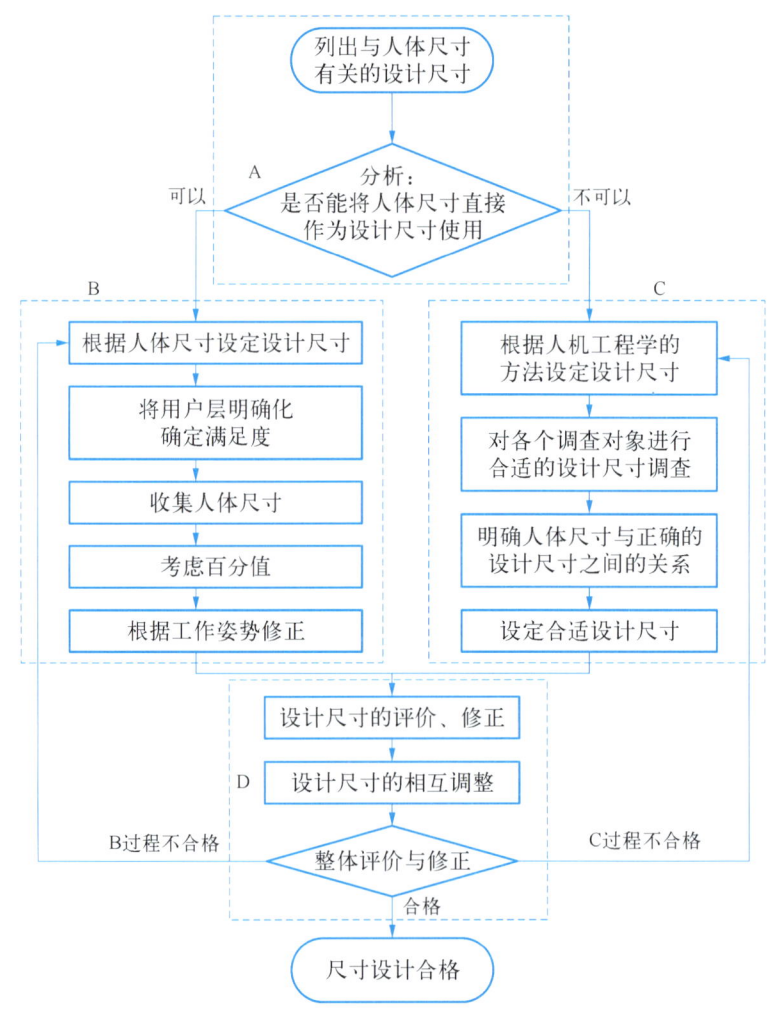

图3.2　符合人体尺寸特性的设计流程

(2) 面向作业分析的舱室布置设计。

以人机工程学为目的的作业分析法，一般采用 SREDIM 原理，即选择、记录、检验、改善、实施和控制。作业分析主要包括方法研究和时间研究：方法研究包括作业观察、程序分析、动作分析、系统分析和程序改进；时间研究包括作业时间测定和标准工时制定。作业分析的研究主要在工业工程领域，以生产质量和效率等产品经济性为出发点来对人的任务进行分析，通过对操作者的作业动作进行缜密分析，简化作业流程并规范作业动作，制定出改进的动作序列，探寻更加经济的作业方法。在人机工程学领域，主要应用任务分析为系统设计和评价寻求约束。游艇工作舱室设计应用的实例步骤如下：

① 根据作业流程分析一般理论与方法，结合船舶典型舱室的作业特点，确定实验采集的功能舱室与作业内容，并设计实施基于作业流程数字视频摄录和物理环境数据采集的作业数据与资料采集方案；依据人体测量学、人体力学、劳动生理学和劳动心理学以及任务分析、操作分析和动作分析的理论与方法，对典型舱室的作业内容与流程进行分析，建立船舶典型舱室作业模型；

② 基于作业分析理论中的设施与物流规划、动作经济原则及精益生产理论，运用工艺流程图法、计划评审法、从至表法、人机操作分析法以及 Captiv-L7000 行为观察与动作分析软件对船舶典型舱室作业的合理性、连贯性与经济性进行分析，并依据分析结果从提高作业绩效的角度对作业的流程与动作进行取消、合并、重排与简化，进而从作业的角度探求船舶典型舱室布置设计要求，以期形成以提高作业绩效为出发点和落脚点的船舶舱室布置设计方法。

面向作业分析的舱室布置设计流程如图 3.3 所示。

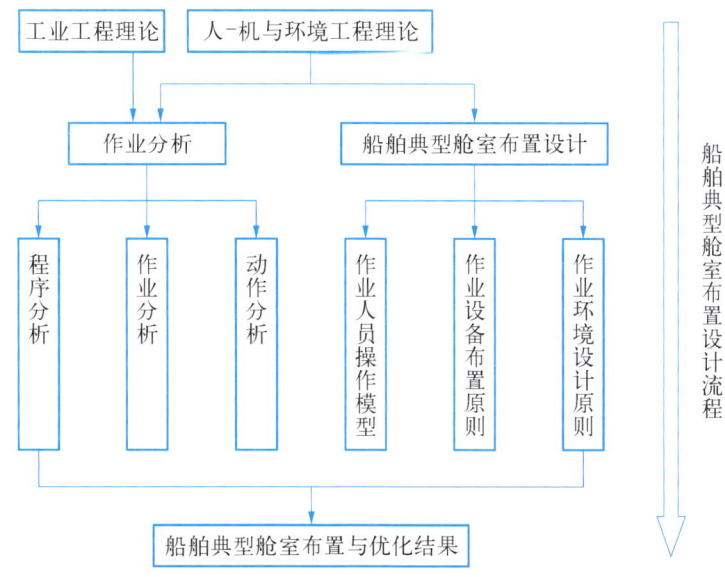

图 3.3 面向作业分析的舱室布置设计流程

3.1.3 舱室环境舒适度评估专家系统的构建

专家系统(expert system)是一种模拟人类专家解决领域问题的计算机程序系统。由于专家系统内部含有大量领域内的专家水平的经验与知识,因此其能够模拟人类专家决策的过程,运用人类专家的知识和解决实际问题的方法进行推理和判断,来解决该领域的实际复杂问题。

1) 专家系统的一般特点

各种类型的专家系统都有自身的特点,总的来说,专家系统还具有下列一些共性的特点。

(1) 知识的汇集。

一个专家系统包含了某个领域众多专家的经验和知识以及他们协作解决重大问题的能力。从这方面来说,专家系统应表现出更丰富的经验、更广博的知识和更强的推理能力,而且能高效、准确、迅速和长时间地工作。

(2) 启发性推理。

专家系统运用专家的知识和经验进行启发式推理,对实际问题做出判断和决策。

(3) 推理和解释的透明性。

用户无须了解系统内部具体的工作流程,就能从专家系统得出问题的结论,而且整个推理的过程对用户是透明的。专家系统的解释器可以对用户的询问进行解答,并给出相关解释,而且这个过程对用户也是透明的。

(4) 知识更新。

专家系统能够不断地依靠自身获取新的知识,修改原有的知识,删除不适用的知识。机器学习就是专家系统积累知识以改善其性能的重要方法之一。

2) 专家系统的结构[6]

专家系统的结构是指专家系统各部分的构造方法和组织形式。要根据系统所执行任务的特点和应用环境来确定相应的最佳结构形式。系统结构选择的恰当与否,直接关系到专家系统的适用性和工作效率。

专家系统一般系统结构框图如图 3.4 所示。

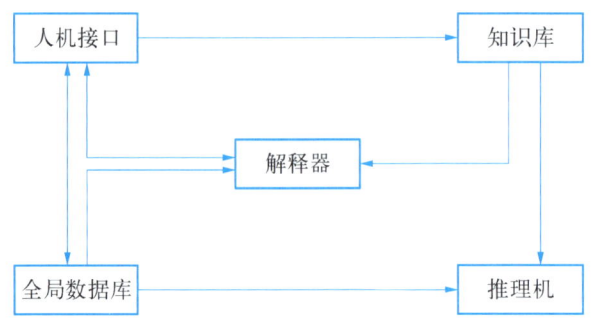

图 3.4 专家系统结构框图

(1) 知识库。

知识库是指以某种存储结构存储领域专家的知识,包括事实、相关规则以及可行的操作等。为了建立知识库,首先要解决的问题是知识的获取与知识表示。知识获取是指知识工程师通过什么方式从相关领域专家那里获得知识并加入知识库中。知识表示要解决的问题是如何使用计算机能够理解的形式来表示和存储知识。

(2) 全局数据库。

全局数据库又称为总数据库,用于把推理过程中产生的中间数据和求解问题中的初始化数据存储进数据库中。

(3) 推理机。

推理机依据全局数据库当前所包含的内容,从知识库中查询、选择相匹配的规则,并通过执行匹配的规则来修改数据库中的内容,再通过不断地推理,最终得出问题的结论。推理机中包含了规则的控制策略以及规则的冲突小结策略。

(4) 解释器。

解释器用于向用户提供专家系统行为的解释,包括"系统是如何得出结论的""系统为什么要提出相关的问题来询问用户"等需要向用户解释的问题。

(5) 人机接口。

人机接口是用户与系统进行交互的界面。系统要求用户通过人机接口回答系统的询问;用户则通过人机接口输入必要的参数、提出问题、获得系统推理的结论。

一般每个专家系统的结构不尽相同,这是由每个系统所需要完成任务的不同所决定的,但是总的来说,知识库和推理机都是专家系统中最基本的模块。推理机程序与知识表示的方法及知识库结构是紧密相连的,推理机是对知识库中的知识进行操作的,不同的知识表示有不同的推理机制。

自从1968年世界上第一个专家系统——化学分子结构分析系统(DENDRAL),成功研制以来,专家系统到目前几乎已经渗透到了各行各业,如数学、物理、化学、地质、医学、气象、法律、机械、艺术、农业、交通运输,以及计算机科学其自身,甚至是政治、经济及军事等决策性领域。

3) 专家系统在游艇居住舱室舒适度评估中的应用

该专家系统以豪华型游艇居住舱室舒适度的相关知识为基础,总体结构包括四个模块:用户模块、知识模块、规则模块以及推理评估模块,其中知识模块和推理评估模块是系统的主体。用户模块主要用于管理用户的相关信息,包括用户名和密码;知识模块主要是对知识的维护,包括添加、修改和删除操作;规则模块推理主要是对推理规则进行相关维护,包括增删和修改;推理评估模块主要负责知识的推理及得出最后的评估结构及改进建议。

系统的总体结构图如图3.5所示。其中,知识库及知识获取和推理是整个系统的核心。知识基于产生式规则的表示法,推理机由产生式的加权模糊推理实现,推理方式直接与规则相对应,推理结束输出评估结构且包含相关提升舒适度建议,并以文书的形式输出保存最终的结果。

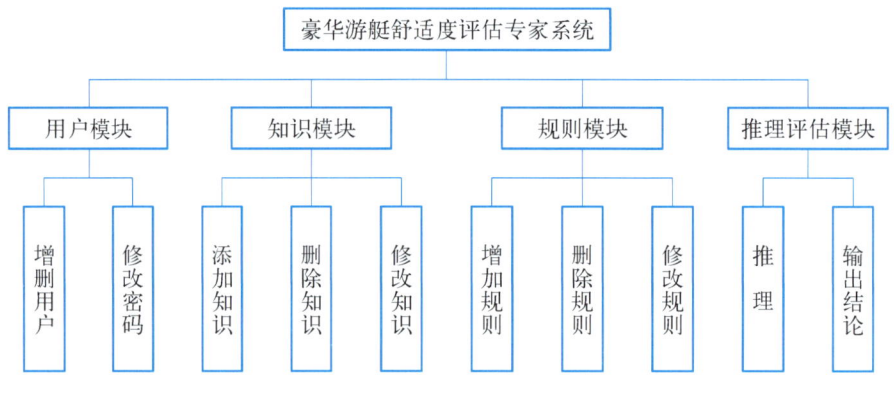

图 3.5　专家系统总体结构框图

3.2　采光舒适度与游艇舷窗设计

3.2.1　游艇舷窗概述

由于工业技术水平的差距,船舶舷窗材料在技术开发方面我国长期落后于发达国家。近年来,我国才逐渐开始拥有自己的铝舷窗制造技术[7],已成功开发出船用钢化安全玻璃、船用中空玻璃、船用防火玻璃、船用电加热玻璃和高强度船用安全去雾镜等高科技产品[8]。

国际上,英国索拉苏国际船用设备公司在舷窗制造领域处于领先水平,其制造的 SOLASOLV™ 舷窗是为船舶驾驶室而开发的封闭滚动舷窗。该舷窗可保护在船桥作业的船员的电子设备,可反射 90% 的眩目光、80% 的热量和 99% 的紫外线,并且有多种颜色的薄膜可供选择,透过这种薄膜可以得到视觉清晰的真实色彩,按用户需求制造,从大型游轮到拖船都可以适用[9]。

在游艇上,使用玻璃材料的地方很多,根据所在位置不同或者外观形状不同会有不同的称呼。舷窗主要位于主甲板以下。游艇舷窗(图 3.6 中①)虽然不是标准件但它的形式还是比较统一的,尺寸变化也不大,所以游艇制造厂一般都是从船舶配套设施公司直接订购。图 3.6 中②虽然也属于主甲板以下游艇舷窗,但是它的形状大小变化范围较大,且四周没有金属边框,连结形式与上层建筑外窗玻璃一样,用胶水直接固定在玻璃钢表面。此外,不同尺寸不同风格的游艇,其舷窗②差别一般也较大,所以大多数情况是直接找玻璃厂商定制。③、④属于游艇上层建筑外窗,一般直接定制。⑤、⑥属于前挡风玻璃,一般直接定制。⑦是沙龙移门。⑧是主甲板天窗。

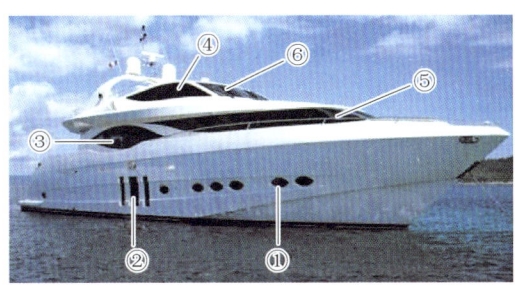

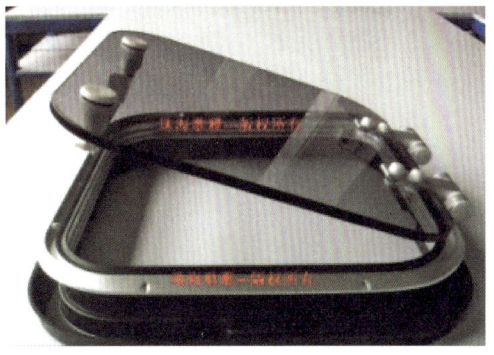

舷窗①　　　　　　　　　　　　　天窗⑧

图 3.6　游艇窗玻璃位置示意图

游艇配件公司对舷窗①给出的材料边框有 316L 不锈钢、铝合金、镁合金等，具体形状尺寸见表 3.1。

表 3.1　舷窗形状及尺寸统计

形　状	尺寸(mm×mm)	面积(m^2)	厚　度
眼睛形 ($S = \pi ab/4$)	345×150	0.041	08～15 mm 超薄型、 26～35 mm 标准型、 36～45 mm 加厚型、 46～55 mm 超厚型、 ＞55 mm 特殊定制型
	460×200	0.072	
	575×250	0.113	
鹅卵形 ($S = \pi a^2/4 + ab$, 其中 $a > b$)	345×150	0.145	08～15 mm 超薄型、 26～35 mm 标准型、 36～45 mm 加厚型、 46～55 mm 超厚型、 ＞55 mm 特殊定制型
	400×200	0.206	
	560×250	0.386	
圆形 ($S = \pi d^2/4$)	$d = 200$ mm	0.031	08～15 mm 超薄型、 26～35 mm 标准型、 36～45 mm 加厚型、 46～55 mm 超厚型、 ＞55 mm 特殊定制型
	$d = 250$ mm	0.049	
	$d = 300$ mm	0.071	

(续表)

形　状	尺寸(mm×mm)	面积(m²)	厚　　度
矩形舷窗 ($S=ab$)	345×150	0.052	06～16 mm 超薄型、 26～36 mm 标准型、 37～45 mm 加厚型、 46～55 mm 超厚型、 ＞55 mm 特殊定制型
	400×200	0.080	
	575×250	0.144	

3.2.2　游艇类型风格与舷窗造型之间的联系

（1）意大利风格。

意大利游艇的特点是工艺上精益求精、外观时尚前沿、内部高端奢华，大胆使用顶尖科技[10]。

意大利风格游艇的舷窗设计也十分注重融入当前的流行元素，善于使用黑色的舷窗边框，使得游艇在阳光的照射下，玻璃材料与船体轮廓分明。同时舷窗的形状会随着舱室的变化而变化，使的游艇的外观看起来棱角分明。舷窗在增加采光的同时还起到了打破固定沉闷的气氛的作用，让游艇的外观看起来运动感十足。

意大利风格游艇 Custom Line 108 Project 如图 3.7 所示。

图 3.7　Custom Line 108 Project

（2）英联邦风格。

英联邦游艇品牌的特点明显：彰显贵族气息，昭示身份，同时崇尚实用主义，集华丽与使用于一体。英联邦风格游艇十分注重细节的精雕细琢，纯手工打造是其风格的一大特色。

英联邦风格游艇的舷窗大多为横长方形，高低错落的沿船长方向布置在两侧，与流线型舷墙顶线相互映衬的外窗形状从船首延伸至船尾，使得游艇的舷窗的设计与布置在提升采光性能的同时，还让游艇外观层次感更强，更加的简洁灵动。

英联邦风格游艇 Princess 35 M 如图 3.8 所示。

图 3.8 Princess 35 M

(3) 荷兰风格。

荷兰游艇讲究独一无二、极致奢华,其游艇最大的特色是:从不做批量生产,只做个性化定制游艇。

荷兰风格的游艇对于采光舒适度的考虑十分到位,在阳光甲板上更是安装了贴膜玻璃面板,在恶劣的天气环境下也能从容应对流风的影响。它的舷窗布置规律性极强,同一水平面、同一型号的舷窗阵列分布,整洁的同时给人一种线条的感觉。虽然单个舷窗面积不大,但是以数量取胜,相比于大面积舷窗,量多也许会增加工期,但如此设计对于室内的采光均匀度而言,绝对有最好的增益效果。主甲板外窗为一整体,从船首一直延伸至船尾,中间以矩形框分隔开,十分的整齐划一。

荷兰风格游艇 Heesen 37 m Aurelia 如图 3.9 所示。

图 3.9 Heesen 37 m Aurelia

(4) 法式风格。

法国人酷爱享受生活,喜欢与大自然融为一体的感觉,法式游艇大多为无动力帆船。

图 3.10 Beneteau Oceanis 43

由于主甲板之上安装有大面积的风帆,帆艇对船身结构强度要求较高,因而用于采光的舷窗开口整体较机动艇少而小。由于设计师对其船体强度的吝啬,法式风格游艇的主甲板之上会设有许多小面积矩形玻璃窗户,为各个舱室尽可能地提供良好的采光效果。在舷侧方面,只会布置几个极小的矩形舷窗,整齐地排列在船首、船中与船尾。在游艇的顶部两边一般会各开有 4 个天窗,使得整个上层空间拥有充足阳光,提高采光舒适度。

法式风格游艇 Beneteau Oceanis 43 如图 3.10 所示。

3.2.3 游艇采光计算研究方法

1) 舷窗设计对采光的影响

建筑进行采光设计的时候,需要综合考虑很多因素,包括地理位置、窗户朝向、窗地面积比、窗户形状类型等。光气候的重要组成部分是太阳直射光,其决定因素包括纬度、海拔、地理位置等。国内游艇大部分都停在沿海城市游艇俱乐部的游艇码头,地理位置比较容易确定,参数选择也比较方便,并且游艇是运动的,窗户朝向不是不变的,所以窗户朝向的问题不存在于游艇里。

游艇窗户类型在设计中主要有两种形式:两侧舷窗和天窗。据实验证明[11]:在侧窗采光中,假设窗口面积相等,窗下沿距地面高度相同,正方形窗的采光率最好,其次是长方形。具体长宽比会因为房间的长宽比不同而不同,竖长方形适合细长房间,它在进深方向上照度均匀性好,横长方形适合宽浅房间,它在宽度方向上照度均匀性好。

图 3.11 说明窗上沿高度越高,下沿高度越低,室内采光越好;离窗户越远采光效果越差。当室内面积过大时宜加开天窗以补充采光,游艇天窗一般用于船首主人房,一则因为

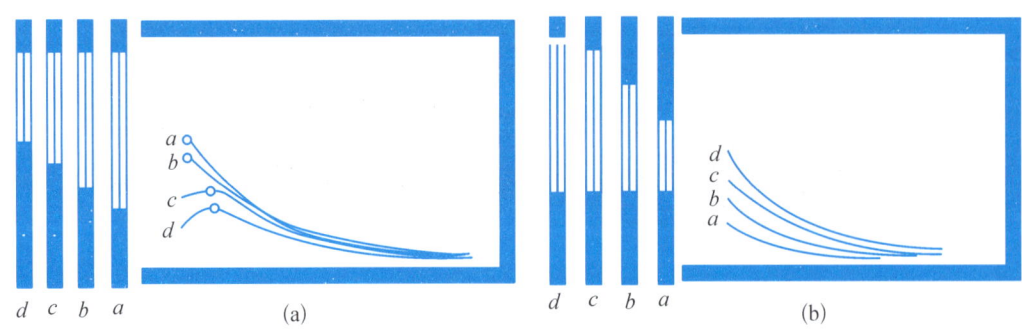

图 3.11 改变窗底标高/窗上沿高度对室内采光的影响

(a) 改变窗底标高;(b) 改变窗上沿高度

主人房室内面积较大,需要适当增加采光,二则可做逃生通道,这是在《游艇入级与建造规范 2012》中明确要求的。天窗形状并不做具体要求,它的尺寸大小主要取决于用作逃生通道时相关规范要求,形状需要从美学角度考虑并由游艇主甲板开窗位置的结构形式决定。采光并不是其主要决定因素,并且不能为了采光而开口过大,需要综合考虑结构强度。

2) 窗户材料选择对采光影响

目前,国内游艇配件制造厂家制作游艇舷窗开启透明部分时主要采用两种材料:耐力板和亚克力板,两种材料的各种性质见表 3.2。

表 3.2 耐力板和亚克力板各项性能对比表

项 目	耐 力 板	亚 克 力 板
别 称	PC 板、防弹玻璃、聚碳酸酯	Acrylics,特殊处理的有机玻璃
适用场所	(1) 园林、游乐场、商业建筑等内外装饰 (2) 城市建筑幕墙 (3) 飞机、汽车、潜艇、轮船等前挡风玻璃 (4) 公路隔音屏障、航空透明集装箱 (5) 大部分场所透明采光顶棚等	(1) 橱窗、隔音门窗、采光罩、电话亭等 (2) 灯箱、招牌、指示牌、展架等 (3) 火车、汽车等车辆门窗等 (4) 婴儿保育箱、卫浴设施、工艺品、化妆品、水族箱等 (5) 仪器表面板及护盖等 (6) 日光灯、吊灯、街灯罩等
强 度	强度超过钢化玻璃,抗冲击性能极佳,抗冲击性是同厚度玻璃的 250 倍,是亚克力板材的 30 倍,有"透明钢板"之称	强度是评判压克力板品质好坏硬性指标之一,进口料浇注亚克力板具有目前国内同等产品最高的强度指标,平均达洛氏硬度值 89 左右
亮度/白度	可长期抗紫外线,透光率最高可达 89%,十年后透光流失仅为 6%,采光效果优	色彩艳丽,高光亮度,高透明度,透光率达 92%,有"塑胶水晶"之美誉
特 性	耐撞击,防弹效果佳,加工性佳,可塑性强,材质轻,重量仅及玻璃一半;易搬运,脆化温度为-40℃,熔形温度 135℃;难燃自熄,高温加热不产生有毒气体;隔声量比玻璃提高 3~4 dB,在国际上是高速公路隔音屏障的首选材料,节能性好,属环保材料	质轻、价廉,易于成型;成型方法有浇铸成型、射出成型、机械加工成型、热成型等;韧性好,不易破损;修复性强,质地柔和、易清洁且环保
缺 点	在常温下对弱酸、弱碱及醇类的抵抗性能良好,由于抗化学性与温度高低、内部残留应力大小及暴露时间长短有关,所以耐力板对强酸碱、苯类、氯化烃类和酯类的抵抗性能稍差,极易产生溶解、溶胀或分解的现象	不能与其他有机溶剂同存一处;运输条件苛刻;不能使用在温度超过 85℃的环境中;热膨胀系数很大,因温度变化应考虑预留伸缩间隙;不可用硬物擦或干擦,否则表面很容易被损坏,生产难度大,成本高,市场有不少质低价廉的代用品

目前主甲板以上的游艇外窗主要分两部分,一部分是沙龙区的侧壁外窗,另一部分是驾驶室前部的驾驶室挡风玻璃。两者都大面积使用玻璃材料,上层建筑的采光也主要取决于这两部分。对于这两部分船体区域对材料的强度要求不同及因所处游艇的部位不同导致的形状不同,对材料的要求往往不一样,因此材料的选择也不相同。

侧壁部位,开口是一个平面,而且不像挡风玻璃一样需要承受风阻或在行驶过程中会遇到迎面而来的未知物体的碰撞,所以强度要求可低一点,对可塑性要求不高,游艇建造过程中一般使用带色的钢化玻璃,厚度根据强度要求而定,形状一般在设计好之后由玻璃厂商直接定制而成。亚克力板(图 3.12)的透光性好、亮度高,且色彩艳丽多样,质地柔和,有良好的物理和化学属性,因而成为广受欢迎的舷窗透明部分制作材料之一,用作舷窗材料不会给人带来冰冷感[12]。

驾驶室挡风玻璃要求较佳的抗冲击性能,耐力板(图 3.13)除了其他优良性能以外,其极佳的抗冲击性能刚好满足这一要求。目前大部分游艇采用夹层玻璃,所谓夹层玻璃就是由两片或多片玻璃,之间夹了有机聚合物中间膜,然后经过特殊工艺处理后,使玻璃和中间膜结合在一起的复合玻璃产品。夹层玻璃因撞击意外碎裂时,碎片仍会被中间薄膜粘结在一起,不会飞溅,能有效防止碎片伤人事件。同时,夹层玻璃的中间膜还具有隔声、防辐射的作用。所以,夹层的耐力板被广泛应用于各种交通工具的挡风玻璃[13]。

图 3.12 亚克力板

图 3.13 耐力板

3) 采光计算指标选择

自然光评价因素有很多,考虑到游艇的特殊性,选择以下几个指标进行测量计算,包括:照度、采光系数、遮阳系数、传热系数 K 值/U 值及相对增热。

(1) 照度:落在表面单位面积上的光照总量或光通量,它由符号 E 表示,单位是勒克斯(lx),它直接反映了一个房间的亮暗程度[14]。

(2) 采光系数:室内给定水平面上某一点的由全阴天天空漫射光所产生的光照度和同一时间同一地点,在室外无遮挡水平面上由全阴天天空漫射光所产生的照度的比值。采光系数计算方法主要包括图表法、数解法和工具法。

① 图表法。

图表法是根据已知的图表进行采光系数计算的方法。根据立体角投影原理绘制的英国的沃尔德拉姆图(图 3.14)可以精确计算竖直窗的采光系数 C_d 值。中国《工业企业采光设计标准》(TJ33-79)中推荐的采光计算图表(图 3.15、图 3.16)无法进行精确计算某点的采光系数值,但可以用于初步估算开窗面积。

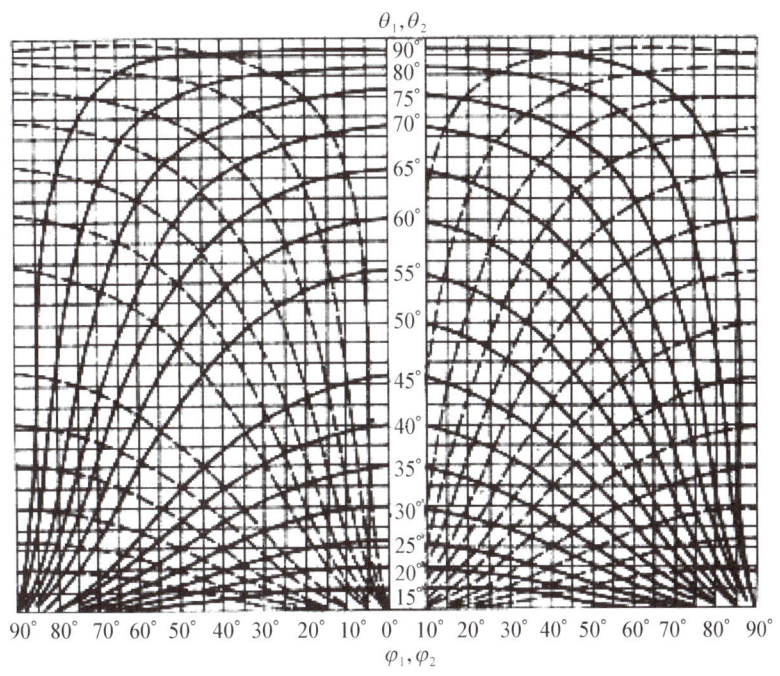

图 3.14　沃尔德拉姆采光计算图

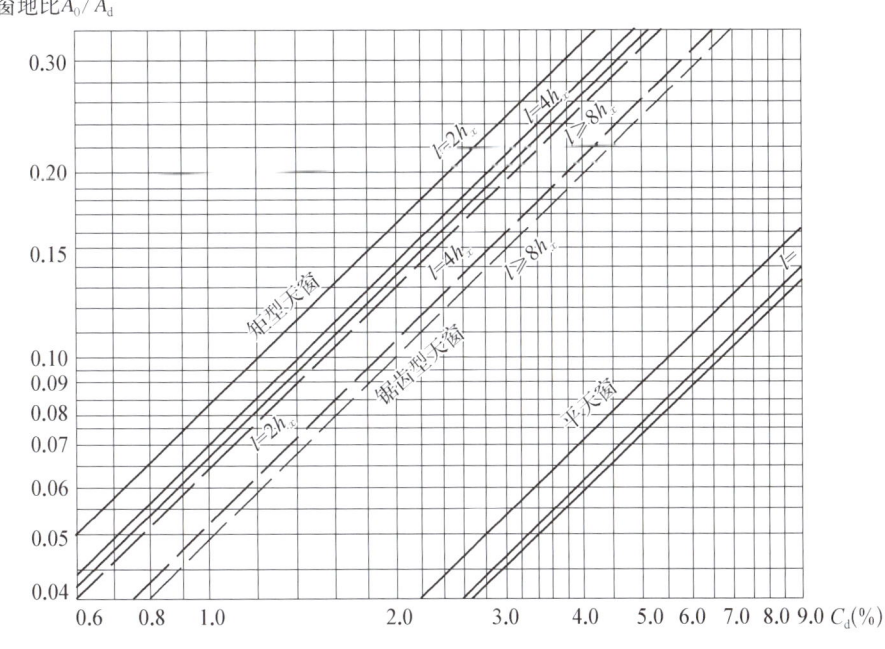

图 3.15　天窗采光计算图

l—房间长度；h_x—工作面至窗下沿的高度；
A_0—窗口面积；A_d—地板面积；C_d—采光系数

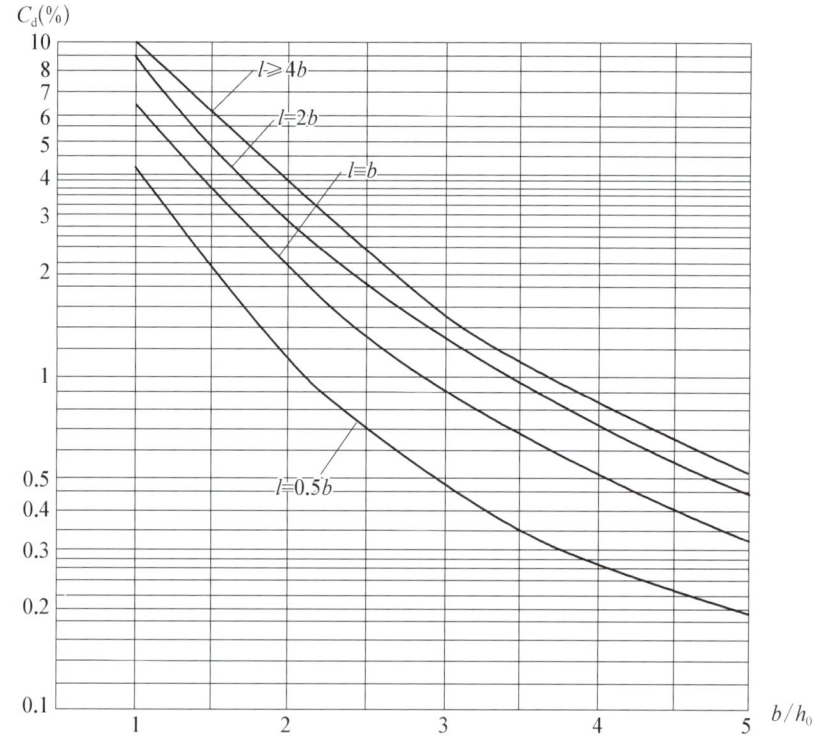

图 3.16　侧窗采光计算图

l—房间长度；b—房间进深；
h_0—窗口高度；C_d—采光系数

② 数解法。

数解法是根据光度理论建立数学模型，然后根据相关公式进行采光系数计算求解。竖直矩形窗的天空直射光采光系数 C_d 为：

$$C_d = \frac{3}{7\pi} \int_{\varphi_1}^{\varphi_2} \int_{\theta_1}^{\theta_2} \sin\theta \cos\theta (1 + 2\sin\theta) d\theta d\varphi \tag{3.1}$$

式中，θ_1、θ_2 分别为计算点与窗的上下沿构成的高度角；ϕ_1、ϕ_2 为计算点至窗墙的垂线分别与窗口左右两侧构成的平面方位角。多个窗口室内采光系数值可采用线性叠加的方法进行计算。

③ 工具法。

目前计算建筑采光的国内外软件很多，国内软件包括天正日照专业计算软件、绿建采光 DALI、PKPM－daylight、Daylight Visuslizer 等，国外软件包括 Radiance、Ecotect、Energyplus 等。这些软件的功能都大同小异，首先是建立需要进行采光计算的模型，然后进行模型的检查，之后就是门窗的设置，房间功能的选择，最后是采光设置，包括采光标准的选择。这一选择就是国内外软件最大的差别之处了，国外采光计算软件是不支持国内采光标准的输入的。设置完成之后进行采光计算、结果分析及报告的输出[15]。

照度均匀度与采光系数有一定的联系,照度均匀度指规定表面上的最小照度与平均照度之比(照度值也可用采光系数值代替,即照度均匀度=最小采光系数值/平均采光系数值),计算公式：

$$E = C_{\min}/C_{av} \tag{3.2}$$

式中 $C_{\min}$——采光系数最低值；
C_{av}——采光系数平均值。

(3) 遮阳系数：玻璃遮挡或抵御太阳光能的能力,用 S_c 表示,指太阳辐射总透射比与 3 mm 厚普通无色透明平板玻璃的太阳辐射的比值。遮阳系数越小,阻挡阳光热量向室内辐射的性能越好。不同类型、不同尺寸玻璃材料的遮阳系数可根据相关资料查询,也可根据公式 3.3 进行计算。把标准的 3 mm 白玻璃的太阳能透过率的取值称为航向比,我国取值为 0.889,国际上取 0.87。计算遮阳系数 S_c 公式为：

$$S_c = \frac{SHGC}{0.87} \tag{3.3}$$

式中,$SHGC$ 为太阳得热系数。

(4) 传热系数 K 值/U 值：指在稳定传热条件下,围护结构两侧空气温差为 1 K,1 s 内通过 1 m² 传递的热量,单位是 W/(m²·K)。计算值不仅和材料有关,还和具体过程有关。

围护结构分为外围护结构与内围护结构。外围护结构主要包括外墙、屋顶、门窗等,主要作用是遮挡风雨、抵抗温度变化、太阳辐射等。内围护结构主要包括隔墙、楼板和内门窗等,起分隔室内空间的作用,主要作用是阻隔视线、保护隐私[16,17]。结合游艇本身,舷窗可看做游艇的外围护结构,传热系数计算方法分以下几步。

① 首先确定结构是单层还是多层结构热阻。

单层结构热阻计算公式：

$$R = \frac{\delta}{\lambda} (m^2 \cdot K/W) \tag{3.4}$$

多层结构热阻计算公式：

$$R = R_1 + R_2 + \cdots R_n = \frac{\delta_1}{\lambda_1} + \frac{\delta_2}{\lambda_2} + \cdots + \frac{\delta_n}{\lambda_n} \tag{3.5}$$

式中 $R、R_1、\cdots、R_n$——材料热阻(m²·K/W)；
$\delta、\delta_1、\cdots、\delta_n$——材料厚度(m)；
$\lambda、\lambda_1、\cdots、\lambda_n$——材料导热系数[W/(m·K)](玻璃材料 30℃时,$\lambda=1.09$)。

② 确定围护结构的热传阻。

$$R_0 = R_i + R + R_e \tag{3.6}$$

式中 R_i——内表面热传阻($m^2 \cdot K/W$)(一般取 0.11);

R_e——外表面热传阻($m^2 \cdot K/W$)(一般取 0.04);

R——围护结构热阻($m^2 \cdot K/W$)。

③ 围护结构传热系数计算。

$$K = \frac{1}{R_0} \tag{3.7}$$

(5) 相对增热(RHG):代表玻璃组件的总增热。

$$RHG = U \cdot \Delta T + S_c \cdot SHGF \tag{3.8}$$

式中,U 为传热系数,指当室外温差为 1℃时,单位时间通过 1 m^2 玻璃从室内空气传到室外空气的热量;ΔT 表示室内外温差值,正数表示室外温度高,负数表示室内温度高,热量由温度高的一方向温度低的一方散发;RHG 表征玻璃组件阻挡辐射和隔热性能的综合指标。

在夏季标准条件下,夏季白天的室外温度为 31.7℃,室内温度为 23.9℃,夏季白天的阳光辐射热系数规定为 $SHGF = 630$ W/m^2。通过玻璃的总热量,可用公式表示为 $RHG = 7.8U + 630S_c$ 表示。

3.2.4 采光舒适度评价方法

游艇无论是在航行中还是停泊中,从各方面对舒适性的要求都极高,设计者在设计之初就要考虑到让船主愉悦的享受海上生活,享受在游艇上的每时每刻,这一理念应贯穿整个设计过程。游艇舒适性包括运动舒适性、环境舒适性、空间舒适性等,其中采光舒适度从视觉感官方面研究豪华游艇的舒适性,从另一个全新的角度去评价游艇的舒适度,努力提升船上人员的出行体验。

1) 采光评价方法介绍

自然光是一种重要的而且取之不尽用之不竭的清洁能源。在自然采光设计过程中,围护结构上的开口需要通过定量分析来确保其位置合适、大小恰当,充分引入自然光的同时又不至于在寒冷的冬季因开口太大而散失过多热量,从而增加空调等电器的耗电量。游艇采光评价方法就是定量的评价游艇围护结构上窗户位置是否合适、大小是否恰当、窗玻璃选择是否合格。

本章采用定量的方法评价自然采光,主要选择有以下 5 个参数:照度、采光系数平均值、遮阳系数、传热系数 K 值/U 值以及相对增热。想要获得,获得优秀采光性能的游艇,必须从最初的设计阶段就将自然采光考虑在内,而不是依靠设计完成之后对各个游艇舱室进行自然采光评价分析。在建造完成之后的维护保养过程中也需要注意到自然采光这一点,这不仅关系到船主的舒适度体验,而且从另一方面也可以节约用电成本,减少能源的消耗,对于环境保护也有一定的积极作用。此外,部分窗户玻璃材料还能够有效阻挡紫外线,达到延长部分家具使用寿命的目的,在窗户玻璃材料的选择方面也需要设计人员认真仔细斟酌。所以,采光评价方法必须从游艇的各个阶段去考虑,在各个阶段将自然采光作为评价因素,这才是一个完整的采光评价方法。

2) 采光评价指标选择

游艇采光评价指标选择应全面考虑游艇从建造到交付使用的全部阶段,评价指标应在不同阶段对游艇使用过程中的采光有一定的影响关系,游艇从用途、建造材料、排水量大小等方面进行分类区分,种类较多,指标选取必须带有一定的普遍性、综合性、代表性。选取的原则就是本着不影响游艇的整个生产使用过程,但在整个过程中又与采光有或多或少关系的变量因素。

(1) 综合性原则。

游艇采光评价指标体系应当是一个全面、系统的评价体系,能够对游艇从建造到交付使用整个过程进行全方位的综合评价,并主要侧重在游艇的使用过程中,指标选取应保证具有一定的可信度和全面性。

(2) 代表性原则。

指标选取的过程中需要考虑的因素较多,在评价体系指标的选取过程中全面是必须的,但是更应分清主次,对于有针对性的主要影响因素决不可忽略,关键环节必不可少,使整个评价体系主次分明、层次清晰,绝对要避免杂乱无章而影响实际操作计算。

(3) 独立性原则。

在采光评价指标选取过程中应充分考虑各指标相互间的影响情况,避免选取含义相近或相同的指标,尽量选择具有针对性的指标。

(4) 定量与定性相结合的原则。

为了避免人为因素在主观上对评价结果的影响,选择的指标应该尽可能量化。在实际计算过程中,对于那些无法量化或难以量化的指标可采用定性的方法进行替代。通过定性与定量结合,能更好地保证采光评价结果的科学性与合理性。

(5) 层次性原则。

在评价指标的选取过程中,应根据对采光影响的重要程度对指标进行分层处理,如设计阶段的窗户设计原则、玻璃材料选择阶段、施工时安装阶段以及之后使用过程中的维护阶段等,这样构建的指标体系才能层次分明,具有一定的说服力。

(6) 可操作性原则。

在整个选择采光评价指标的过程中,影响因素众多,选取的因素要适量,既不可过多也不宜过少,应既有助于评价指标体系的简洁性又不失科学性和完整性。另外,评价指标要易于得到且便于比较,这有助于评价过程的顺利进行。

3) 游艇采光指标评价体系的建立

建立游艇采光评价指标体系的目的是帮助造型和结构设计师在豪华游艇的设计过程中,使游艇具有更优良的采光性能,因此指标的选择应包含影响采光的所有因素。影响采光设计的因素主要分三大块:主甲板以下的舷窗采光、主甲板之上的上层建筑外窗采光以及船首主甲板上的天窗采光。在各个区域的采光设计过程中并不是所有工作内容都会影响到游艇的自然采光效率,需要针对采光甄选出相对应的影响指标。结合以上指标选取原则可知,游艇采光评价指标体系是一个典型的多层次、多指标的综合评价问题[18]。游艇采光评价体系由舷窗采光设计、外窗采光设计以及天窗采光设计三大方面构成,各个设计阶段还都由相应的子指标构成,各指标的完成质量会直接影响到游艇采光的效率,具体指标如图 3.17 所示。

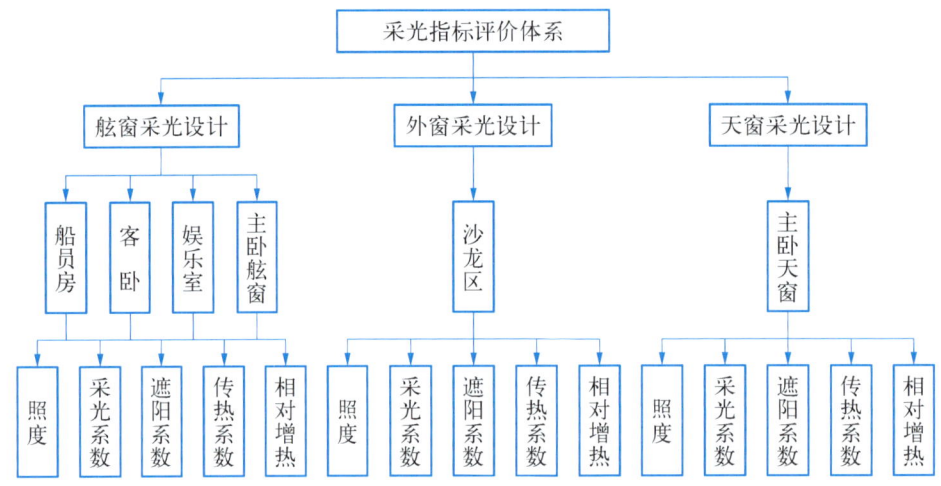

图 3.17 游艇采光指标评价体系

(1) 舷窗采光设计。

舷窗采光设计顾名思义就是通过舷窗引入自然光,达到室内照明的目的。舷窗采光是整艘游艇采光的主要组成部分之一,通过舷窗采光的舱室主要位于主甲板之下,主要包括船员房、客卧、娱乐室以及主卧室。每间舱室的采光优劣的评价主要有四个指标:舷窗面积、舷窗材料、舷窗位置以及使用维护情况。这四个指标又跟照度、采光系数平均值、遮阳系数、传热系数 K 值/U 值以及相对增热有直接关系,根据这五个参数值赋予第四层指标的相关权重,最终得出该舱室采光评价等级。该方法简单可行,数据处理也较为容易,能够全面且客观描述该舱室的采光性能。

(2) 外窗采光设计。

外窗采光设计主要针对主甲板上层建筑的沙龙区,沙龙区是游艇上娱乐休闲的主要场所之一,其采光要求极高。相比于舷窗,外窗要求的大面积不仅给乘客带来广阔的视野和良好的采光,其优雅的流线型设计更是整个游艇外观造型设计中的重要组成部分。外窗采光设计的下一级评价指标与舷窗相同,包括照度、采光系数、遮阳系数、传热系数和相对增热。

(3) 天窗采光设计。

天窗采光设计在游艇采光设计中一般仅有一处,那就是需要集采光与私密性于一体的主人房。在游艇总布置中,主人房一般位于底甲板船首位置,其天窗位置及大小会根据主甲板首部布置进行调整。如果首部空间足够,天窗面积相对会较大;反之,天窗面积会根据游艇相关规范的逃生口大小进行设计。它的采光评价第三级指标计算方法与舷窗或者外窗的侧面采光计算方法完全不同。

上述三方面采光计算已经包含了除驾驶室采光外的游艇所有采光计算,在本书中驾驶室由于其采光的绝对优良性能而没有被纳入采光评价系统,主要目的是将评价系统的核心部分放在最具有评价需要的上述三方面采光计算中。

3.2.5 游艇采光舒适度评价分析选择实例

选择 Asteria 108 与 Asteria 95 这两艘超级游艇进行采光舒适度评价。

1)指标权重的计算

一级指标权重确定方法如下:经过验算窗户面积比,Asteria 108 舷窗与外窗面积比为 1∶2.8;舷窗与天窗面积比为 1.6∶1;Asteria 95 舷窗与外窗面积比为 1∶2.4;舷窗与天窗面积比为 23∶1。由于舷窗位于主甲板之下,数量众多,对游艇外观造型美观影响系数较大,考虑到这方面,最终拟决定舷窗采光设计为:外窗采光设计=1∶2 或 1∶3 或 1∶4。由于天窗面积范围并不固定,有的游艇天窗仅是逃生窗口大小,面积较小,有的游艇注重天窗设计,面积较大,又因为天窗对主人房的采光影响较大,因此拟决定外窗采光设计为:天窗采光设计=7∶1 或 6∶1 或 5∶1。以此为基础收集了海星游艇技术部门五位设计师的意见,包括两位舾装工程师、一位造型设计师、一位性能设计师、一位总设计师,五位专家意见见表 3.3。最终,舷窗与外窗采光设计影响比定为 1∶2,外窗与天窗采光设计影响比定为 6∶1;得出指标权重,舷窗采光设计占所有比重 0.3、外窗采光设计占所有比重 0.6、天窗采光设计占所有比重 0.1。

表 3.3 舷窗、外窗、天窗采光设计对整体造型影响比专家打分表

影响比	比例值	专家1	专家2	专家3	专家4	专家5	最终值
舷窗:外窗	1∶2		√	√	√		1∶2
	1∶3	√				√	
	1∶4						
外窗:天窗	7∶1						6∶1
	6∶1	√	√	√			
	5∶1				√	√	

二级指标主要针对舷窗采光设计下属四个子指标。设计师给出的重要性排序由大到小依次是:会议室、主卧、客卧、船员房。采用 Saaty 等人提出的 1~9 标度比例标度法,判断矩阵中,会议室、主卧、客卧、船员房相对船员房的重要性取值依次为:7、5、2、1;会议室、主卧、客卧相对客卧的重要性取值依次为:6、4、1;会议室、主卧相对主卧重要性取值依次为:2、1。建立权重判断矩阵如表 3.4 所示。

表 3.4 二级指标权重判断矩阵

	船员房舷窗	客卧舷窗	主卧舷窗	会议室/娱乐室舷窗
船员房舷窗	1	1/2	1/5	1/7
客卧舷窗	2	1	1/4	1/6
主卧舷窗	5	4	1	1/2
会议室/娱乐室舷窗	7	6	2	1

通过运用模糊层次分析法的权重确定方法,对上述判断矩阵求解可得一级指标下属五项指标的权重。计算结果中,最大特征根 $\lambda_{max}=4.229$,$CI=0.076$,查随机一致性指标 RI,知 $n=4$ 时,$RI=0.90$,$CR=0.085<0.1$,满足一致性检验,各指标权重如表 3.5 所示。

表 3.5 二级指标权重值

船员房舷窗	客卧舷窗	主卧舷窗	会议室、娱乐室舷窗
0.058	0.090	0.250	0.602

对于四个指标下面的五个子指标的权重判断方法同二级指标权重确定方法一样,依据玻璃属性重要性以及对舱室的采光隔热影响综合考虑,按重要性排序依次为:传热系数 K 值/U 值、遮阳系数、相对增热、照度与采光系数平均值。其中,照度与采光系数平均值重要程度一样,照度相对遮阳系数介于稍微重要与明显重要之间,照度比传热系数明显重要,照度比相对增热稍微重要,遮阳系数相对传热系数介于同等重要与稍微重要之间,相对增热相对于传热系数在同等重要与稍微重要之间。相关指标具体重要性取值见表 3.6 所示判断矩阵。

表 3.6 三级指标权重判断矩阵

	照度	采光系数平均值	遮阳系数	传热系数 K 值/U 值	相对增热
照度	1	1	4	5	3
采光系数平均值	1	1	4	5	3
遮阳系数	1/4	1/4	1	2	1/2
传热系数 K 值/U 值	1/5	1/5	1/2	1	1/2
相对增热	1/3	1/3	2	2	1

对上述判断矩阵求解,最大特征根 $\lambda_{max}=5.077$,$CI=0.019$,查随机一致性指标 RI,知 $n=5$ 时,$RI=1.12$,$CR=0.017<0.1$,满足一致性检验,各指标权重如表 3.7 所示。

表 3.7　三级指标权重值

照　　度	采光系数平均值	遮阳系数	传热系数 K 值/U 值	相对增热
0.386 6	0.386 6	0.069 5	0.043 9	0.113 4

根据组合权重的确定方法，自上而下从顶层到子指标层的求解，可以求得最底层指标的组合权重，各层指标权重和组合权重结果如表 3.8 所示。

表 3.8　超级游艇采光舒适度评价体系指标权重值

天窗采光设计 0.1	主卧天窗 1	采光系数平均值 1
外窗采光设计 0.6	沙龙外窗 1	照度 0.386 6
		采光系数平均值 0.386 6
		遮阳系数 0.069 5
		传热系数 K 值/U 值 0.043 9
		相对增热 0.113 4
舷窗采光设计 0.3	船员房舷窗 0.058	照度 0.386 6
	客卧舷窗 0.090	采光系数平均值 0.386 6
	主卧舷窗 0.250	遮阳系数 0.069 5
	会议室、娱乐室舷窗 0.602	传热系数 K 值/U 值 0.043 9
		相对增热 0.113 4

2) 最底层指标隶属度的计算

常用的隶属度函数包括三种：中间型梯形分布、升半梯形分布以及降半梯形分布。对于照度指标取中间型梯形分布，遮阳系数、传热系数 K 值/U 值、相对增热三个指标取降半梯形分布，采光系数取升半梯形分布。

由于实际数据采集受限，本书假定的照度值是标准值，因此照度指标的隶属度取 1。对于遮阳系数隶属函数，由于其本身就是一个从论域到 [0，1] 上的映射，因此其本身指标值可作为映射值，即隶属度。

本书中传热系数包括两个值：1.76 和 6.43，鉴于本书主要玻璃材料只采用了两种，因此在降半梯形分布中可取 $a=1.76$，$b=10$。通过计算得到其隶属函数为：

$$y = \begin{cases} 1 & (0 < x \leqslant 1.76) \\ -\dfrac{1}{8.24}(x-10) & (1.76 < x < 10) \\ 0 & (x > 10) \end{cases} \tag{3.9}$$

通过隶属函数确定传热系数 6.43 的隶属度为 0.433。

同理，相对增热的隶属函数为：

$$y = \begin{cases} 1 & (0 < x \leqslant 325.11) \\ -\dfrac{1}{674.89}(x-1\,000) & (325.11 < x < 1\,000) \\ 0 & (x > 1\,000) \end{cases} \quad (3.10)$$

通过隶属函数确定相对增热为 535.33 的隶属度为 0.689。

目前，游艇上使用的玻璃材料大部分属于复合型材料，每一种型号材料的传热系数与相对增热并不相同，材料的传热系数与相对增热作为隶属度目标函数，如果简单用半升或者半降梯形分布并不能完美地解决其他型号玻璃材料的隶属度问题，针对该问题可以将前述的半升和半降隶属度函数优化为 Sigmoid 与反 Sigmoid 隶属度函数[19]。Sigmoid 函数与半升函数的拟合图，反 Sigmoid 函数与半降函数的拟合图见图 3.18 与图 3.19。

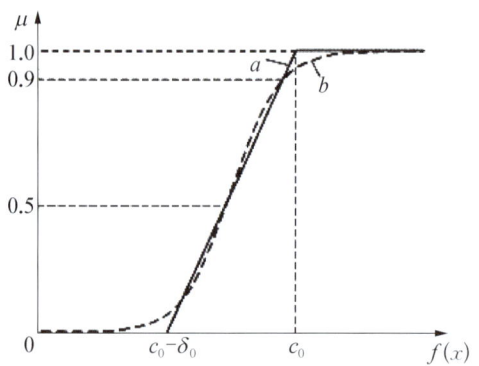

图 3.18　Sigmoid 函数与半升直线型函数拟合图

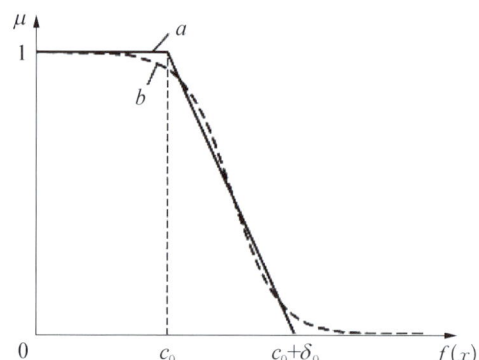

图 3.19　反 Sigmoid 函数与半降直线型函数拟合图

将半升与半降直线型函数优化为 Sigmoid 函数与反 Sigmoid 函数的优势就在于使得隶属度函数定义域范围变大，并在全部取值范围内可导，适用范围更广。

Sigmoid 函数的表达式为：

$$f(x) = y = [1 + e^{-a(x-c)}]^{-1} \quad (3.11)$$

反 Sigmoid 函数的表达式为：

$$f(x) = y = 1 - [1 + e^{-a(x-c)}]^{-1} \quad (3.12)$$

式中，a、c 是 Sigmoid 函数的形状参数。

本书传热系数与相对增热均采用半降梯形分布，因此在优化隶属度函数时采用反 Sigmoid 函数进行拟合。为了使反 Sigmoid 函数与原函数拟合的更好，在该模型中取隶属度 $\mu=0.5$（腰值）和 $\mu=0.9$（肩值）两点作为拟合点，通过两个重合点的坐标可得：

$$\begin{cases} x = c_0 + \zeta_0/2 \\ y = 1 - [1 + e^{-a(x-c)}]^{-1} = 0.5 \end{cases} \quad (3.13)$$

$$\begin{cases} x = c_0 + \zeta_0/10 \\ y = 1 - [1 + e^{-a(x-c)}]^{-1} = 0.9 \end{cases} \quad (3.14)$$

由式 3.14 和式 3.14 可得,传热系数的反 Sigmoid 函数的形状参数为:

$$\begin{cases} a = 5\ln 3/8.24 \\ c = 5.88 \end{cases} \quad (3.15)$$

相对增热的反 Sigmoid 函数的形状参数为:

$$\begin{cases} a = 5\ln 3/674.89 \\ c = 662.555 \end{cases} \quad (3.16)$$

式 3.15 和式 3.16 即为半降直线函数与反 Sigmoid 函数的转换关系式。

最终传热系数的反 Sigmoid 函数的表达式为:

$$f(x) = y = 1 - [1 + e^{-5(x-5.88)\ln 3/8.24}]^{-1} \quad (3.17)$$

相对增热的反 Sigmoid 函数的表达式为:

$$f(x) = y = 1 - [1 + e^{-5(x-662.555)\ln 3/674.89}]^{-1} \quad (3.18)$$

优化后的隶属度函数在整个定义域内连续可导,增加了隶属度函数的适用范围。采用优化后的隶属度函数,将传热系数 6.43 带入式 3.18 得隶属度为 0.409;将相对增热 535.33 代入式 3.18 得隶属度为 0.738。

3) 采光舒适度评价结果及分析

表 3.9 是两艘游艇各舱室五个指标的隶属度汇总值,根据隶属度的组合权重计算方法,将最后隶属度的计算值代入到具体公式中,便可以得到最终的评价分值。

表 3.9 Asteria 108 与 Asteria 95 各舱室子指标隶属度值

项	目	照 度	采光系数平均值	遮阳系数	传热系数	相对增热
Asteria 108	船员房	1.000	0.387	0.490	1.000	1.000
	客卧	1.000	0.465	0.490	1.000	1.000
	娱乐室	1.000	0.769	0.490	1.000	1.000
	主卧舷窗	1.000	1.000	0.490	1.000	1.000
	沙龙区	1.000	1.000	0.770	0.409	0.738
Asteria 95	船员房	1.000	0.557	0.490	1.000	1.000
	客卧	1.000	1.000	0.770	0.409	0.738
	会议室	1.000	1.000	0.770	0.409	0.738
	主卧舷窗	1.000	1.000	0.770	0.409	0.738
	沙龙区	1.000	1.000	0.770	0.409	0.738

超级游艇采光舒适度综合评价结果如表 3.10 所示,评价满分为 1.0 分。

表 3.10 超级游艇采光舒适度综合评价值

游艇	采光舒适度评价分值
Asteria 108	0.920
Asteria 95	0.851

通过分析采光舒适度评价分值,可以看出 Asteria108 较 Asteria95 具有更优秀的采光性能,虽然该评价系统并不能说明两艘游艇的采光性能具有绝对的优势,因为照度作为评价采光性能的重要评价指标之一,并没有列入实际的计算过程当中,而且该采光评价系统的建立只是处于探索阶段;但用于游艇之间的采光性能的互相比较,还是具有一定的实际意义。

从结论来看,Asteria 108 有三个舱室不满足采光系数平均值的标准要求,而 Asteria 95 只有一间舱室不满足,为何最终采光舒适度评价分值 Asteria 108 还领先一大截呢?很大一部分原因在于 Asteria 108 有一个完美的天窗采光。该天窗的蝴蝶造型不仅对游艇本身的外观造型起到了点睛的作用,而且在整个的采光分值上为 Asteria 108 提高了分值。当然这并不是强调说每一艘超级游艇都应该增加天窗面积来获得更高的采光舒适度评价分值,这还是主要取决于船东对于主甲板首部的布置需求。拿 Asteria 95 来说,0.847 的分值已经证明了其优良的采光性能。从 Asteria 95 的会议室布置来看,与 Asteria 108 的娱乐室相比,前者将来主要用在商业场合,所以主甲板船首位置布置的是一个露天小沙龙,可用于好天气的室外赏景、商业交流合作,而 Asteria 108 注定就是被一位注重享受生活的船东所拥有。

通过不同游艇整船的窗户设计方案相互比较,可以看出各个方案之间的优缺点,从各个不同特殊舱室的采光设计,到整体的舷窗、外窗、天窗采光设计等,整个游艇的外观设计都可以通过该评价方法得到局部的修改方案,从而提高最终的舒适度评价分值。

对比优化后的方案,重新计算其舒适度综合评价值见表 3.11。

表 3.11 舷窗优化后超级游艇采光舒适度综合评价值

游艇	采光舒适度评价分值
Asteria 108	0.946
Asteria 95	0.854

优化后的方案将采光系数平均值这一指标的隶属度全部提升到 1,在玻璃材料方面,主要是考虑到遮阳系数、传热系数以及相对增热三者较照度和采光系数影响系数较小而且市场选择方案太多,故不做改动。尽管如此,采光舒适度评价分值还是有所提升。

3.3　舱室空气舒适度及其通风设计

随着现代造船技术的进步和人们生活水平的提高，人们对于游艇舱室居住舒适度的要求也在不断提高，以人为本的设计理念在游艇的设计建造过程中进一步深入。舱室空气环境是游艇居住舒适度的一个重要方面，舱室空气质量的改进与提高得到越来越多的重视。

3.3.1　舱室空气环境影响因素

影响舱室空气环境一般因素有湿热环境、空气品质和气流环境。舱室湿热环境是指由舱室空气温度、相对湿度、空气流速及舱室平均辐射温度等因素综合作用形成的内环境；舱室空气品质包括客观参数和主观满意度两个方面，客观方面是指空气中没有已知污染物超过有害浓度标准，主观方面指处于该空气环境中压力及气流分布情况。其影响因素包括外界气候环境、送风参数、送回风口位置、大小，游艇总体布局、舱室大小结构，人员位置和活动等。

在上述三个方面因素中，舱室内气流环境很大程度上影响着湿热环境的适宜性和空气品质的可接受性，合理的舱室气流环境是舒适的湿热环境和良好的空气品质的保证。从人们体感舒适度来说，一般人更喜欢较凉爽和干燥的空气，所以，降低舱室空气温度和湿度、优化气流送风、清洁空气可以使室内空气品质保持在一个较好的状态[20]。

3.3.2　舱室空气控制现状

舱室的气流环境和空气质量的改善基本依靠空调通风系统实现。经过空调系统处理的空气，经送风口进入空调舱室，与室内空气进行热湿交换后由回风口排出，必然引起室内空气的流动，形成某种形式的气流流型和速度场。速度场往往是其他场（如温度场、湿度场和浓度场）存在的基础和前提，所以不同恒温精度、洁净度要求的空调房间，往往也要求不同形式的气流流型和速度场。影响气流组织的因素很多，如送风口位置及型式、室内几何形状及室内的各种扰动等。其中以送风口的空气射流及其参数对气流组织的影响最为重要。

空调房间气流组织是否合理，不仅直接影响房间的空调效果，而且也影响空调系统的能耗量。对于空调设计者来说，希望通过合理地布置送、回风口的位置、分配风量以及选用的风口形式，以便用最小的通风量达到最佳的通风效果，使工作区空气的温度、湿度、速度和洁净度更好地满足工艺要求及人们舒适感要求。

3.3.3 通风系统

舱室内部的气味环境很重要,直接影响人的情绪和工作效率。要想提高舱室内的空气舒适度和提升气味的舒适性,合理的通风系统设计是必不可少的,主要包括送、回风口形式的选择和布置。

1) 送风口形式

送风口形式及紊流系数大小,对射流的发展及流型的形成都有直接影响。因此,在设计气流组织时,应根据空调精度、气流形式、送分口安装位置以及建筑装修等方面的要求而选择不同送、回风口的形式,下面对集中常用的典型风口形式及特点进行简要介绍[21]。

(1) 侧送风口。

在房间内横向送出气流的风口叫侧送风口,常采用的是百叶风口。一般百叶做成活动可调,便于调节送风量和送风方向。百叶有单层的,也有多层的,每层有各自的调节功能,以满足不同的调节性能要求。除百叶送风口外,还有格栅送风口和条缝送风口。

(2) 孔板送风口。

空气经过开有若干小孔的孔板而进入房间,这种送风口形式叫孔板送风口。孔板送风的最大特点是送风均匀,气流速度衰减快;因此最适用于要求工作区气流均匀、区域温差较小的房间。

(3) 散热器。

散热器是安装在顶棚上的送风口,会产生自上而下的气流形式。散流器的形式有很多:盘式散流器,气流呈辐射状送出,且为贴附射流;片式散热器,设有多层可调散流片,送风或呈辐射状,或呈锥形扩散;将送、回风口结合在一起的送吸式散流器。

(4) 旋流送风口。

旋流送风口是指空调送风经旋流叶片切向进入集尘箱,形成旋转气流由格栅送出。送出的气流与室内空气混合,速度衰减快。这种送风口很适合放置于计算机旁来进行地面送风。

(5) 喷射式送分口。

喷射式送风口是一个渐缩圆锥形短管。他的渐缩角很小,风口无叶片阻挡,噪声小,紊流系数小,射程长。这种送风口常使用于大空间公共建筑。

2) 回风口形式

由于回风口的汇流场对房间气流组织影响比较小,因此它的形式也比较简单,有的只有孔口加一金属网格,也有装格栅和百叶的,通常要与建筑装饰相配合。

回风口的形状和位置根据气流组织要求而定,若设在房间下部时,为避免灰尘和杂物被吸入,风口下缘离地面至少为 0.15 m。

3.3.4 气流组织的形式

按照送、回风口的布置位置和形式的不同,可以形成多种气流组织形式,大致归纳为五种:侧送侧回、上送下回、中送上下回、下送上回及上送上回。

(1) 侧送侧回。

侧送侧回布置在房间的侧墙上部,空气横向送出,气流吹到对面墙上转折下落到工作区以较低速度流过工作区,再由布置在同侧或另侧的回风口排出,使工作区处于回流区。由于送风射流在到达工作区之前,已与房间空气进行了比较充分的混合,速度场和温度场都趋于均匀和稳定,因此能保证工作区气流速度和温度的均匀性。所以,对于侧送侧回来说,容易满足设计对于速度不均匀系数的要求。

此外,由于侧送侧回的射流射程比较长,射流能够充分衰减,故可以加大送风温差。侧送侧回是用得最多的气流组织形式。

(2) 上送下回。

孔板送风和散流器送风是常见的上送下回形式,这样可以形成平行流流型、涡流少、断面速度场均匀。对于温湿度要求精度高的房间,特别是要求洁净度很高的房间,上送下回是理想的气流组织形式。

(3) 中送上下回。

对于高大空间来说,送风量往往不够,空间上部和下部的温差比较大,因此将空间分为上下两部分是合适的,上部视为非工作区,下部视为工作区。采用中部送风,下部和上部同时回风,形成两个气流区,保证下部工作区达到空调设计的要求,而上部气流区负责排出非空调区的余热量。

(4) 下送上回。

送风口布置在下部,回风口布置在上部,对余热量大的空间,特别是热源又靠近顶棚的场合采用这种气流组织形式是非常合适的。

(5) 上送上回。

该气流组织形式是将送、回风口叠在一起,布置在房间的上部,它对于由于各种原因不能在下部布置回风口的场合比较合适,但容易出现气流短路现象[22]。

3.3.5 气流组织的评价指标

气流组织的任务就是合理地组织室内空气的流动,使室内空气的温度、湿度、流速等能更好地符合人体的舒适感。室内气流组织形式及送风方式性能的优劣需要给出客观、科学的评价。对于舒适性空调,其评价指标不外乎舒适性和经济性两个方面。舒适性就是看工作区内气流组织的温度场、速度场能否满足人们的卫生和舒适要求;经济性则是在考虑达到符合通风要求的同时要使所消耗的能量为最低。对于大多数空调房间,相对湿度在较大范围内(30%~70%)对人体的舒适性影响影响不大[23],因此这里主要考虑空气温度和气流速度综合作用对舱室内空气环境的影响。下面介绍一些常用的气流组织的评价方法。

(1) 送风有效性指标。

送风有效性指标一般由空气年龄来描述。空气年龄从表面意义上是指空气在室内被测点上的停留时间,而实际意义是指室内旧空气被新空气所替代的速度。当室内气流分布情况以及空气出、入口不十分确定时,房间空气年龄常采用示踪气体浓度自然衰减法来测定。某一测点 A 空气年龄的计算表达式:

$$\tau_a = \frac{\int_0^\infty C_{(\tau)} \mathrm{d}\tau}{C_0} \tag{3.19}$$

式中 C_0——A 点的初始浓度；

$C_{(\tau)}$——瞬时浓度。

室内空气平均年龄为：

$$\bar{\tau} = \frac{\int_0^\infty \tau C_{p(\tau)} \mathrm{d}\tau}{\int_0^\infty C_{p(\tau)} \mathrm{d}\tau} \tag{3.20}$$

式中 C_p——排出的空气浓度。

排气效率 ε 指理论上最短的换气时间 τ_n 与实际换气时间 τ_y 之比，即：

$$\varepsilon = \frac{\tau_n}{\tau_y} \tag{3.21}$$

(2) 污染物排除有效性指标。

污染物排除有效性的描述指标反映室内气流组织是否能够即使把室内产生污染物排出到室外。

通风效率 E 指排出室内污染物的迅速程度，其表达式为：[24]

$$E = \frac{C_p - C_0}{\bar{C} - C_0} \tag{3.22}$$

式中 C_p——回风口处的污染浓度；

C_0——送风空气中的污染浓度；

$\bar{C}$——室内平均污染物浓度。

(3) 热舒适度指标。

描述热舒适的指标有不均匀系数、空气分布特性指标和 PMV、PD 及 PPD。

① 不均匀系数。

不均匀系数即空气的温度和速度等的不均匀性，该方法是在室内工作区内选取 N 个测量点，分布测得各测量点的温度和速度，求算术平均值：

$$\bar{t} = \frac{\sum t_i}{n}, \quad \bar{u} = \frac{\sum u_i}{n} \tag{3.23}$$

均方根偏差：

$$\sigma_t = \sqrt{\frac{\sum (t_i - \bar{t})^2}{n}}, \quad \sigma_u = \sqrt{\frac{\sum (u_i - \bar{u})^2}{n}} \tag{3.24}$$

不均匀系数：

$$k_t = \frac{\sigma_t}{\bar{t}}, \ k_u = \frac{\sigma_u}{\bar{u}} \quad (3.25)$$

其中,$\bar{t}$、$\bar{u}$ 为算术平均值,σ_t、σ_u 为均方根偏差。由上面的定义可见,k_t、k_u 越小,气流分布的均匀性越好。

② 空气分布特性指标。

空气分布特性指标即为满足规定风速和温度要求的测点数与总测点数之比。对于舒适性空调而言,在一定范围内湿度对人体的舒适性影响很小,所以主要考虑的是空气温度与速度对人体的综合作用。一般用以下表达式来计算有效温差[25]:

$$\Delta ET = (t_i - t_n) - 7.66(u_i - 0.15) \quad (3.26)$$

式中　ΔET——有效温差(K);
　　　t_i——测点温度(K);
　　　u_i——测点速度(K);
　　　t_n——工作区温度(K)。

大多数情况下,认为当 $\Delta ET = -1.5 \sim +1.1$ 时多数人感到舒服,因此空气分布特征指标 $ADPI$ 为:

$$ADPI = \frac{(-1.5 < \Delta ET < +1.1) \text{内侧点数}}{\text{总侧点数}} \times 100\% \quad (3.27)$$

一般情况下,要求 $ADPI \geqslant 80\%$。

③ PMV、PD 和 PPD。

人的舒适状态是有由许多因素决定的,如环境的声音、振动、嗅觉、味觉、色调、温度、湿度、气流速度等,而人的热感觉主要由人体的活动情况、衣着情况、空气温度、湿度、风速、平均辐射温度等因素决定。热舒适一般采用 PMV(Predicted Mean Vote)指标评价,PMV 共分七级,如表 3.12 所示。

表 3.12　PMV 值与热感觉

热感觉	热	暖	微暖	中性	微凉	凉	冷
PMV 值	+3	+2	+1	0	-1	-2	3

只要知道了人体的活动量、着衣量以及人体所在位置的温度、湿度、风速、平均辐射温度,就可采用公式得到 PMV 值。

由于即使 PMV=0,也不是所有人都对当前环境满意,因此又提出了主要针对吹风感受的不满意百分率 PD(Percentage of Dissatisfied People)和基于 PMV 预测不满意百分率 PPD(Predicted Percentage of Dissatisfied)的计算公式。PMV、PD 和 PPD 与气流组织形式和室内热源都相关[26]。

(4) 能量有效利用指标。

能量有效利用指标一般由能量利用系数描述。能量利用系数 η 是用来考察气流分布方式的能量利用有效性,即[27]:

$$\eta = \frac{t_p - t_0}{t_n - t_0} \tag{3.28}$$

式中　t_p——排风温度(K);

　　　t_n——工作区空气平均温度(K);

　　　t_0——送风温度(K)。

能量利用系数又称为温度效率,反映的是室内的温度梯度,即室内的热力分布特性。通常,送风量是根据排风温度等于工作区设计温度进行计算的。实际上,房间内的温度并不处处均匀相等,因此,回风口设置在不同部位,就会有不同的排风温度,投入能量利用系数也不相同。

当 $t_p = t_0$ 时,$\eta = 1.0$,表明送风经热交换吸收余热量后达到室内温度,进而排出室外。

当 $t_p > t_0$ 时,$\eta > 1.0$,表明送风吸收部分余热达到室内温度,且能控制工作区的温度,而排风温度可以高于室内温度,经济性好。

当 $t_p < t_0$ 时,$\eta < 1.0$,表明投入的能量没有得到完全利用,往往是由于短路而未能发挥送入风量的排热作用,经济性差。

3.4　船东偏好的内装风格与舱室舒适度设计

首先,游艇作为高档奢侈品,其产品硬件的同质化和服务内容的个性化与定制化将使客户本身成为产品创新的原动力。随着消费者市场的变化,游艇产业由产品的竞争转移到消费者的研究竞争上来,也就是说,谁真正把握了客户心理与行为上的需求,谁就掌握了将来的游艇市场。

其次,船东偏好具有指导设计工作的作用。对于游艇设计来说,应符合客户的需求,包括实际使用需求和情感需求。客户行为与心理的研究能帮助设计师,更深入细致地了解客户的生活习惯、心理、审美习惯等,及时了解客户需求发展及趋势,使其能够被客户接受并维持更旺盛的生命力。

3.4.1　船东偏好

1) 客户群体的划分

我国最高收入10%的家庭拥有55.4%的财富;而最低收入20%家庭的财富占比仅为

1.5%。对于游艇消费者来说,游艇代表着一个与日常生活拉开距离的空间。在不断拷贝西方生活方式的过程中,阶层化的消费正成为一种规律。这里指的阶层侧重经济层面,而非政治层面。从另一个角度来说,现代消费社会中,人们通过消费方式和消费品的选择表达自己的身份和社会地位。人们消费的不是商品和服务的使用价值,而是他们的符号象征价值。

布迪厄认为,阶层指的是在社会空间中,一群有着相似位置,被置于相似条件,并受到相似约束的行动主体的组合。阶层的划分通过三种资本划分,经济资本、社会资本以及文化资本。在个体拥有相当的经济资本和社会资本时,文化资本就成为个体在社会结构中的地位与声望的决定因素。我国目前单维的以收入水平作为划分阶层的方法,已不能全面系统反映我国社会阶层的结构和消费特点。根据以上分析,本书从经济资本和文化资本这两个维度出发,对我国消费者进行社会阶层市场细分,分为如图 3.20 所示五大阶层:大众阶层、知识阶层、中产阶层、新富阶层以及精英阶层。

精英阶层是文化资本和经济资本均处于社会领先地位,他们掌握着社会大部分财富,具有强大的购买能力,大多接受过高等教育,通常都有较高的生活品位和目标,他们的消费通常有两方面的特征:价格昂贵和非凡品味,这也成就了他们成为其他阶层模仿和追求目标。新富阶层也具有相当的经济资本,但是文化资本相对薄弱,他们具有强大的购买能力,并且乐意消费,是中国高端消费市场的重要力量。中产阶层的经济实力和文化资本都处于社会的中间位置,具有一定的高端消费能力,但对于游艇这类顶级奢侈品来说,大部分的中产阶级还不具备与之相当的经济资本。

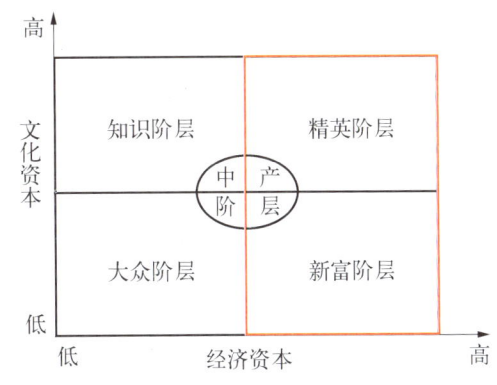

图 3.20 中国消费者的社会阶层分类
(红色线框为游艇客户所在群体)

据游艇资深经营者分析,买一艘游艇的费用应该不高于本身资产的 10%,所以说如果买一艘 50 万的游艇,购买者本身资产应该在 500 万以上。从游艇高昂的价格因素看,毫无疑问,游艇购买者是处在经济资本中上端的阶层。游艇本身具备的文化内涵以及所倡导的全新的生活方式体现出了强烈的阶级符号,让大众阶层望而止步。所以在游艇的主要客户群体中,大致可以分为大型企业,名人、艺人等潮流人士,富豪,以及女性群体。

2) 不同客户群体的不同游艇形式

(1) 大型企业。

这类群体具有雄厚的资产,企业领导事业有成,拥有不俗的品位。这类群体购买大型游艇主要用在宣传、商务会议以及企业内部聚会。游艇主题倾向于围绕宣传企业形象或者企业文化。

这类客户往往会把游艇内部舱室布置成大型会客厅(图 3.21)、大型会议室、大型宴会厅并且会适当搭配酒吧、电影院等。大型会客厅大多布置在主甲板上,尾部的入口处;大型会议室大多布置在上层甲板的中部偏后处;宴会厅可以布置在主甲板上也可以布置在上层甲板上。不同的企业文化会选择不同的内装风格;为了扩大企业影响力,这类客户

图 3.21　大型会客厅

大多会选择气派型。

(2) 名人、艺人等潮流人士。

名人、艺人也是游艇客户中的一员,他们有着相当的时尚敏感度与敏锐的洞察力,对新事物有着强烈的好奇心,创造时尚引领潮流。这个群体的客户是时尚潮流的风向标,与高端奢侈品联系紧密。他们拥有较强的经济实力,工作行程繁忙,压力大,是大众关注的焦点,他们渴望得到大众的认同与关注,自身的品位或艺术传播行为引导大众的审美或娱乐倾向。他们希望得到更多的曝光率的同时,又需要一个隐私的空间。

(3) 富豪。

富豪大致分为两种:暴富型和贵族型。对于暴富型,他们大多数的目的都是炫富,并且是对其他知名富豪的一种模仿,包括购买豪华车、名表、游艇等顶级奢侈品。这部分群体属于经济资本雄厚,文化资本相对薄弱的群体,所以对于游艇这类型高端奢侈品大多停留在"自我表现"的层面上。对于游艇的内装风格要求是极尽奢华(图 3.22);在总布置上并没有过多要求,如 ROMANCE 号游艇,就没有设置功能舱室。

贵族型富豪则拥有较高的学历、高雅的气质和不俗的品位。他们对于游艇等奢侈品有更强烈的爱好,追求的是一种卓越的体验以及独一无二的设计。他们喜欢探险,有拼搏冒险精神,喜欢一些新鲜的活动,同时也崇尚自由和休闲的生活方式。这类型客户群体,他们要求的游艇上大多设有健身房、休闲区、海上高尔夫球场以及潜水室等功能舱室;内装上也会尽显奢华。

(4) 女性群体。

随着社会的发展,女性地位不断提升,如今女性已经成为一个单独的消费群体,她们有着自身独特的心理和需求。

第3章 游艇舱室空间环境舒适度

图 3.22 奢华游艇内装图

对于女性群体来说，浪漫和美容是亘古不变的主题，随着阅历的增长，养生和居家也会加入其中。所以女性群体所热衷的游艇，在奢华的同时，也会尽力表现这些主题。

"罗拉女士"号游艇就是很典型的居家型代表，它是以女主人罗拉的名字命名的。游艇内所有的设备都是女主人罗拉挑选的，她把居家生活元素与整体设计联系到一体，舱室材料大部分选用了木材，使其融入了家乡的味道。

在内部舱室布置上，以女性为消费主体的游艇则会有美容院、养生吧、水疗中心等舱室的出现，也会有露天影院、露天餐厅和露天泳池。

美容院，养生吧和水疗中心一般布置在下层甲板等比较隐秘的地方，而露天影院，餐厅等大多布置在上层甲板的尾部。在内部装饰上，有以迷幻、浪漫为主的哥特式风格和以豪华为主的古罗马风格。

表 3.13 所示为游艇客户群体的特征分析总结。

表 3.13 游艇客户群体的特征分析总结

游艇客户群体	特 征	行 为	目 的
大型企业	资产雄厚	忙于公务	公务接待，企业内部活动
艺人等潮流人士	时尚敏感，好奇心强	时尚前沿，大众焦点	大众的关注与认同，更多的曝光率
暴富型富豪	文化资本薄弱，模仿炫富	热衷于购买奢侈品	提高社会地位
贵族型富豪	追求品位和体验，较高的文化资本，崇尚自由	珍惜名誉，追求品位	追求不同的刺激体验
女性	喜欢浪漫，追求美好的事物，居家	愿意为浪漫、美丽消费	追求浪漫、美丽以及更高水准的体验

3.4.2 各式室内设计风格

(1) 古典主义风格。

古典主义室内设计风格也被称为传统风格,它在室内风格设计中主要吸收的是传统装饰中的"形"和"神"的特质。这就要求室内设计中的空间布置、色调、家住摆设线条和造型等各个方面要遵循传统美学法则,促进现代材料和结构塑造能够营造出端庄、规整、典雅和高贵的室内环境。古典主义的室内设计风格是出于后工业化时代的当代人对传统的怀念,这些因素就促使室内装饰设计师们从历史文化和艺术中寻找创作的灵感。现在,古典主义的室内设计风格主要有西方传统风格中的哥特式、罗马式、洛可可式、文艺复兴式、中国传统风格和日本传统和式风格,这些传统风格在一定程度上都是人们对历史的延续和对地域文化的感受,这就促使古典设计风格的室内环境比较能突出民族文化特色和发展渊源。作为欧洲文艺复兴时期的产物,古典主义设计风格继承了巴洛克中豪华、动感、多变的视觉效果,也吸取了洛可可风格中唯美、律动的细节处理元素,受到了社会上层人士的青睐。特别是古典风格深沉里显露尊贵、典雅中浸透豪华的设计哲学,也成为成功人士享受快乐生活的一种方式。图3.23 所示为古典主义风格游艇内装。

图 3.23　古典主义风格游艇内装图

(2) 光亮派风格。

光亮派风格也被室内装装饰设计领域称为银色派,是晚期现代主义中极少主义派的演变和发展。光亮派风格的设计师们通过对抽象形体构成的运用表现新型材料的光亮效果,以及现代加工工艺带来的精密细致和光亮效果,因此光亮派风格的室内设计师经常采用平面玻璃、镜面、不锈钢、磨光的大理石和花岗石作为装饰材料。在室内照明设计中,设计师往往采用折射、投射等新型灯具或光源,在镜面材料和金属的烘托下,形成绚丽夺目和光彩照人的效果,由此被称为光亮派或银色派设计风格。如图 3.24 所示,光亮派游艇内装风格,在明快简洁的空间中向人们展示了现代加工技术和现代材料的高精准度,并向人们传递着新时代精神[28]。

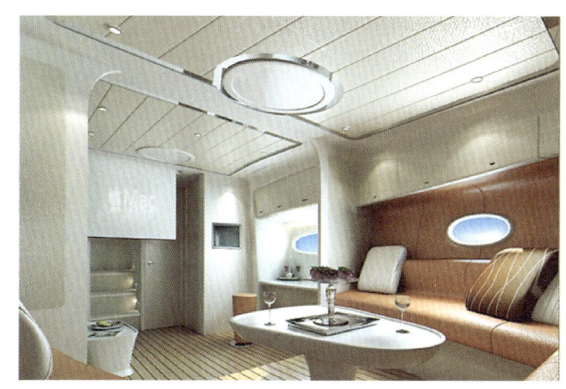

图 3.24　光亮派游艇内装

图 3.25　自然式风格游艇内装

(3) 自然式风格。

自然式风格也被人们称为田园风格、乡土风格或地方风格,自然式风格的室内设计们推崇回归自然,在美学上崇尚自然美,倡导人们结合自然、崇尚自然,在当今社会快节奏和高科技的实惠中寻找心理的平衡和内心深处的宁静。同时,自然式风格的设计师们倡导使用织物、木料和石材等天然材料进行装饰。例如,木料本身具有纹理,木香带有一种清新淡雅的味道,这与自然式风格力求营造的质朴、悠闲、舒畅、高雅自然的室内环境氛围是一致的。自然式风格的设计摒弃了城市的烦琐和奢华,以舒适机能为导向,强调回归自然的重要性,使游艇整体风格变得更加轻松和舒适(图 3.25)。墙面颜色的选择上,常用自然、怀旧、散发着浓郁泥土芬芳的色彩,如绿色和土褐色这类自然色调;壁纸多为纯纸浆的材质;家具颜色多仿旧漆,样式厚重。一路拼搏之后的那份释然,让人们对大自然产生无限向往。回归与眷恋、淳朴与真诚,也正因为这种对生活的感悟,乡村风格给了我们享受另一种生活的可能。

(4) 超现实主义风格。

超现实主义风格的室内设计师们追求在室内表现出一种超现实的纯艺术,即通过异常的空间组织、曲面或具有流动弧形的线型界面,配合变幻莫测的光影、浓重的色彩、造型奇特的设备和家具、现代雕塑或者绘画等来烘托超现实主义设计风格的室内环境和室内氛围(图 3.26)。超现实主义旨在通过运用不同的设计手法为人们在限定的"有限空间"里营造出一种扩大空间的感觉,为人们创造出"世界上不存的世界",也展示了超现实主义室内设计师们在充满冲突与矛盾的世界中努力逃避现实的一种心理寄托[29]。

(5) 高技派风格。

在室内装饰设计领域,高技派又被人们称为重技派,高技派的室内风格设计师们注重

图 3.26　超现实主义风格游艇内装

把室内设计当作是信息的媒介和设计的交流功能,这就意味着高技派的室内设计师们反对传统观念,突出当代工业技术在室内风格设计方面的成就。高技派这一设计流派形成于 20 世纪中叶,当时美国等发达国家要建造超高层的大楼,混凝土结构已无法达到要求,于是开始使用钢结构,为减轻荷载又大量采用玻璃,这样,一种新的建筑形式形成并开始流行。到 70 年代,又把航天技术上的一些材料和技术应用于在建筑技术中,用金属结构、铝材、玻璃等技术结合起来构筑成了一种新的建筑结构元素和视觉元素,逐渐形成一种成熟的建筑设计语言,因其技术含量高而被称为高技派。同时,室内环境和建筑形体中所能体现出的技术的精美也是高技派室内设计师们关注的重要方面之一。在现代社会,随着科学技术的发展,高技派的室内设计师们崇尚机械美,强调时代感和工艺技术的魅力。比如,高技派的设计师们在进行室内设计的时候,人们可以看见室内暴露的横梁、肘板等结构构件,还有网管、线缆等设备和管道(图 3.27)。

图 3.27　高技派风格游艇内装　　　　图 3.28　东方情调风格游艇内装

(6) 东方情调风格。

对于西方人来说,东方文化具有某种特殊的魅力和神秘感,从而促使东方异国情调在西方的现代室内设计中也占有一席之地。中国道教宣称一种"天人合一"的哲学思想,在这种思想的影响下,具有东方情调设计风格的室内与周围环境和谐地融为一体,进而为人们创造出和谐安宁的室内氛围,而这种思想也是与现代人们的环境意识相一致的。东方情调的室内设计追求色彩的柔和,自然和环境的朴素雅致,注重表现东方木质架构特有的装饰与形式,注重表现材料的质地美[30](图 3.28)。

(7) 日本和式风格。

随着社会的发展和世界经济的紧密联系,具有日本民族特色的和式风格对现代室内设计业有一定的促进作用。日本人追求"和"的哲学思想,将禅宗、佛教,以及茶道等融入游艇内装设计中;同时,日本人们也很善于运用帘帷、屏风、竹帘等装饰品为人民划分室内空间,例如推拉隔板和方格的顶棚、榻榻米式的椅子,体现了人们追求自然简单的装饰风格,给人一种清新超越和朴实五华的感觉。和式风格采用木质结构,时尚装饰,简约简洁。其空间意识极强,形成小、精、巧的模式,利用檐、龛空间,创造特定的幽柔润泽的光影。和式风格另一特点是屋、院通透,人与自然统一,注重利用回廊、挑檐,使得回廊空间敞亮、自由。一些游艇的船东,尤其是女船东特别偏爱和式风格,因为她们更愿意接受休闲、放松、自由的生活环境(图 3.29)。

图 3.29 日本和式风格游艇内装

(8) 白色派风格。

白色派设计师运用大量的摆设构成基调,体现的是一种简洁、朴实无华却富有变化,也富有深沉的思想内涵的风格。在后现代主义的早期阶段,白色派开始在世界上流行起来[31](图 3.30)。

图 3.30　白色派风格游艇内装

3.4.3　应用美学与内装舒适度设计

随着人们生活品位的提升,如今越来越多的人倾向于海上休闲娱乐,乘坐游艇成为他们的不二选择。一艘漂亮舒适的游艇不仅要有豪华美观的外表,而且要有好的内部环境。好的内装可以给游艇注入灵魂。

首先,游艇内饰设计要考虑其功能性,根据功能不同,里面的设施也略有不同。比如,运动型游艇一般配套大功率的发动机,里面的设施可简单一些;而休闲型的游艇则会更加注重家庭氛围和休闲氛围的营造,如厨房、客房、卡拉 OK 设备、电子游戏房、加长的钓鱼船尾等。

其次,游艇内饰的用材要极其考究。游艇在水面上航行,除了要求美观、舒适外,更重要一点是安全性能好,因此,对游艇内饰的用材有特殊的安全要求。如果内饰材料没有足够的刚度和强度,在使用过程中就很容易走形、损坏,所以,游艇内饰材料要比一般船舶上用的高级很多。游艇地板一般选用橡胶地板,既环保、静音、防火、耐腐蚀,且耐磨、安全。游艇天花板一般采用阻燃铝制复合岩棉板,以玄武岩及其他天然矿石等为主要原料,岩棉板经高温熔融成纤,加入适量粘结剂固化加工而制成,耐高温、隔热、防潮。

再次,为把游艇布置得舒适、漂亮、有序合理,家具布局是关键。家具布局要考虑以下几方面因素。

① 线条要流畅。直线线条流动较慢,给人以庄严感;曲线线条流动较快,给人以活跃感。家具的线条还要与游艇的线条相适应。如果游艇较窄,可将家具由高到低排列,以造成视觉上的变化,从而房间就会显得宽敞了。

② 风格要统一。家具最好购买成套家具,以使家具的大小、颜色、风格和谐统一。家具与室内其他设备及装饰物也应风格统一,如窗帘、灯罩、床罩、台布等装饰物的用料、式样、图案、颜色也应与家具及设备相呼应。

③ 色彩要调和。游艇室内家具与墙壁、屋顶及装饰物的色彩要调和,游艇内外的色彩也要调和。

④ 布局要合理。摆放家具,要使人们的出入活动快捷方便,不能曲折迂回,更不能造成使用家具的不方便;摆放时还要考虑到采光、通风等因素。

游艇内饰设计一直是一门重要的学问,衡量一艘游艇的价值不能只看重外形,就如同判断一个人的好坏不能只看外表。从国内游艇业的发展现状看来,越来越多的设计师开始着眼游艇内饰设计领域,在不久的将来,游艇的内装舒适度将在游艇设计中起到主导的作用。

3.5 本章小结

游艇内装空间与舱室环境舒适度是提升游艇居住舒适度和驾驶体验感的重要环节。本章主要从空间环境、舷窗设计、通风系统设计和室内风格设计等几个角度详尽地剖析游艇的舱室设计的相关方面。总结了游艇舱室设计各个方面的优缺点,对游艇整体舒适度的提升起到了一定的推动作用。

参考文献

[1] Rea M S. Lighting handbook[M]. 8th ed. New York: Illuminating Engineering Society of North America, 1993.
[2] 张志颖,吴丹. 人体工程学[M]. 长沙:中南大学出版社,2007.
[3] Chartered Institution of Building Services Engineers. Code for Interior lighting[M]. London: CIBSE, 1994.
[4] 郭伏. 人因工程学[M]. 北京:机械工业出版社,2006.
[5] 李依伦. 浅析人体工程学指导下的小面积居室空间设计[J]. 工程科技,Ⅱ辑,2011.
[6] 尹朝庆,尹皓. 人工智能与专家系统[M]. 北京:中国水利水电出版社,2002.
[7] 耿汉武,郑宗默. 出口船用铝舷窗材料的技术开发[J]. 轻合金加工技术,1983(9):28-31,49.
[8] 杨新昆. 加入WTO对我国修船业的利弊[J]. 中国船检,2000(6):52,63.
[9] 晓岭. 英国公司开拓中国船舶舷窗市场[J]. 现代舰船,1998(12).
[10] 管少平,田春. 浅析向创造大国转变过程中的"设计"[J]. 华南理工大学学报(社会科学版),2007(6):10-15.
[11] 高晋. 山西住宅节能初步研究[D]. 太原:太原理工大学,2007.
[12] 吴亮,费超峰,蒋超. 利用耐力板提高混凝土外观质量创优质工程[J]. 城市建设理论研究(电子版),2012(7).

[13] 王如荔. 安全玻璃在门窗中的设计和使用[J]. 南方建筑,2002(3):55-56.

[14] 孔令玉. 以亮度为基础的天然采光评价指标研究[D]. 天津:天津大学,2012.

[15] 采光系数计算[OL]. 工程科技,2012-07[2018-09-30]. http://wenku.baidu.com/view/c5a594c8050876323112121c.html.

[16] 孙力杰. 住宅围护结构的缺陷及节能设计[J]. 江西建材,2013(3):52-58.

[17] 王乔,张珑,齐雅欣,等. 节能铝合金外窗保温性能分析计算[J]. 中国建筑金属结构,2009(4):17-20.

[18] 赵文清,贾慧敏,钱周信. 多因子分层模糊评价法的算法设计探讨——模糊综合评价方法在旅游资源评价中的应用[J]. 数学的实践与认识,2008(7):8-14.

[19] 吴杰康,祝宇楠,韦善革. 采用改进隶属度函数的梯级水电站多目标优化调度模型[J]. 电网技术,2011(2):48-52.

[20] 宋炬明. 舰船舱室空气环境的几点思考[J]. 广东造船,2012,31(2):60-61.

[21] 薛殿华. 空气调节[M]. 北京:清华大学出版社,1995.

[22] 郑爱平. 空调调节工程[M]. 北京:北京科学出版社,2002. /第四机械工业部第十设计研究院. 空气调节设计手册[M]. 北京:中国建筑工业出版社,1983.

[23] Peter V, N, Tine S, J, Rille H, et al. Measurement of thermal comfort and local discomfort by a thermal manikon[J]. ASHRAE Transactions,2002,17(4):1097-1101.

[24] Atila N, Jelena S. Comparison of air exchange efficiency and contaminant removal effectiveness as IAQ indices[J]. ASHRAE Transactions,2003,108(1):330-345.

[25] 范存养. 大空间建筑空调设计及工程实录[M]. 北京:中国建筑工业出版社,2001.

[26] 俞国华. 变风量空调室内气流组织的数值模拟[D]. 西安:西安建筑科技大学,2004.

[27] 马仁民,连之伟,陆明琦. 通风系统性能的评价[J]. 暖通空调,2002,32(5):100-102.

[28] 姜春云,周光标,熊辉. 浅谈室内装饰设计中的风格设计[J]. 有色冶金设计与研究,2007,28(1):23-26.

[29] 李征,谷晓龙,张磊. 论现代室内设计的主要装饰风格[J]. 石家庄职业技术学院学报,2006,18(3):52-53,78.

[30] 杨洁. 室内装饰风格与陈设设计[J]. 轻工科技,25(5):127-128.

[31] 姜巨懿. 室内装饰设计中风格设计的探讨[J]. 现代装饰(理论),2011(10):25-26.

游艇舒适度原理与设计

第 4 章　游艇运动舒适度

超级游艇是游艇中比较符合我国消费者价值观和审美观的一种游艇,随着游艇走入人们的视野,并逐渐作为人们高质量生活休闲娱乐的一种趋向,从而对超级游艇的外观、内装、性能等技术提出了更高的要求,游艇设计师和建造厂家也需要不断积累和研发新技术为游艇市场提供高质量、高性能、高品位的豪华游艇。在超级游艇的设计中,其运动舒适度是评价超级豪华游艇性能优越与否的一个重要技术指标。

4.1 风浪对海洋航行游艇的影响

船舶之于海洋,如沧海一粟。在海洋气象条件中,风浪是极为常见的,但风浪会对船舶的航行产生不利的影响,使船舶航行产生颠簸,导致船舶的舒适性能下降和引起船舶上乘员的不适,恶劣的海洋环境甚至会对船舶的航行性能和安全性造成极大威胁[1,2]。游艇的功能就如同陆地上私人汽车,更多地呈现一种船东个人生活品质偏好和个人的独特品位。游艇是人们生活活动向海洋延伸的载体,游艇不仅能够满足人们遨游美丽海洋的体验,其配备的娱乐休闲设施还能满足个人及家庭享受生活、商务活动等需要[3-5]。其中,超级游艇(mega-yacht,120 ft 以上的游艇)不仅具有巨大的容量,还是一种附加值极高的产品,其功能性要求较一般船舶更为苛刻,其中运动舒适度是评价超级游艇性能优劣的一个重要技术指标,无法避免的海洋风浪则会对超级游艇的运动舒适度产生极为消极的影响。

航行在海洋中的船舶,不免要经历海洋风浪的考验,风浪会对船舶的航行造成很大的困扰,甚至引起船舶上乘员的晕船反应,给他们的生活和工作带来不便,降低了船舶的功能性和使用性。另外,风浪还会对船舶的船体结构产生作用,威胁船舶的航行安全。风浪对海洋航行游艇的影响,既有常规航行船舶对风浪反应的共性特点,更有其特有的个性体现。

4.1.1 风浪对游艇快速性的影响

超级游艇与常规船舶一样,风浪会对超级游艇的航行造成阻碍,导致其航速降低,一方面是为了保障游艇的平稳航行,驾驶人员会主动降低游艇的航向速度,另一方面风浪阻碍会使游艇的航行阻力增大,原有的主机功率不能发挥较高的效率,导致航速降低,从而引起游艇快速性的损失。

4.1.2 风浪对游艇结构和设备的影响

船舶的结构是其抵御风浪侵袭的有力屏障,风浪与船体相互作用,产生的拍击力和激振力会不断考验游艇的艇体构件,同时风浪会影响艇体上所承受的载荷分布,使艇体上构件发生应力集中或失稳,从而破坏艇体结构的完整性。严重的情况下,游艇的甲板会被海浪淹没,引起舱室进水,影响游艇的使用和居住性;艇首部与海浪剧烈撞击,会造成游艇结构损伤甚至破损,威胁游艇在海洋中的安全性。另外,游艇不仅具有豪华精致的装饰,同样配备有大量先进的仪器设备,精密的仪器设备虽然能够带给顾客更好的航行体验,但是它们对风浪的造成的剧烈船体运动极为敏感,恶劣的工作环境可能会导致仪器设备运行失常或损坏甚至操纵困难,也会对游艇的安全航行带来不利影响。

4.1.3 风浪对游艇舒适度的影响

游艇的功能性决定了它对舒适度的"苛刻"要求。游艇在很多情况下被顾客定义为在海洋上移动的"家""休闲娱乐会所""商务会场"等,游艇需要提供给人们家的温馨舒适感、休闲娱乐的轻松感、商务会场的严肃和谐感等,这些无疑都是游艇有别于其他船舶的独特之处——顾客体验为中心[6]。上述顾客需求都与游艇的舒适度紧密相关,然而风浪引起的游艇在波浪中运动则是舒适度的最大挑战。

风浪导致游艇横摇、纵摇和垂荡,会使游艇上的设施(桌、椅等)和用品(酒杯、装饰盆景等)发生移动、撞击或损坏等,例如游艇上一般设有沙龙、酒吧等休闲区,风浪引起的游艇运动则影响乘客在这一区域的体验。另外,游艇运动幅值过大会降低乘员的活动能力和工作效率甚至会无法对设备进行正常操控。同时,艇上乘员对游艇运动加速度极为敏感,较大的运动加速度会引起顾客不适或是发生晕船反应,这些都会极大地降低游艇的适居性。

海浪作用在船体之上,引起船体结构的振动,是游艇振动噪声的主要来源之一,振动噪声会对顾客的听觉带来困扰,影响游艇的居住、生活和工作环境,导致顾客的认可度下降。

4.2 基于 MATLAB 的超级游艇运动响应仿真

4.2.1 基于 MATLAB 的海浪特性模拟仿真

海浪风浪最主要的特点是组成复杂、形式不规则并且随机变化,导致难以用固定的表达式对海洋中的风浪进行合理描述。能否较为准确地预报船舶在海浪中的运动响应取决于是否能够对船舶航行海域的风浪情况进行较为细致地分析和表达[7-10]。在船舶耐波性理论中,通常可按照式 4.1 的形式对不规则进行描述:

$$\xi = \sum_{n=1}^{\infty} \xi_{AN} \cos(k_n x_o - \omega_n t + \varepsilon_n) \tag{4.1}$$

式中,ξ 表示波面升高;ξ_{AN} 表示波幅;ε_n 表示随机相位,取 $0 \sim 2\pi$ 间的任意值。

为了便于预报船舶在风浪中的运动响应,结合统计分析法,对所航行海域的风浪和风浪引起的船舶运动等进行频谱分析,采用第 12 届 ITTC 标准风浪谱密度公式(式 4.2)对

海浪谱密度(可以用来描述不规则海浪的基本特性)进行数值估算:

$$S_\xi(\omega) = \frac{A}{\omega^5}\exp\left(-\frac{B}{\omega^4}\right) m^2 s \quad (4.2)$$

式中,$A = 0.0081g^2$,为波谱振幅;$B = 3.12/\bar{\xi}_{\frac{\omega}{3}}^2$。

根据方钟圣整理的各海域海浪统计资料(图 4.1),分析中国沿海波高出现的频率曲线,可以看出在我国沿海海域出现频率最高的海况为三级浪($Hs \approx 0.5 \sim 1.25$ m),另外,在波高为 4.0 m(五级海浪)以下曲线几乎包含了整个区域的面积,即在我国沿海海域接近 90% 以上的概率处在五级以下海况。

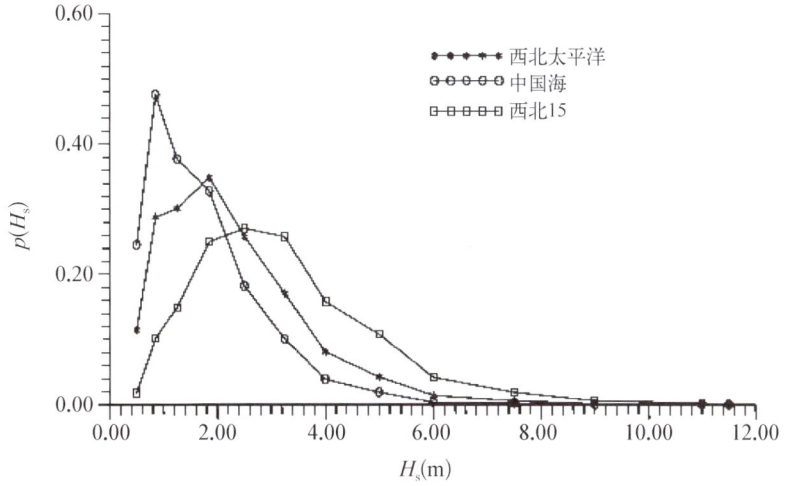

图 4.1　我国各海域海浪波高统计资料

针对超级游艇所航行海域为我国沿海海域,为了较为精确地描述超级游艇航区所对应的海况(三、四、五级),按式 4.2 所述的风浪谱密度公式,分别取三一有义波高为 1 m、2 m、3.2 m,通过数值仿真得到风浪谱密度曲线如图 4.2 所示:

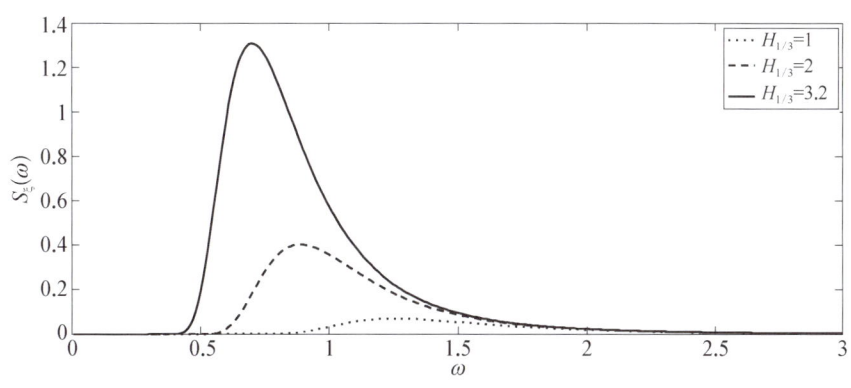

图 4.2　风浪谱密度曲线

在描述海浪的基本特性时还会对海浪的波倾角进行表达,因为它是影响船舶运动的最直接因素,按照海浪谱理论,采用等间隔采样的方法对海浪谱进行离散。即在选取的波浪频率范围内($\omega_1 \leqslant \omega \leqslant \omega_n$),对波浪谱进行 N 等分,则可得到频率对应的波幅如式 4.3 所示:

$$S(\omega_n) = [2S_\xi(\omega_n)]^{\frac{1}{2}} \tag{4.3}$$

式中,$n = 1, 2, \cdots, N$;$S_\xi(\omega_n)$ 为波浪谱分量;ω_n 为每一频率带的中心频率,$\omega_n = n \times \Delta\omega$。

若假定波浪作用在船舶上的位置不发生变化,则式 4.1 中的 $k_n x_0$ 为一固定常数,简化处理后得到的海浪波倾角的仿真表达式如式 4-4 所示:

$$\alpha_1 = \alpha_{e0} \sin\beta \sin(\omega t) \tag{4.4}$$

式中,α_1 为海浪有效波倾角的幅值;$\alpha_{e0} = K_B K_T \dfrac{\omega^2}{g} \xi$,其中 K_B、K_T 为修正系数。

$$K_T\left(\left|\dfrac{T}{\lambda}\right|\right) = 1.0 - 1.71\left|\dfrac{T}{\lambda}\right| + 1.33\left|\dfrac{T}{\lambda}\right|^2 - 0.38\left|\dfrac{T}{\lambda}\right|^2 \tag{4.5}$$

$$K_B\left(\left|\dfrac{B}{\lambda}\right|\right) = 1.0 + 0.05\left|\dfrac{B}{\lambda}\right| - 1.06\left|\dfrac{B}{\lambda}\right|^2 + 0.42\left|\dfrac{B}{\lambda}\right|^2 \tag{4.6}$$

式中,B 为船宽;T 为吃水;$\lambda = \dfrac{2\pi g}{\omega}$。

根据图 4.2 风浪谱密度曲线可以看出,在曲线两端的谱密度值几乎趋近于 0,对计算的影响和研究意义不大,故取频率范围为 $0.3 \leqslant \omega \leqslant 2.0$,选取 $\Delta\omega = 0.05$,则 $n = 34$。取浪向角为 $90°$,三一有义波高为 1 m、2 m、3.2 m,在 MATLAB 中仿真模拟海浪波倾角随时间变化曲线如图 4.3 所示。

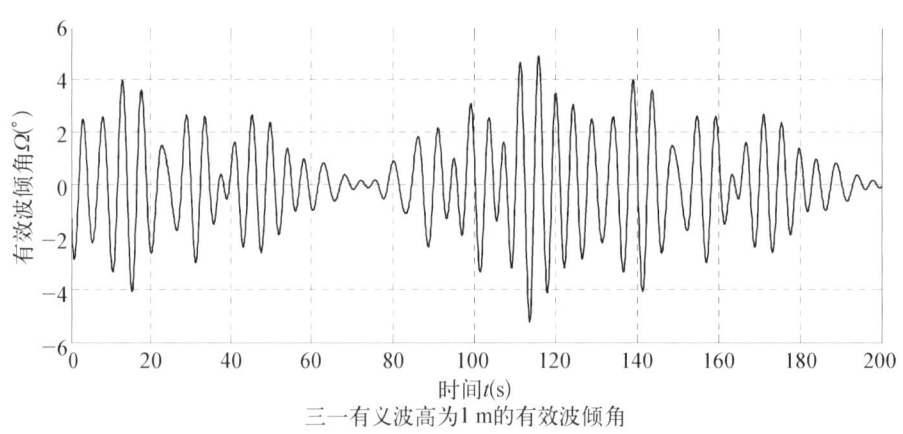

三一有义波高为1 m的有效波倾角

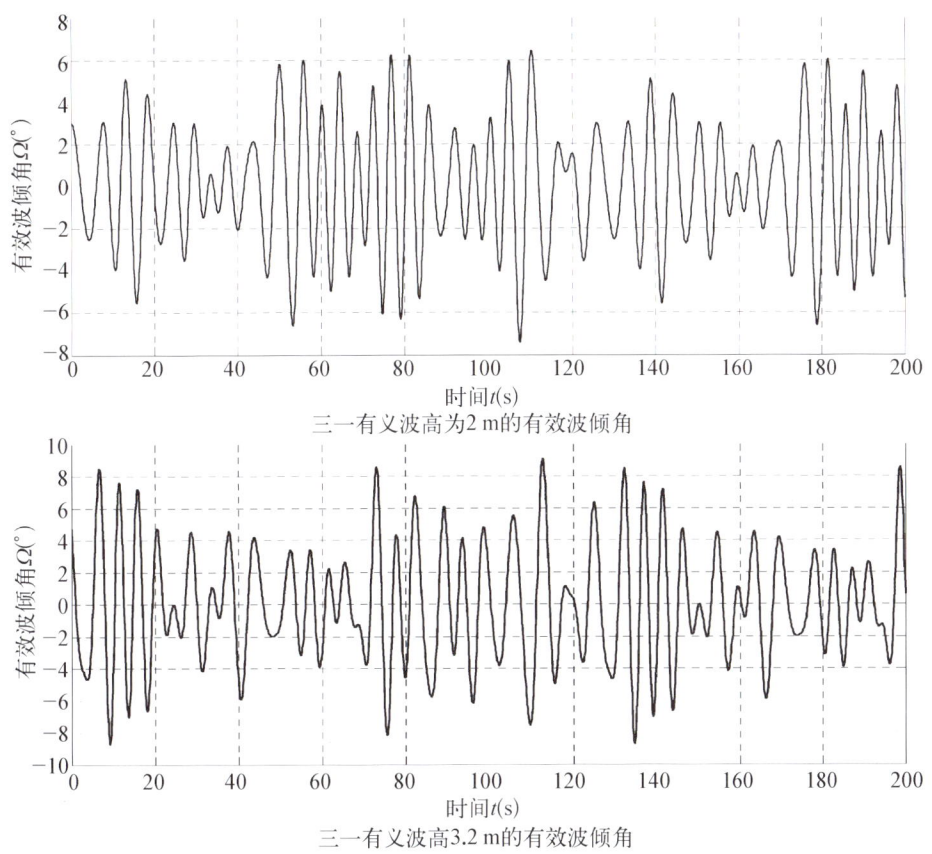

图 4.3 不同有义波高下海浪波倾角曲线

4.2.2 基于 MATLAB 的超级游艇横摇运动仿真

一般采用线性理论对船舶的横摇运动进行数学表达,即假定船舶的横摇运动是时间不变的线性系统,能够采用容易计算求解的常系数的线性微分方程来描述船舶的横摇运动,并且可以将不同波浪情况下的横摇运动进行叠加。

为了建立船舶横摇运动的数学模型,需要对船舶运动的坐标系统进行描述,规定沿船尾向船首方向为 x 轴正方向,并以此建立左手坐标系,船舶向右舷倾斜为正(如图 4.4 所示),船舶的横摇运动通常用三个运动参数表述,即绕 x 轴转动的横摇角 ϕ、角速度 $\dot{\phi}$ 和角加速度 $\ddot{\phi}$。考虑到减摇鳍的存在,提供了一个额

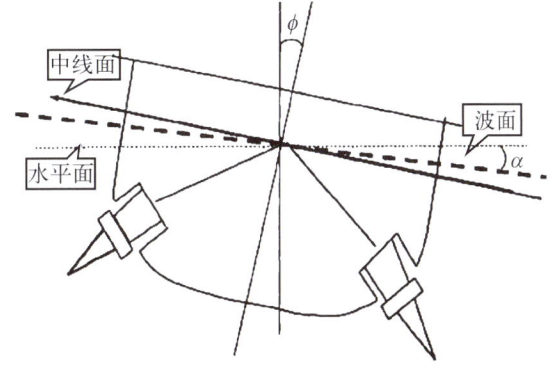

图 4.4 船舶横摇运动示意图

外的扶正力矩，阻止风浪对船舶造成过大摇晃运动，使船舶拥有抵抗大风浪的能力。因此，安装减摇鳍后的船舶发生横摇运动时，船体主要受复原力矩、阻尼力矩、惯性力矩、波浪扰动力矩、扶正力矩这五种力矩的共同作用。

船舶在波浪中的横摇所受的力矩可以看成船舶在静水中横摇所受的力矩加上波浪的正浮状态船体的扰动力矩。为此，船舶在波浪上的横摇受以下五种力矩的作用。

（1）复原力矩。

船舶横摇运动使船舶产生一定的倾斜角度 ϕ，导致船舶的重心和浮心不处在原来的同一垂线上，浮力和重力方向相反，便产生了一个复原力矩 $M(\phi)$，这个力矩能够促使阻止船舶的继续倾斜，并回复到初始的平衡位置。横摇角较小时，可以利用初稳性理论计算其复原力矩，即：

$$M(\phi) = -Dh\phi \tag{4.7}$$

式中，D 表示船舶排水量；h 表示船舶的初稳性高。

（2）阻尼力矩。

船舶在水中运动使船体与水流产生相互作用，船体运动促使周围流体的运动，相反流体阻碍船体运动，这种阻碍船舶运动的力便是阻尼力。根据线性理论，阻尼力矩可以用角速度 $\dot{\phi}$ 进行线性表达，即：

$$M(\dot{\phi}) = -2N\dot{\phi} \tag{4.8}$$

（3）惯性力矩。

船舶的惯性力矩通常是指船舶自身惯性矩，但是由于水与船体的作用，也会形成附加惯性矩，惯性力矩与船舶加速度紧密相关。采用线性理论，惯性力矩可以用角加速度 $\ddot{\phi}$ 进行线性表达，即：

$$M(\ddot{\phi}) = -(I_{xx} + J_{xx})\ddot{\phi} \tag{4.9}$$

（4）波浪扰动力矩。

船舶在波浪中的运动，船体成为波浪运动的障碍，当波浪穿过船体，会使船体的水下部分体积形状发生改变，分布不同的水流就会产生复原力矩，也是波浪扰动力矩，一般可用式 4.10 表达：

$$M(\alpha_m, \dot{\alpha}_m, \ddot{\alpha}_m) = Dh\alpha_m + 2N\dot{\alpha}_m + J_{xx}\ddot{\alpha}_m \tag{4.10}$$

（5）扶正力矩。

扶正力矩是由减摇鳍产生，其数学表达如式 4.11 所示。

$$M(\alpha_f) = -Dh\alpha_f \tag{4.11}$$

根据船舶减摇的原理，减摇鳍发挥作用时会提供缓和横摇运动的力矩，故其数学模型如式 4.12 所示：

$$(I_{xx} + J_{xx})\ddot{\phi} + 2N\dot{\phi} + Dh\phi = Dh(\alpha_m - \alpha_f) + 2N\dot{\alpha}_m + J_{xx}\ddot{\alpha}_m \tag{4.12}$$

假定船舶在波浪中的横摇角度不太大,则可以采用 Conolly 横摇方程对式 4.12 进行简化,Conolly 模型是一种线性模型,原理相对简单,通过广泛的工程实践应用证明其对船舶的水动力设计和耐波性能的估算具有可靠的精度。

采用 Conolly 模型简化的船舶横摇运动,通过数学方法,可用线性二阶微分方程来表示:

$$(I_{xx} + \Delta I_{xx} + C)\ddot{\phi} + (2N_u + B)\dot{\phi} + (Dh + A)\phi = -Dh\alpha_m \tag{4.13}$$

式中,I_{xx} 为横摇转动惯量;ΔI_{xx} 为附加转动惯量;N_u 为横摇阻尼系数;D 为船舶排水量;h 为船舶初稳性高;ϕ 为横摇角;α_m 为有效波倾角。

为了便于计算仿真研究,假定式 4.13 在 $t=0$ 时刻时具有零初始条件,则利用复变函数和拉普拉斯变换理论,对 Conolly 横摇方程进行处理,得到如式 4.14 所示的传递函数:

$$\frac{\phi_s}{\alpha_s} = \frac{1}{T_\phi^2 S^2 + 2T_\phi \xi_\phi S + 1} \tag{4.14}$$

式中

$$\xi_\phi = \frac{N_\phi}{\sqrt{Dh(I_{xx} + \Delta I_{xx})}} \tag{4.15}$$

$$T_\phi = \sqrt{\frac{I_{xx} + \Delta I_{xx}}{Dh}} \tag{4.16}$$

其中,$D = 106\,7$ t,$h = 0.94$ m,$I = 17\,020\,926.27$ kg·m²,取 $\Delta I = 0.25I$,$n_\phi = 0.22$,得到:

$$\frac{\varphi(s)}{\alpha(s)} = 0.77 \times \frac{0.75}{(s + 0.123)^2 + 0.563} \tag{4.17}$$

同样根据复变函数与拉普拉斯反变换的原理,结合卷积定理的相关知识,可以实现将频域输出信号转换到时域范围下,从而得到波倾角及船舶横摇角的随时间变化的曲线,如式 4.18 所示:

$$\phi(t) = 0.77 \times e^{-0.123t} \sin(0.75 \times t) \otimes \alpha(t) \tag{4.18}$$

减摇鳍之所以能成为应用广泛、减摇效率高的主要减摇装置,不仅仅是因为翼型鳍在航行过程中,能够有较大的升力,提供给船舶更大的扶正力矩,还因为减摇鳍拥有一套根据海况条件不断调整鳍角,使减摇鳍都能在合适的攻角下工作,充分发挥其减摇效能的控制系统。国内外研究人员对减摇鳍的控制系统做了深入和全面研究,主要集中在控制系统的控制理论和算法方面,而减摇鳍控制系统的结构形式都没有太大变化,常用的如图 4.5 所示。

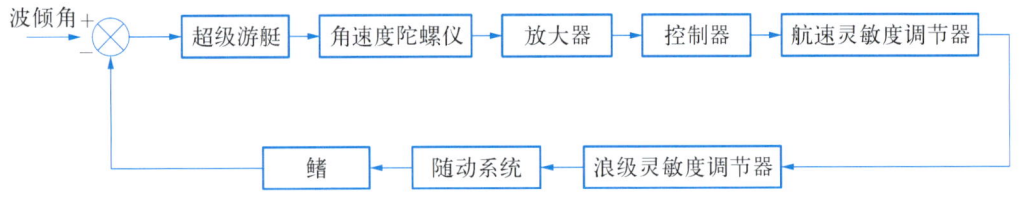

图 4.5 减摇鳍控制系统流程图

为了方便仿真模拟和数据传递,对结构图中各个组件的数学模型进行分析,得到超级游艇减摇鳍控制系统各部分的传递函数。

(1) 超级游艇模型。

控制系统中的超级游艇模型采用上文式 4.13 形式的二阶线性船舶横摇运动模型,根据复变函数与拉普拉斯变换理论,得到超级游艇模型的传递函数的传递函数如式 4.19 所示。

$$G_\phi(s) = \frac{1}{1.73s^2 + 0.426s + 1} \tag{4.19}$$

(2) 角速度陀螺仪。

角速度陀螺仪的主要任务是测量超级游艇的摇荡角速度信号,并在系统中以电压信号的形式进行输出,是具有一定规格的测量元件。其传递函数根据选取的测量元件特性,可以采用式 4.20 进行表达:

$$G_\alpha(s) = \frac{0.1s}{0.00025s^2 + 0.02s + 1} = \frac{400s}{s^2 + 80s + 400} \tag{4.20}$$

(3) 放大器。

减摇鳍控制系统中放大器的作用是进行信号处理和传递,将上一级的信号进行放大处理,然后输出到下一级组件中。较常用的传递函数如式 4.21 所示:

$$G_1(s) = \frac{K_Q}{(30s+1)(0.056s+1)} \tag{4.21}$$

式中,K_Q 为可调增益。

(4) PID 控制器。

控制器是系统实现对减摇鳍控制的重要组件,直接关系到减摇鳍的效率。对于减摇鳍控制器的研究进展在前文中已作详细介绍,但是传统的 PID 控制因为考虑的变量少、参数易整定,在工程上较易实现,同时能够满足一般控制需求,因而有极为广泛的应用。

理想的 PID 控制器具有如下形式:

$$G(s) = \frac{U(s)}{\Phi(s)} = \frac{K_I}{s} + K_P + K_D s \tag{4.22}$$

在实际使用中,该 PID 控制器的最大缺陷是容易受到高频信号干扰和积分漂移影响,可以通过如下方法对其进行改进,减小积分漂移的影响。

① 微分环节。

高频信号会对控制器的微分环节造成极大干扰,研究发现,采取间接微分的形式,对改善微分环节有一定程度的益处,能够在仿真频率范围内,近似实现控制器的微分运算,故其传递函数如式 4.23 所示:

$$G_D(s) = \frac{K_D T_{d1} s}{(T_{d1} s + 1)(T_{d2} s + 1)} \tag{4.23}$$

式中,$T_{d1}=0.064$,$T_{d2}=0.18$,K_D 可变。

② 积分环节。

实际应用经验发现,在一定的频率范围内,通过惯性环节对积分环节进行近似表达,可以有效减少积分漂移的影响,其传递函数如式 4.24 所示:

$$G_1(s) = \frac{K_1}{T_1 s + 1} \tag{4.24}$$

式中,$T_1=24.607$,K_1 可调。

通过上述处理后,式 4.22 具有如下形式:

$$G_{PID}(s) = \frac{K_D T_{d1} s}{(T_{d1} s + 1)(T_{d2} s + 1)} + K_p \frac{K_1}{T_1 s + 1} \tag{4.25}$$

(5) 航速调节器。

根据翼型水动力学有关的知识,可以看出,船舶航速的越高,同样状态下的减摇鳍上所产生的升力也越大,成平方倍的关系。因而,想要充分利用减摇鳍的效能,需设计一个航速调节器,控制减摇鳍按照一定的规律运动,比如在航速较低时,减摇鳍收回舱内不工作,起到保护减摇鳍的作用,当航速过大时,限制减摇鳍在某一鳍角下,尽可能发挥鳍的效能。本书由于只对设计航速下的超级游艇的横摇运动进行仿真,因此,航速调节器为一常数。

(6) 浪级灵敏度与航速灵敏度调节器。

这两个灵敏度调节器的主要功能是作为控制系统的辅助元件,对减摇鳍在高海况下和低海况下的工作性能进行调节,保证减摇鳍总处在合适的工作状态下,充分发挥减摇鳍的设计容量。

(7) 随动系统。

减摇鳍在转动的过程中需要随动系统提供给它强大的转鳍力矩,在实际应用中通常为电压伺服系统,其数学模型的传递函数如式 4.26 所示。

$$G_s(s) = \frac{550}{s^2 + 15s + 225} \tag{4.26}$$

(8) 鳍。

鳍这一组件主要是实现鳍角到波倾角的转换。理论上,由于这一转换关系与很多因素有关,计算也很复杂,因而难以给出其动态值;经验上用一静态比例值 K_a 来替代这一环节,可以取得较为满意的效果。根据超级游艇横摇运动方程,减摇鳍所提供的扶正力矩与波浪的扰动力矩之间存在以下关系:

$$\frac{\alpha_m(s)}{\alpha_f(s)} = \frac{K}{J_{xx}s^2 + 2Ns + Dh} \quad (4.27)$$

根据复变函数与拉普拉斯反变换的原理,结合卷积定理的相关知识,可以得到波倾角和横摇角的时间历经的数学表达,通过统计分析波倾角和横摇角有义值的比例关系,从而给定鳍的静态比例值 K_a。

$$\frac{\alpha_m(s)}{\alpha_f(s)} = 0.394 \times \frac{1.417}{(s+0.55)^2 + 2.0} \quad (4.28)$$

$$\alpha_m(t) = 0.394 \times e^{-0.55t} \sin(1.417 \times t) \otimes \alpha_f(t) \quad (4.29)$$

基于 MATLAB 中 SIMULINK 的组件表达横摇运动控制系统各部分,得到超级游艇横摇运动仿真系统和 PID 仿真控制器分别如图 4.6、图 4.7 所示。

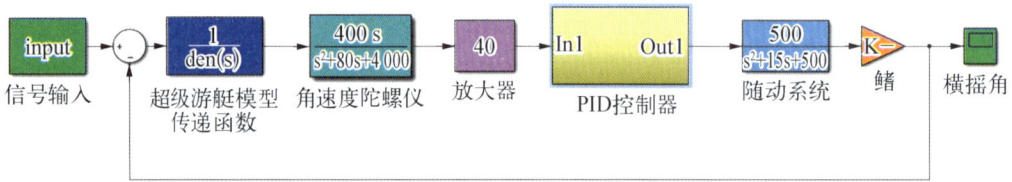

图 4.6 超级游艇横摇运动仿真系统

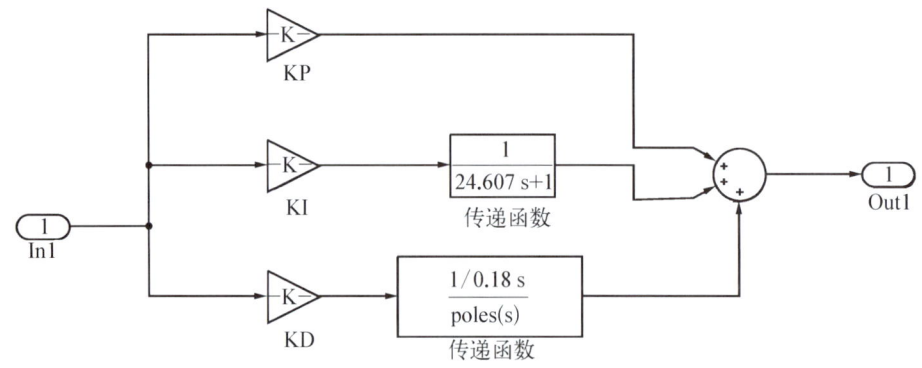

图 4.7 PID 仿真控制器

4.2.3 基于 MATLAB 的超级游艇纵向和垂向运动仿真

在风浪中航行时,波浪同时也会引起船舶的纵向运动和垂向运动,使船舶产生纵向和垂向运动加速度,过大的纵向和垂向加速度会导致船上乘员晕船和不适。为满足功能性需求,超级游艇具有较为丰满的上层建筑,导致重心较高,超级游艇的航速较高,在波浪中航行时,运动舒适度难以保证,为了减缓纵向和垂向运动响应,在超级游艇的船首附近加装水平艏鳍和 T 型翼来抵抗游艇的纵向运动。利用 MATLAB 软件的 Simulink 组件对超级游艇的纵向和垂向运动进行模拟仿真[11]。

1)超级游艇纵向和垂向运动的数学模型

船舶的纵向运动和垂向运动相互影响,相互耦合,依据船舶运动学的基本理论,建立超级游艇的运动耦合模型:

$$(m+a_{33})\ddot{x}_3+b_{33}\dot{x}_3+c_{33}x_3+a_{35}\ddot{x}_5+b_{35}\dot{x}_5+c_{35}x_5=F \tag{4.30}$$

$$(I_y+a_{55})\ddot{x}_5+b_{55}\dot{x}_5+c_{55}x_5+a_{53}\ddot{x}_3+b_{53}\dot{x}_3+c_{53}x_3=M \tag{4.31}$$

式中 x_3,x_5——分别表示船体的垂荡、纵摇幅值;

F——波浪扰动力;

M——波浪扰动力矩;

a_{ij}——附加质量;

b_{ij}——阻尼系数;

c_{ij}——回复系数;

m——船舶排水量;

I_y——沿 y 方向的惯性力矩。

为了得到式中的系数,在 CATIA 软件中建立超级游艇物理模型,导入 AQWA 软件进行波浪力和水动力系数进行计算分析。在 AQWA 软件中,首先对 CATIA 模型进行处理,然后对模型进行网格的划分,设置网格的尺寸范围为 0.15~1 m,得到 3 936 个网格单元。最后设置波浪的频率为 0.05~3 rad/s,航速为 18 kn,计算可得超级游艇在规则波中的水动力系数。其中排水量、纵向惯性矩和回复系数是固定不变的(如表 4.1 所示),其余系数随航速和波浪条件变化,如图 4.8~图 4.19 所示。

表 4.1 超级游艇纵向和垂向运动方程固定参数

参数	单位	值
m	t	1 067
I_y	t·m²	237 306.6
c_{33}	kN/m	4 912
c_{55}	kN/m	−12 265
c_{35}	kN·m/rad	−12 265
c_{53}	kN·m/rad	1 059 541

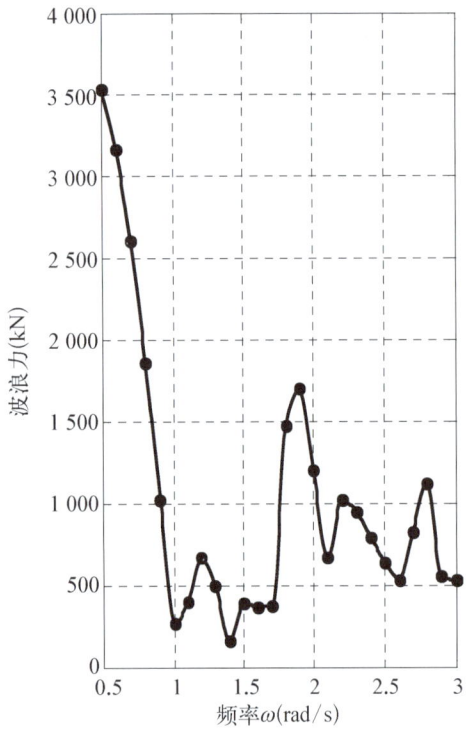

图 4.8 波浪力变化曲线

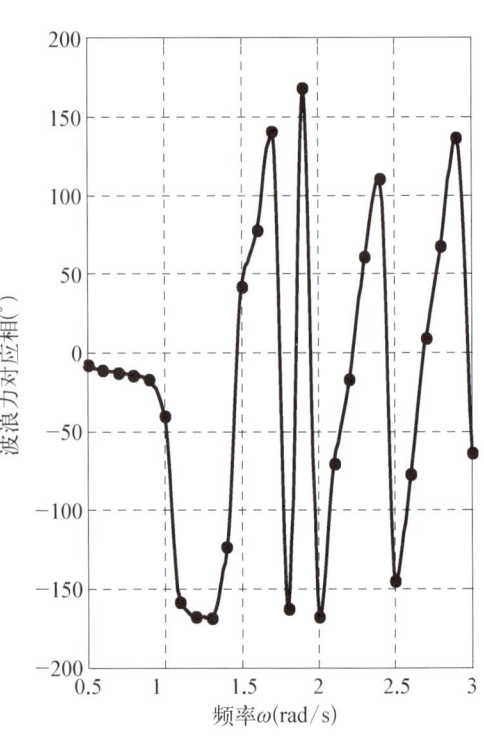

图 4.9 波浪力对应相

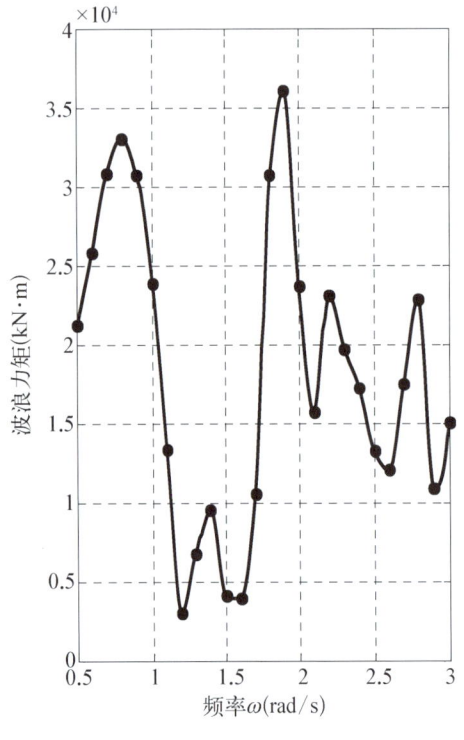

图 4.10 波浪力矩图

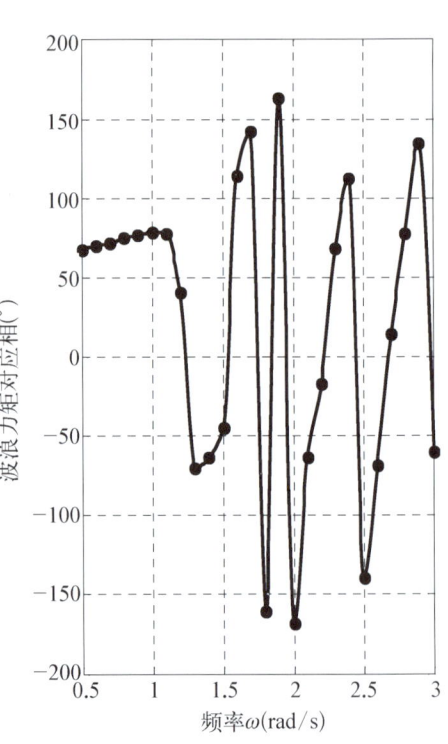

图 4.11 波浪力矩对应相

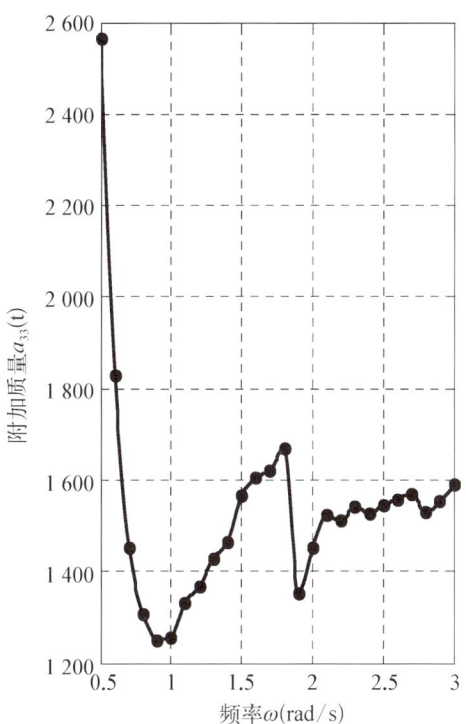

图 4.12 附加质量 a_{33} 频率响应曲线

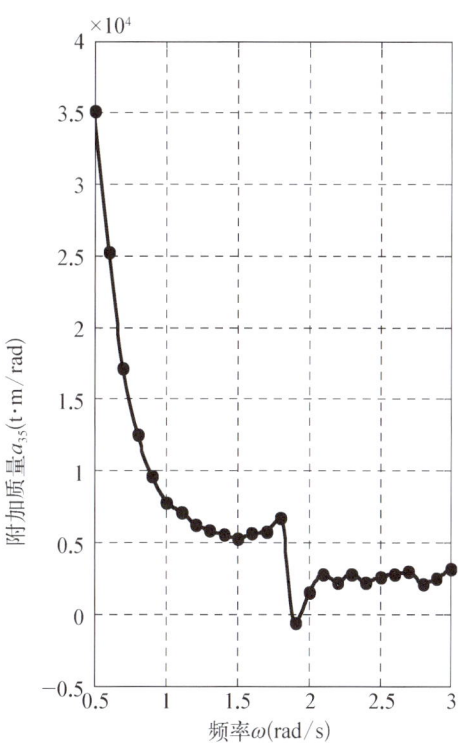

图 4.13 附加质量 a_{35} 频率响应曲线

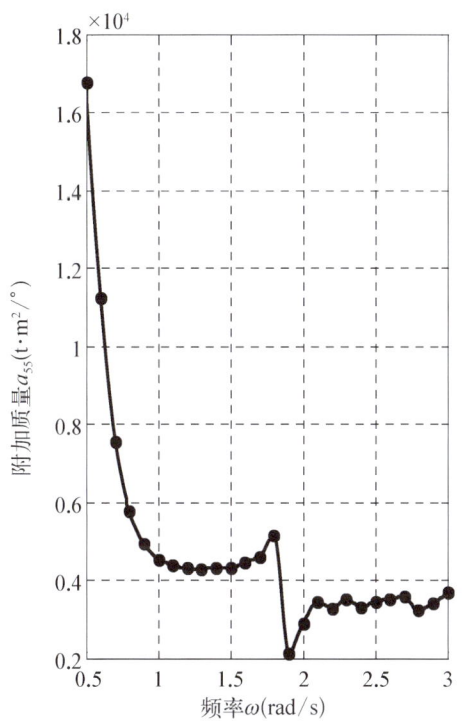

图 4.14 附加质量 a_{55} 频率响应曲线

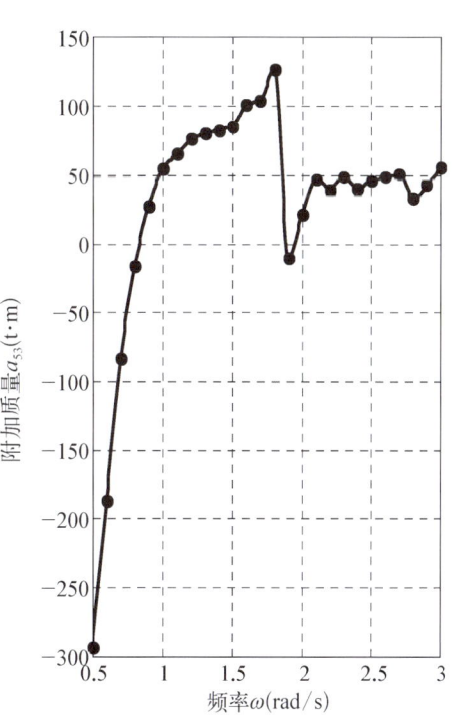

图 4.15 附加质量 a_{53} 频率响应曲线

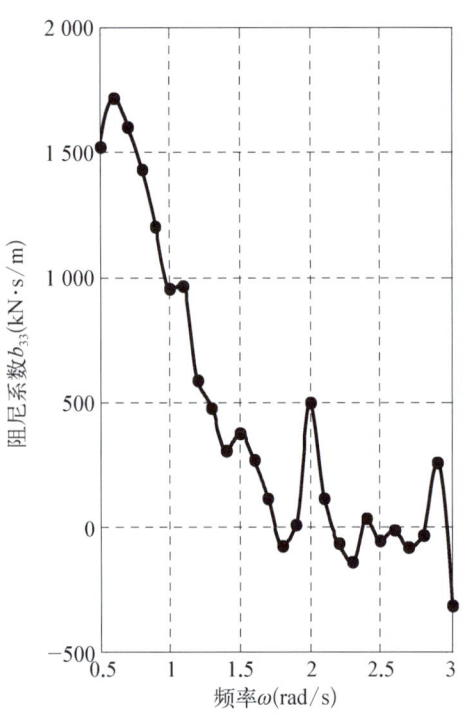

图 4.16 阻尼系数 b_{33} 频率响应曲线

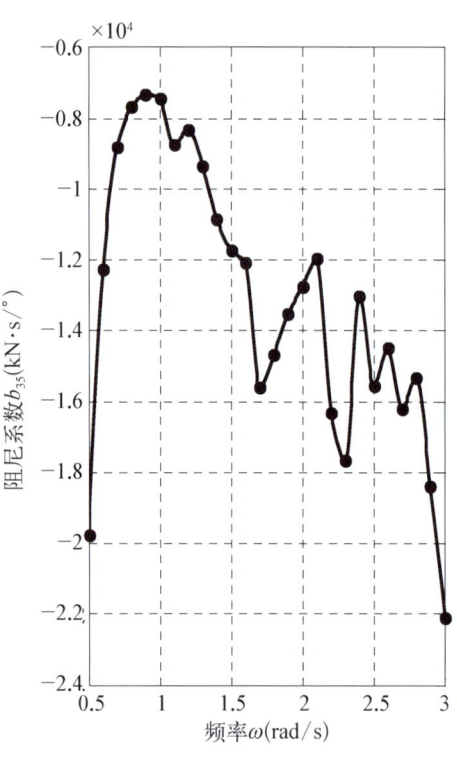

图 4.17 阻尼系数 b_{35} 频率响应曲线

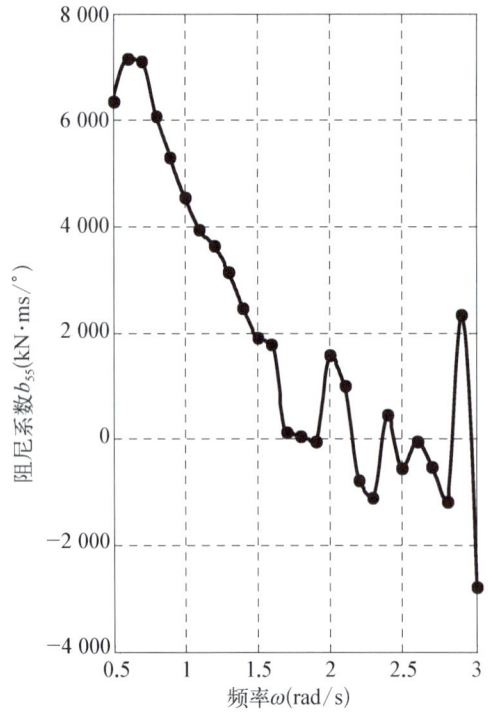

图 4.18 阻尼系数 b_{55} 频率响应曲线

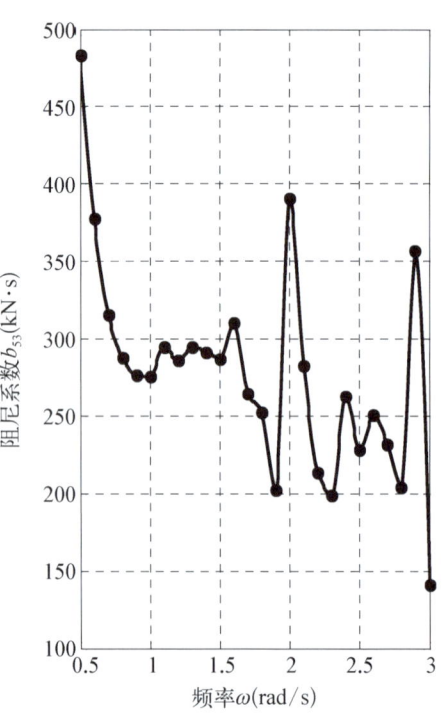

图 4.19 阻尼系数 b_{53} 频率响应曲线

2) 基于 Simulink 的超级游艇纵向和垂向运动控制模型

基于 MATLAB 软件中的 Simulink 模块，建立超级游艇纵向和垂向运动仿真模型如图 4.20 所示，对加装艏鳍和主动控制 T 型翼前后游艇的运动进行模拟仿真。根据上节得到的各个系数，利用 MATLAB 的数据分析功能，得出模型各个模块的数学表达。

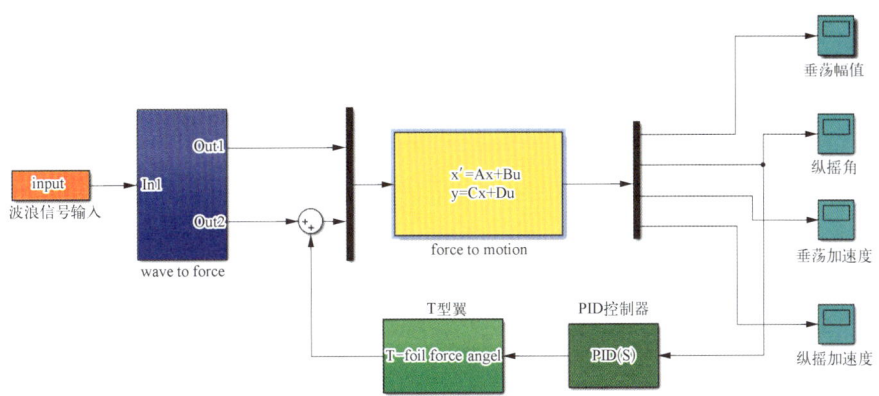

图 4.20 超级游艇纵向和垂向运动仿真模型

(1) wave to force 模块。

MATLAB 提供了功能强大的曲线拟合工具，利用 invfreqs 采用 S 域建模的方法可以对图中的数据进行拟合并转化为随频率变化的信号，可以得到波浪转化到波浪力（引起船舶垂荡）和波浪力矩（引起船舶纵摇）的传递函数（如图 4.21 所示），以四级海况为例，传递函数如式 4.32、式 4.33 所示：

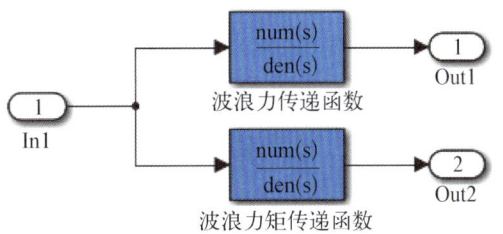

图 4.21 wave to force 子系统模型

$$W2H = 2\,408 \times \frac{s^4 - 3.48s^3 + 24.56s^2 - 16.10s + 58.77}{s^4 + 3.92s^3 + 9.16s^2 + 12.11s + 6.63} \tag{4.32}$$

$$W2P = 66\,180 \times \frac{-s^4 + 5.40s^3 - 10.87s^2 + 35.56s - 15.76}{s^4 + 3.97s^3 + 9.97s^2 + 12.39s + 6.87} \tag{4.33}$$

(2) forces to motion 模块。

Forces to motions 模块是指波浪力和波浪力矩通过状态方程传递到船体引起船体的运动。联立式 4.30、式 4.31 可以得到系统的状态方程：

$$\begin{bmatrix} \dot{\chi}_3 \\ \ddot{\chi}_3 \\ \dot{\chi}_5 \\ \ddot{\chi}_5 \end{bmatrix} = \mathbf{A} \cdot \begin{bmatrix} \chi_3 \\ \dot{\chi}_3 \\ \chi_5 \\ \dot{\chi}_5 \end{bmatrix} + \mathbf{B} \cdot \begin{bmatrix} F \\ M \end{bmatrix} \tag{4.34}$$

$$\begin{bmatrix} \chi_3 \\ \ddot{\chi}_3 \\ \chi_5 \\ \ddot{\chi}_5 \end{bmatrix} = \boldsymbol{C} \cdot \begin{bmatrix} \chi_3 \\ \dot{\chi}_3 \\ \chi_5 \\ \dot{\chi}_5 \end{bmatrix} + \boldsymbol{D} \cdot \begin{bmatrix} F \\ M \end{bmatrix} \tag{4.35}$$

令：

$$\boldsymbol{A} = \begin{bmatrix} 0 & 1 & 0 & 0 \\ \dfrac{a_{35}c_{35}M_5 - c_{33}}{N_3} & \dfrac{a_{35}b_{53}M_5 - b_{33}}{N_3} & \dfrac{a_{35}c_{55}M_5 - c_{35}}{N_3} & \dfrac{a_{35}b_{55}M_5 - b_{35}}{N_3} \\ 0 & 0 & 0 & 1 \\ \dfrac{a_{53}c_{33}M_3 - c_{53}}{N_5} & \dfrac{a_{53}b_{33}M_3 - b_{53}}{N_5} & \dfrac{a_{53}c_{35}M_3 - c_{55}}{N_5} & \dfrac{a_{53}b_{35}M_3 - b_{55}}{N_5} \end{bmatrix} \tag{4.36}$$

$$\boldsymbol{B} = \boldsymbol{D} = \begin{bmatrix} 0 & 0 \\ \dfrac{1}{N_3} & -\dfrac{a_{35}I_Y}{N_3} \\ 0 & 0 \\ -\dfrac{a_{53}M_3}{N_5} & \dfrac{1}{N_5} \end{bmatrix} \tag{4.37}$$

$$\boldsymbol{C} = \begin{bmatrix} 1 & 0 & 0 & 0 \\ \dfrac{a_{35}c_{35}M_5 - c_{33}}{N_3} & \dfrac{a_{35}b_{53}M_5 - b_{33}}{N_3} & \dfrac{a_{35}c_{55}M_5 - c_{35}}{N_3} & \dfrac{a_{35}b_{55}M_5 - b_{35}}{N_3} \\ 0 & 0 & 1 & 0 \\ \dfrac{a_{53}c_{33}M_3 - c_{53}}{N_5} & \dfrac{a_{53}b_{33}M_3 - b_{53}}{N_5} & \dfrac{a_{53}c_{35}M_3 - c_{55}}{N_5} & \dfrac{a_{53}b_{35}M_3 - b_{55}}{N_5} \end{bmatrix} \tag{4.38}$$

式中：

$$M_3 = \frac{1}{m + a_{33}}, \quad N_3 = m + a_{33} - a_{35}a_{53}M_5 \tag{4.39}$$

$$M_5 = \frac{1}{(I_Y + a_{55})}, \quad N_5 = m + a_{55} - a_{53}a_{55}M_3 \tag{4.40}$$

超级游艇在波浪中运动，考虑航速和浪向角，则遭遇频率可通过式 4.41 计算得出：

$$\omega_e = \omega_0 + \frac{\omega_0^2}{g} \times v \times \cos\psi \tag{4.41}$$

其中，ω_e 为船舶遭遇频率；ω_0 为波浪频率；v 为船舶的航行速度；ψ 浪向角。

以四级海况为计算实例，有义波高范围为 1.25～2.5 m，波浪周期约为 7 s，航速为 18 kn，得到遭遇频率为 1.45 rad/s。将此频率下的水动力系数值代入波浪力和波浪力矩到船体运动模型中，得到状态空间参数：

$$\boldsymbol{A} = \begin{bmatrix} 0 & 1 & 0 & 0 \\ -1.7814 & -0.7278 & -5.6834 & -10.1555 \\ 0 & 0 & 0 & 1 \\ 0.0141 & 0.0173 & -2.0066 & -0.7240 \end{bmatrix}$$

$$\boldsymbol{B} = 1.0 \times 10^{-3} \times \begin{bmatrix} 0 & 0 \\ 0.1489 & 0.0011 \\ 0 & 0 \\ -0.0007 & 0.0002 \end{bmatrix}$$

$$\boldsymbol{C} = \begin{bmatrix} 1 & 0 & 0 & 0 \\ -1.7814 & -0.7278 & -5.6834 & -10.1555 \\ 0 & 0 & 1 & 0 \\ 0.0141 & 0.0173 & -2.0066 & -0.7240 \end{bmatrix}$$

$$\boldsymbol{D} = 1.0 \times 10^{-3} \times \begin{bmatrix} 0 & 0 \\ 0.1489 & 0.0011 \\ 0 & 0 \\ -0.0007 & 0.0002 \end{bmatrix}$$

讨论波高的数值仿真，引入两个假设：
① 海浪是充分发展的且其组成的单元波具有等能量；
② 波能谱满足 ITTC 单参数谱。
则有：

$$\xi(t) = \sum_{i=1}^{N} \sqrt{2S_\xi(\omega_i) \cdot \Delta\omega_i} \cos(\omega_{ei}t + \varepsilon_i) \tag{4.42}$$

其中，N 是足够大的整数；ε_i 是随机相位；ω_i 是等能量采样点；ω_{ei} 为遭遇频率。

仿真有义波高为 1 m、2 m、3.2 m，频率范围为 0.3～2.5 rad/s，N 为 45，航速为 18 kn，则波高数值仿真曲线如图 4.22 所示。

将波高曲线作为模拟仿真系统的输入信号，仿真得到超级游艇加装减摇装置前后的纵向和垂向运动特性如图 4.23～图 4.34 所示。

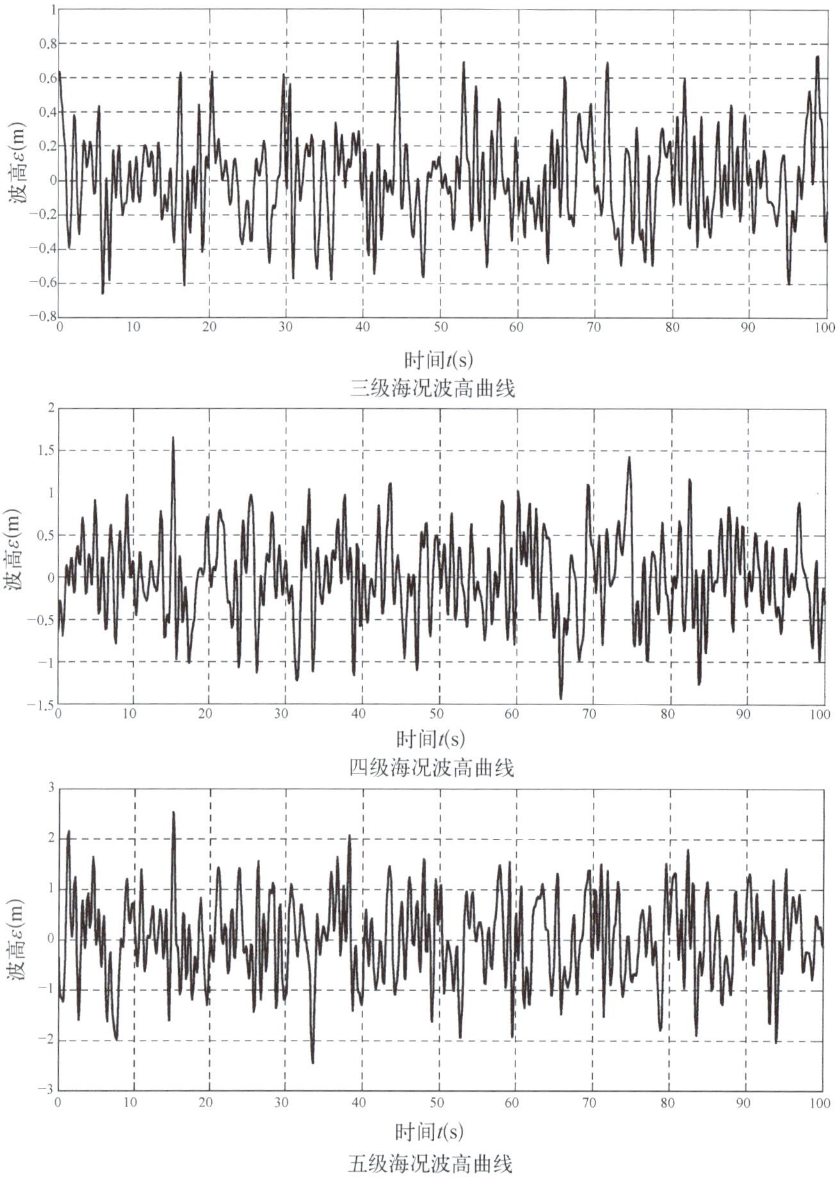

三级海况波高曲线

四级海况波高曲线

五级海况波高曲线

图 4.22　不同海况的波高仿真曲线

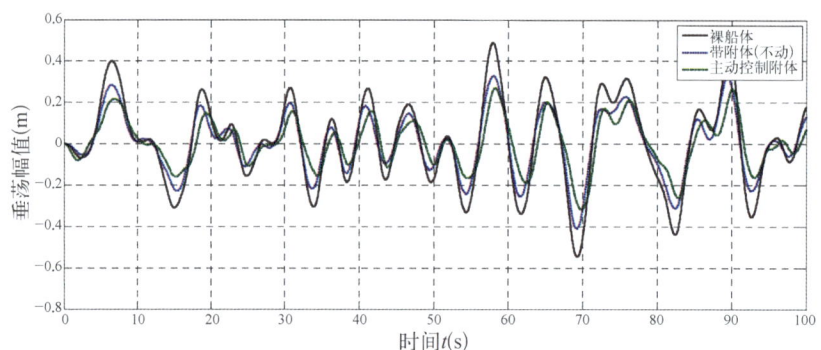

图 4.23　三级海况下超级游艇垂荡幅值曲线

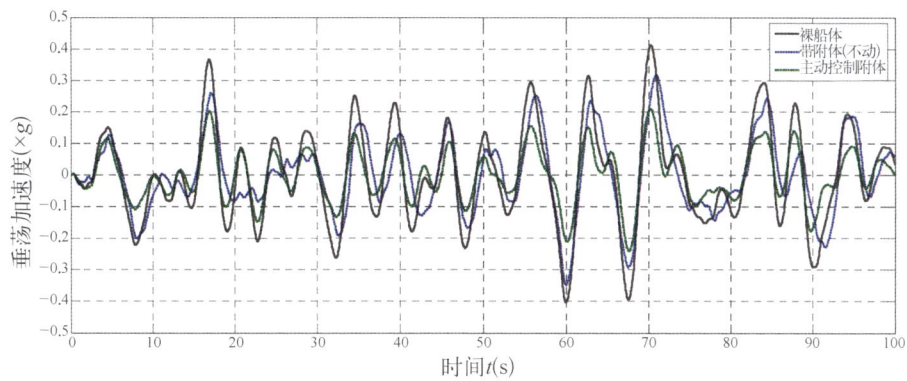

图 4.24　三级海况下超级游艇垂荡加速度曲线

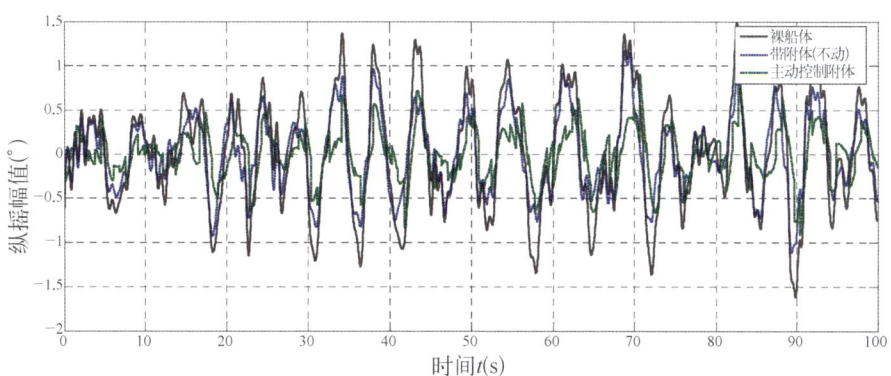

图 4.25　三级海况下超级游艇纵摇幅值曲线

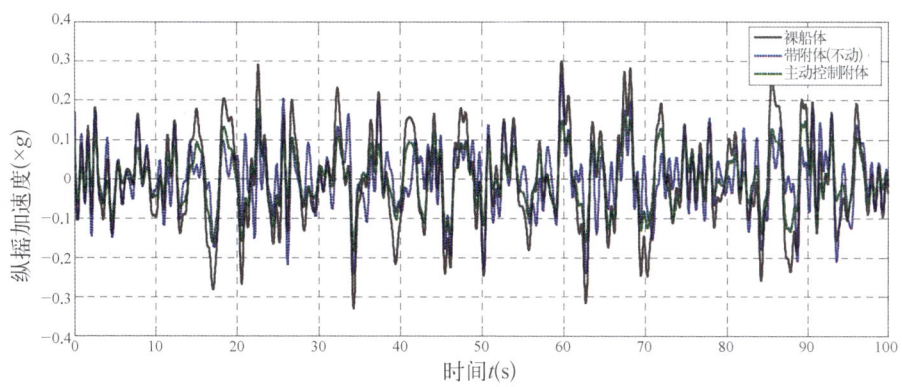

图 4.26　三级海况下超级游艇纵摇加速度曲线

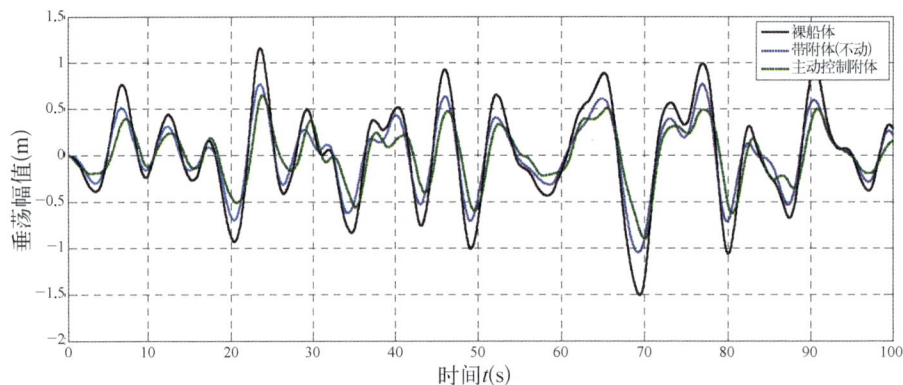

图 4.27　四级海况下超级游艇垂荡幅值曲线

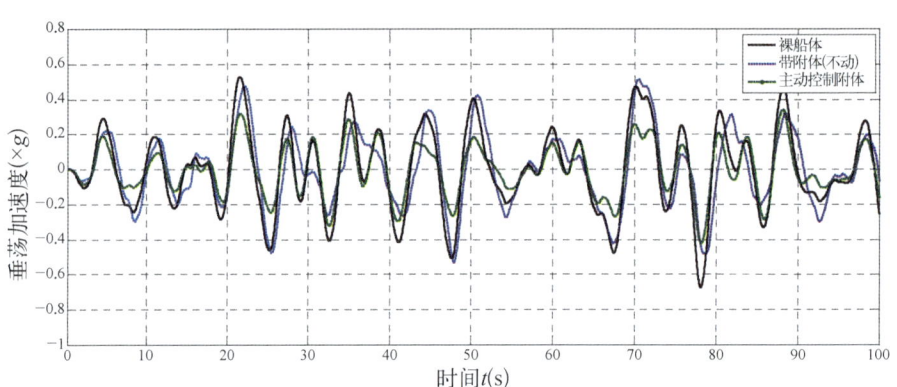

图 4.28　四级海况下超级游艇垂荡加速度曲线

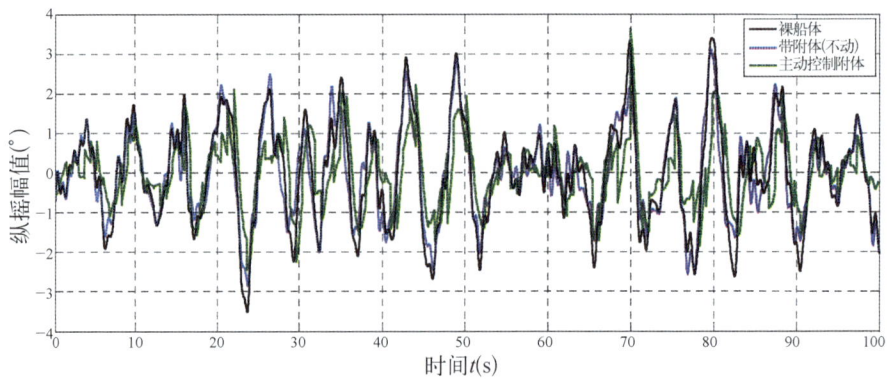

图 4.29　四级海况下超级游艇纵摇幅值曲线

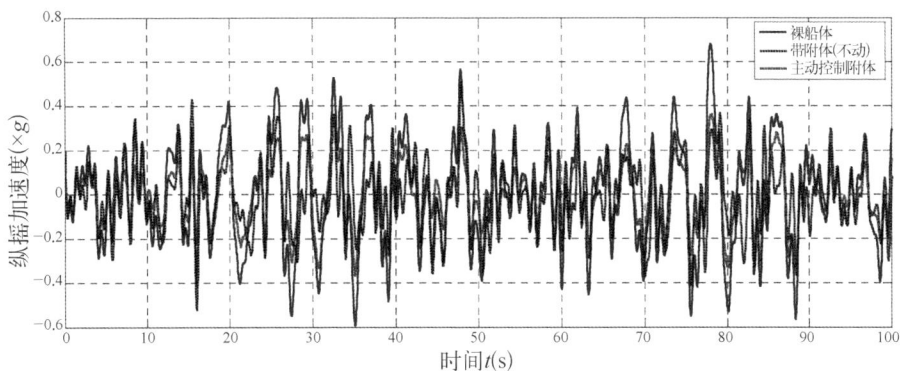

图 4.30 四级海况下超级游艇纵摇加速度曲线

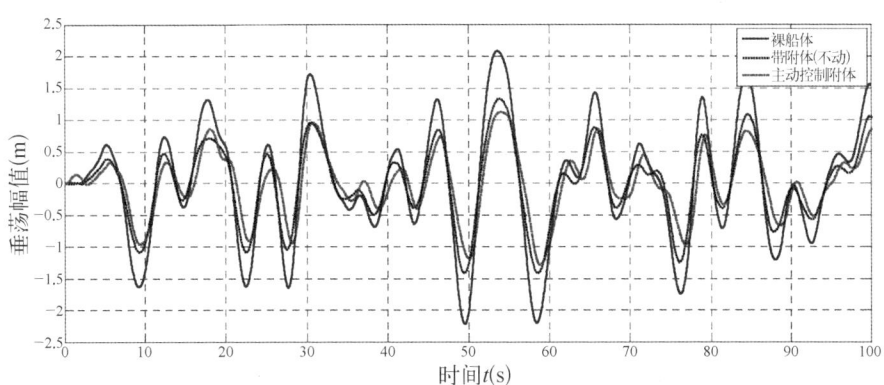

图 4.31 五级海况下超级游艇垂荡幅值曲线

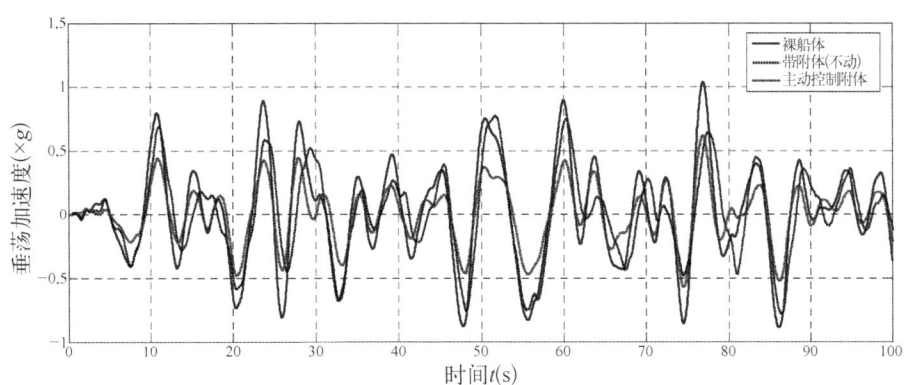

图 4.32 五级海况下超级游艇垂荡加速度曲线

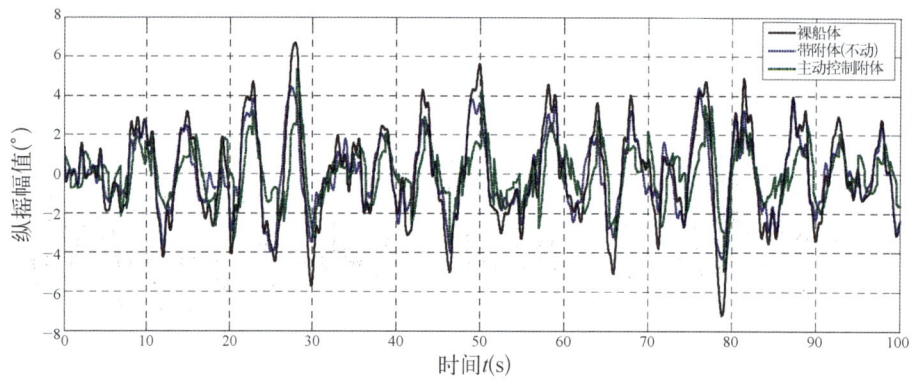

图 4.33　五级海况下超级游艇纵摇幅值曲线

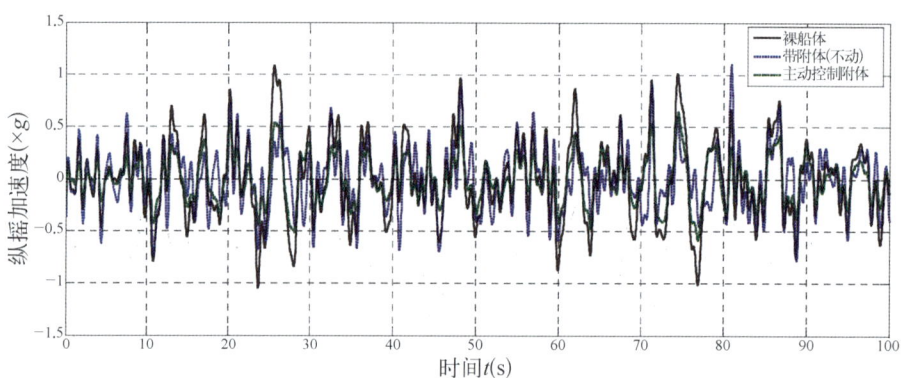

图 4.34　五级海况下超级游艇纵摇加速度曲线

4.3　游艇运动舒适度提升方法

　　超级游艇是一种性能卓越、具有巨大附加价值的高速船舶,随着生活水平的提高,乘客和船员对船舶的舒适性要求也日益增加。船舶舒适度从广义上讲包括很多方面,如个性化装饰配置、光环境、振动和噪声、空间、气味、运动舒适度等。其中,运动舒适度中的运动是指船舶在航行过程风浪的作用下,会产生 6 个自由度的运动:横摇、横荡、首摇、纵摇、升沉、纵荡。这些运动相互耦合,极大影响船舶的运动舒适度。船舶的运动舒适度在船舶设计阶段占有十分重要的地位,特别是超级游艇,运动舒适度是评估其性能优劣的一个重要指标,在游艇设计中如何提升其运动舒适度变得尤为必要。

4.3.1 艇型设计

按照国际标准和国内《游艇入级与建造规范(2012)》,尺寸大于 60 ft(约 24 m)为超级游艇。小型游艇由于排水量相对较小,速度较高,一般处于过渡型艇或滑行艇,其船型一般采用尖舭深 V 型或是折角线型,理论研究表明这类船型在保证高速航行时阻力性能的需要下同时也能够拥有较好的适航性。然而超级游艇尺寸较大,设计有许多功能舱室,空间利用率极高,在艇型选取时常采用圆舭型,圆舭艇能够为满足功能设计提供更大的发挥空间,同时由于尺寸的提升,通过型线的改变对于超级游艇的运动舒适度改善效果不明显,故需要安装合适、高效的减摇附体,圆舭型能够更好地满足附体安装时的布置和结构需求。

4.3.2 减摇装置

船舶是一个庞大的系统,在设计阶段为了均衡所有的航海性能,船舶设计人员会为其量身定制性能较为优越的船型,同时考虑不同船舶的功能性和使用性,针对船型进行单方面的优化。船型被确定之后,船舶本身所具有的航行性能也随之确定,因此优化船型对船舶性能的提升是有一定限度的,对于缓和船舶在波浪中的运动同样如此。这类问题早已引起研究人员的广泛关注,工程师们通过在船体上安装附体或减摇装置的方法来改善船舶的耐波性能,结合长期的工程实践经验,产生了多种有效的减摇方式[12]。目前,在实际船舶应用中得到广泛认可并效果较为理想的有以下几种。

(1) 舭龙骨。

舭龙骨由来已久,早在帆船时代就被当时的人们用来抵御船舶的横摇,直到今天,舭龙骨仍然被广泛应用在各类海洋航行船舶之上。舭龙骨安装极为简单方便,主要是将合适尺寸的板材构件垂直安装在船体舭部外侧。它的工作原理是通过在摇荡过程中对船体附近的流场产生干扰,使船舶的横摇阻尼增大,从而减少船舶横摇。舭龙骨是一种被动式减摇装置,不占用船舶内部使用空间,安装维护成本低,并且不管船舶在何种状态下,其都能发挥减摇效果。舭龙骨的减摇能力一般能达到 20%~25%,是一种性价比极高的减摇装置,故一直沿用至今。

(2) 减摇鳍。

减摇鳍是一种在现代船舶中应用极为广泛且效果优良的减摇装置,它主要由翼型鳍和控制系统组成。翼型鳍一般按机翼型设计,具有较好的流体性能,既能产生较大的升力,又能避免产生过大的阻力。减摇鳍主要是通过鳍上产生的一对升力形成的扶正力矩来抵抗船舶的横摇运动。控制系统主要是控制鳍的转动,使减摇鳍的翼型鳍处于较好的来流角中,以便更好地发挥鳍的效能。

减摇鳍有收放型和非收放型两种主要形式。收放型减摇鳍在海况条件较好的情况下能够将鳍收回放置在船舱之内,从而避免鳍在航行过程产生附加阻力,影响船舶的快速性能;同时在同等情况下,其较非收放式减摇鳍能够产生更大升力,具有更佳的减摇效果,最佳的情况下甚至可以达到 90% 左右。非收放式减摇鳍缺少收放装置,占用的船体空间较少,结构系统较为简单。减摇鳍虽然成本高,但是其优越的性能一直受到船东的追捧,因而,减摇鳍[13]被广泛应用在各类船舶当中,尤其是高性能、高附加值船舶更加不可或缺,如:海洋工程船、军舰、游艇、游轮等。

(3)减摇水舱。

减摇水舱主要是通过控制水舱内水流的流动,使其与船舶的横向运动相差一定的相位,从而达到减摇的效果。一般相位角接近90°时减摇水舱的减摇效果最为明显。由于流体在水舱内流动的周期有限,限制了减摇水舱所适用的海况条件,目前,应用较为广泛的可控式减摇水舱便是被动式水舱的一种改进。减摇水舱安装在船体舱内需要占用较大的船体空间,舱内液体也会增加船体重量,在流动的过程中无可避免地会产生噪声,但是其能够满足船舶各种航速状态的减摇需求,因而减摇水舱在船舶空间充裕的货船、工程船舶上较为多见。

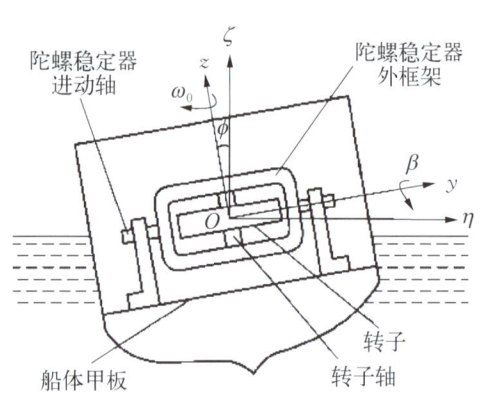

图 4.35 陀螺减摇器的原理结构图

(4)陀螺减摇器。

陀螺减摇器是一种新兴减摇装置,它主要通过陀螺转子高速旋转产生的力矩来减少船舶的横向运动剧烈程度,如图 4.35 所示。经过不断改进和发展,陀螺减摇器的减摇效果如今可以达到 80% 左右,几乎与减摇鳍相当,并因其安装方便、噪声低、无舷外部件并且减摇效果与船舶的航速无关,因而在小型游艇上得到广泛应用。如图 4.36 所示为 Seakeeper 最近投入市场的 M26000 型陀螺减摇器,图 4.37 所示为澳大利亚 SeaGyro 公司设计的陀螺减摇器。

图 4.36 美国 Seakeeper 的陀螺减摇器

图 4.37 澳大利亚 SeaGyro 的陀螺减摇器

综合对比上述各类减摇装置,每种减摇装置都有各自的优缺点和适用船型(如表 4.2 所示),因而在实际船舶减摇装置的选取中需要结合船舶本身的特点全面考量,选择合适的减摇装置。

表 4.2 各类减摇装置特点

类 型	舭龙骨	主动减摇鳍	被动式减摇水舱	可控式减摇水舱	陀螺减摇装置
减摇效果(%)	20～30	80～90	30～55	60	70～80
低速效果	有效	几乎无效	有效	有效	有效
装置重量占排水量(%)	几乎为 0	0.5～0	1～4	1～4	1～2
船舶阻力增加	略有	工作时略有	无	无	无
驱动功率	无	较大	无	无	较小
所占船内空间	无	一般	较大	较小	一般
静稳性损失	无	无	有	有	无
噪声	无	小	有	有	小
造价	低	高	一般	较高	高
维修费	低	一般	低	较低	高
有效的波浪范围	广	广	有限	较广	广
备注	安装工艺简单,性价比高,效果一般	航行时有效,适用于高速船	重量大,效果不充分	功率小,成本低,多用于工程船	效果好,功率低,噪声小,多用于游艇

随着船舶向高速化发展,不仅船舶的横摇运动被国内学者广泛研究,而且纵向运动也越来越引起专家学者的关注。船舶自身的纵摇阻尼相对横摇而言非常大,因而船舶的纵向运动响应较小,同时船舶纵向运动研究较横摇更为复杂,改善船舶纵向运动方法的发展相对缓慢。目前,对改善船舶纵向运动的尝试已越来越多,并且产生了较多的新产品、新技术。

(1) 艏鳍。

艏鳍一般安装在船体首部龙骨下方或被设计在船体支柱上。船首部距离船舶纵摇运动中心较远,具有较大的力臂,较少面积的艏鳍便可提供较大的纵向扶正力矩。但是,船首部在波浪中的运动响应也较大,对艏鳍的结构强度造成很大威胁;同时在艏鳍周围,由于流场的扰动会形成涡,从而导致艏鳍发生振动。因此,艏鳍的减纵摇能力十分依赖艏鳍的形式和尺度。如图 4.38 所示椭圆环形翼式首鳍是艏鳍形式中减摇效果较高、振动较小的一种结构形式。

(2) 半潜首。

半潜首是由日本学者提出的一种减纵摇方式,它一般安装在船艏底部,通常被设计为流线型(图 4.39),以至于在航行过程中不会对船体带来较大的附加阻力。半潜首主要通

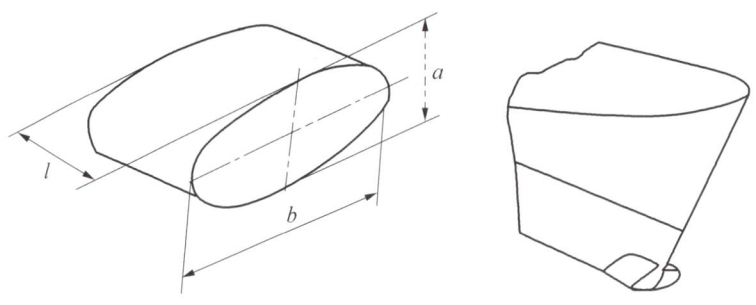

图 4.38 椭圆环形翼式首鳍外形与位置示意图

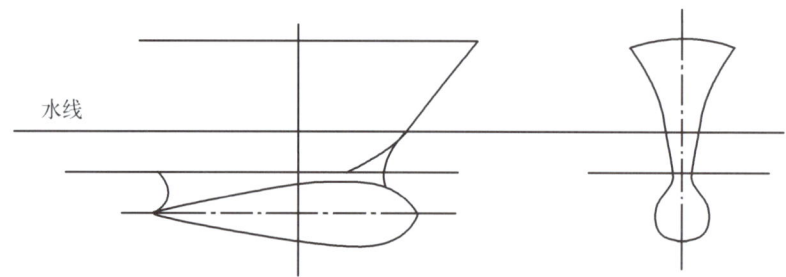

图 4.39 半潜体形式示意图

图 4.40 高速客渡船上安装的 T 型翼

过增加船体的水动力阻尼来提高船舶抵抗其纵向运动的能力,在性能要求较高的军舰上使用较多。

(3) T 型翼。

T 型水翼(图 4.40)主要由支柱和翼型鳍组成。翼型鳍在航行过程产生升力,提供改善纵向运动的力矩,支柱可以使翼型鳍有较大的沉深,避免 T 型翼翼型鳍上发生空泡,使其具有较为良好的工作环境。此外,应用在西班牙一艘高速客渡船上的 T 型翼通过加装控制系统收到了更加突出的减纵摇效果。

(4) 航行姿态控制设备。

航行姿态控制设备是一种新型的减纵摇装备,一般应用在小型艇上,安装在高速船的尾部(图 4.41)。航行姿态控制设备能够全方面地改善船舶的航行性能,对缓和船舶的横向运动、纵倾也有积极作用。

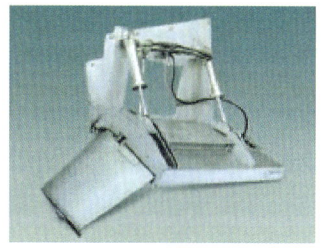

图 4.41　航行姿态控制设备

4.4　超级游艇联合减摇装置选型设计

超级游艇为了满足外观设计和功能设计要求,具有较丰满的上层建筑,初稳性较同吨位的一般船舶高,在波浪中的运动响应更为剧烈,根据各减摇装置在不同类型船上的应用和减摇效果,本书中采用在某超级游艇艇体中部加装主动式减摇鳍,在船首附近加装 T 型翼和水平艏鳍的联合减摇方式来改善超级游艇的运动舒适度,并根据减摇装置[11,14]的选型设计原则和文献资料对联合减摇装置进行初步选型设计。

4.4.1　减摇装置选型设计原则

(1) 翼型参数的选取。

减摇鳍的翼型设计需考虑减摇鳍具有较大的升力、较小的阻力、降低空泡,同时兼顾避碰和使鳍表面的压力分布比较均匀等因素,翼型表面积通过下式进行估算:

$$M_A = \frac{3.5BD}{T^2 v^2} \tag{4.43}$$

式中,D 为排水量;B 为水线面宽度;T 为横摇固有周期;v 为航行速度。

(2) 减摇鳍的定位。

为了充分发挥减摇鳍的减摇效能,需要为其设计合适的安装位置,尽可能地提高减摇鳍的扶正力矩。故通常安装在船中舯部附近,使减摇鳍上的升力具有最大的升力力臂,从而发挥鳍的最大减摇能力。同时,船舶舯部位置水深相对较大,减摇鳍受到空泡效应的影响较小。减摇鳍的定位示意如图 4.42 所示。

(3) 减摇鳍的容量。

减摇鳍的容量是衡量减摇鳍能力的一个常用指标,表示安装减摇鳍后,船舶相应波倾

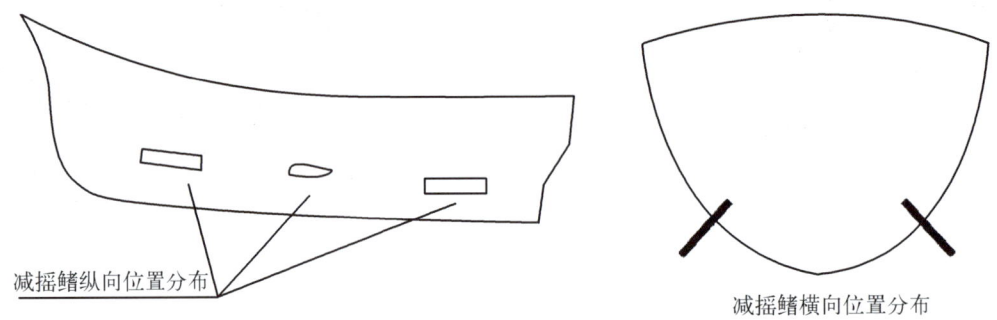

图 4.42 减摇鳍定位示意图

角的减小量,记为 $\phi_s(°)$。对于舒适度要求较高的船舶,减摇鳍的容量也越大,一般大于 5°。波倾角公式为:

$$\phi_s = \frac{m_f \times 57.3}{Dh} \tag{4.44}$$

其中,鳍所产生的横摇力矩为:

$$m_f = 2F_L r_f = C_L(\alpha)\rho v^2 A_f r_f \tag{4.45}$$

减摇鳍翼型上所产生的升力为:

$$F_L = \frac{1}{2}\rho A_f v^2 C_L \tag{4.46}$$

鳍的升力系数可由下式估算:

$$C_L = \frac{2\pi\lambda}{2+\sqrt{4+\lambda^2}}\alpha_f \tag{4.47}$$

以上各式中,D 为船舶排水量;v 为船舶航速;h 为初稳性高;A_f 为鳍的面积;r_f 为鳍中心到重心的距离;λ 为展弦比;α_f 为鳍角。

对于船舶的减纵摇技术和方法,国内外研究都尚处于尝试阶段,并没有形成特定的设计标准,一般根据船型的不同,减纵摇装置的组合形式、设计尺度都会有很大的改变。根据已有的研究资料和上节的分析,本书选取水平舯鳍和 T 型翼的联合减摇装置来改善超级游艇的纵向运动。

4.4.2 联合减摇装置选型设计和布置

超级游艇排水量 $D=1\,067\,\text{t}$,设计航速 $v=18\,\text{kn}$,初稳性高 $h=0.94\,\text{m}$,水线面宽度 $B=11.4\,\text{m}$,周期 $T=8.7\,\text{s}$,展弦比 $\lambda=2$。按式 4.7 计算得翼型表面积为 $1.73\,\text{m}^2$,考虑工艺和安装要求,取为 $2\,\text{m}^2$,考虑超级游艇的总布置,则初步设计的减摇鳍形式与布置如

表 4.3 所示,艏鳍和 T 型翼的布置方案分别如表 4.4、表 4.5 所示。艏鳍形式示意图如图 4.43 所示,T 型翼形式示意图如图 4.44 所示,超级游艇运动舒适度保障装置总体布置示意图如图 4.45 所示。

表 4.3 减摇鳍的形式与布置

减摇鳍方案	截面形式	平均弦长(m)	展长(m)	距基线(m)	距船中(m)	旋转角度(°)
参数	NACA4412	1	2	1.0	−2.698	±25

表 4.4 艏鳍形式与布置方案

艏鳍方案	截面形式	弦长(根部)(m)	弦长(顶部)(m)	展长(最大)(m)	占水线面投影面积(%)	距基线(m)
参数	NACA0012	2.0	0.5	0.5	0.24%	2.66

表 4.5 T 型翼形式与布置方案

T 型翼方案	翼板剖面	弦长(m)	展长(m)	支柱(m)	支柱剖面	距 20 站(m)	旋转角度(°)
参数	NACA2412	1/1.25	1.5	1.5	NACA0018	4.125	±15

图 4.43 艏鳍侧视示意图和俯视示意图

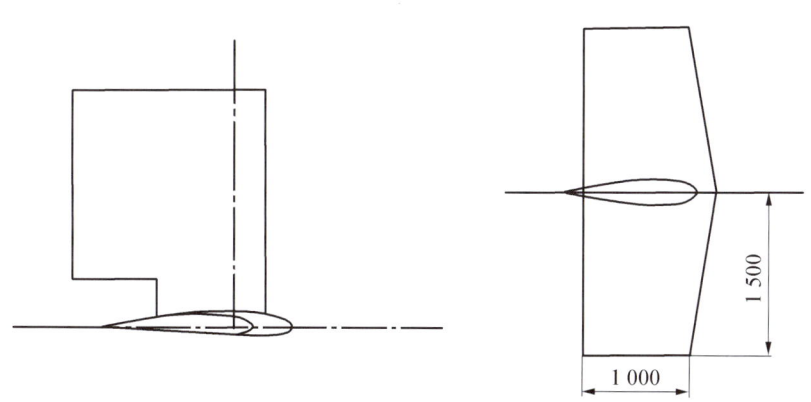

图 4.44 T 型翼形式示意图

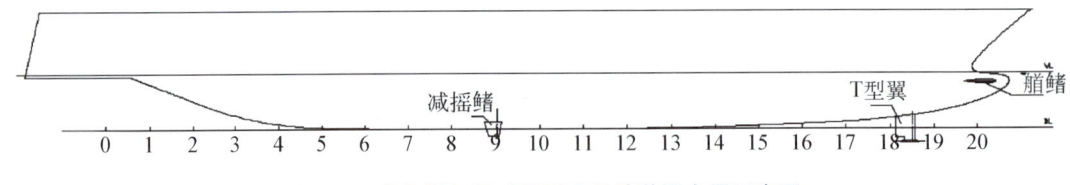

图 4.45　超级游艇运动舒适度保障装置布置示意图

按式 4.44～式 4.47 校核减摇鳍的鳍容量，计算得减摇鳍的容量为 7.2°＞5°，初步设计的减摇鳍满足超级游艇的舒适度要求，之后将进行具体验证。

4.5　评估基于模糊模式识别的超级游艇运动舒适度综合评估

船舶耐波性的研究主要集中在以下三个方面：船舶耐波性预报的合理性和适用性；船舶耐波性能的全面评估方法；船舶耐波性能的改善措施。长期以来，研究人员可以通过理论计算或模型、实船试验所得到的某些运动响应的有义值、船舶的适航性、结构安全性等方面的统计值来作为判断船舶耐波性能优劣的依据，并且没有统一的评价标准，这些方法为船舶耐波性能的判断提供了数值上的量化，仅能反应运动响应的局部特征和船舶某一个方面运动情况，无法全面衡量航行船舶的耐波性能。对于超级游艇而言，其主要功能是为船东和艇上的乘客提供高端、舒适的游艇体验，故超级游艇的运动舒适度在其耐波性能中要求更为突出。然而，超级游艇运动舒适度受多个因素影响，同时运动舒适度的优劣程度本身也是个模糊的概念，因而仅仅由各个影响因素的量值无法全面反映超级游艇的综合运动舒适度。本书将应用模糊数学的理论，结合超级游艇的特性及相关衡准，建立超级游艇运动舒适度综合评估方法[15]。

4.5.1　模糊模式识别的基本思想

模糊数学理论起源于 L. A. 扎德教授于 1965 年所发表的长篇连载论著《The Concept of a Linguistic Variable & Its Application to Approximate Reasoning》，经过约 50 年的发展，现在已被广泛应用到各个领域，几乎涵盖任何学科，渗透到人们生活中的各个方面。例如，信息科学中的图像识别和信号处理，控制工程中的智能控制，医学、社会学和哲学等领域等，模糊数学都能起到不可忽视的作用。

模糊数学的提出开拓了人们认识世界的思维，创立了一种描述日常生活中无法精确形容事物的方法，与计算数学相互补充，丰富了人们的认知。人们对计算数学的概念很熟悉，也能灵活应用。例如，描述一个桌子的特性，可以通过量取桌子的高、长、宽甚至称取桌子的重量,这些特性都有一个共同的特征就是可以通过具体的数字或量来描述,并且有统一的认识标准,人们可以很快接受和理解桌子的特性。但是桌子的另外一些特性,计算数学便显得无能为力,比如桌子的新旧程度(崭新、较新、旧、破烂不堪等)、颜色(深红、红、浅红等)等这些无法用具体数值描述的特性便是模糊问题。很显然,这些桌子的模糊特性与人的主观意识紧密相关,不同的人对同一事物同一特性给出的判断答案可能不一样,此外,对于模糊特性的判断也没有统一的标准。因而,对事物的认识同样也离不开模糊数学[16]。

模糊数学[17,18]为人们研究不确定性问题提供了一条新思路、新道路,是现代数学发展的一个新的方向。自从诞生,经过短短几十年的发展,模糊数学已引起科研人员的广泛兴趣,在各个领域发挥着它蕴涵的无穷潜力。

1) 模糊集合和隶属度函数

客观事物具有很多特性,人们在认识事物的过程中,会对每一个特性定义一个概念。人们通常用集合来描述这个概念,在经典数学中,描述事物的集合称为清晰集合,清晰集合表示某一具体对象是否从属与这个概念,只有符合与不符合这两种选取,即 $u \in A$ 或是 $u \notin A$(u 为具体对象,A 为概念的集合)。然而,在日常生活中,存在许多问题不能确定描述,无法准确判断对象对于某个概念的从属关系,表现为对象并非绝对属于或绝对不属于这个概念。对于这个概念而言,没有明确的标准和界限来对其定义,这种概念便是模糊概念,它所对应的集合即为模糊集合,模糊集合中的元素可能并不绝对包含于模糊集合。

模糊集合的定义与经典数学中的集合定义类似,论域 U 上某一给定模糊子集 A,即为给定由论域 U 到区间[0,1]的一个映射:

$$\mu_A : U \to [0,1]$$
$$u \mapsto \mu_A(u) \in [0,1]$$

映射 μ_A 将任一 $u \in U$ 对应着一个确定的值 $\mu_A(u) \in [0,1]$,值 $\mu_A(u)$ 叫作 u 对模糊子集 A 的隶属度,映射 μ_A 叫作 u 对模糊子集 A 的隶属函数。

常用的表示模糊集合方法有以下三种。

(1) Zadeh 表示法:

$$A = \frac{A(u_1)}{u_1} + \frac{A(u_2)}{u_2} + \cdots + \frac{A(u_n)}{u_n} \tag{4.48}$$

(2) 序偶表示法:

$$A = \{(u_1, A(u_1)), (u_2, A(u_2)), \cdots, (u_n, A(u_n))\} \tag{4.49}$$

(3) 向量表示法:

$$A = (A(u_1), A(u_2), \cdots, A(u_n)) \tag{4.50}$$

若论域 U 上为可列集 $U = \{u_1, u_2, \cdots, u_n, \cdots\}$,则 U 上的模糊子集为:

$$A = \sum_{i=1}^{\infty} \frac{A(u_i)}{u_i} \tag{4.51}$$

2）隶属函数的确定

在实际中遇到的模糊现象都是由于对客观事物的描述概念外延导致没有确切的界限所引起的。某个对象是否符合满足模糊集合的从属条件所呈现的模糊性，表明对象与模糊集合间没有绝对的排中关系，模糊集合论以寻求对象与模糊概念间的广义隶属规律为目的，对概念的模糊性进行研究。通常论域 U 上的模糊子集 A 可以表述为 $U \rightarrow [0,1]$ 的函数，故处理模糊现象的关键是确定隶属函数 $A(u)$。由于模糊现象的不确定性，导致隶属函数的确定必然会包含人的主观意识，反映人对客观事物的主观认识和主观判断；但是，客观事物本身特性又限制了概念的外延界限，使得隶属函数的确定过程也受客观因素的影响。因此，要使隶属函数全面反映客观事物的本质，需要兼顾隶属度函数确定过程的主观性和客观性。

国内外的研究工作者根据不同需要提出不同隶属函数建立方法，常用的方法有以下几种。

（1）Delphi 法。

如果模糊集反映的是某个时间段内的个别意识、经验和判断，例如，某专家对某项技术的实用性的评估；那么对这类问题可采用 Delphi 法。

（2）模糊统计法。

如果模糊集反映的是社会的普遍意识，是大量的可重复表达的个别意识的平均结果，例如效果优良、经济发展平稳、工作正常等；则可以通过模糊统计法来确定模糊集的隶属度函数。模糊统计法借用了概率统计思想，主要通过模糊试验来求取不同元素对于模糊集的隶属度，模糊试验有四个主要要素：

① 论域 U，所论问题的范围；

② U 中的一个确定元素；

③ 普通集合 A^* 在论语 U 中随机变动，并与模糊集 A 相关，确定集合 A^* 过程就是对模糊集 A 的模糊概念进行确切划分；

④ 条件集 C，它制约着 A^* 的变动。

与概率统计法不同，在每次试验中元素 u_0 是固定不变的，而普通集合 A^* 是随机变动的，在模糊统计法中，每次试验完成之后，都要对 u_0 是否属于 A 作出确切判断，因此，通过模糊统计法得到的隶属度计算公式为：

$$A(u_0) = \lim_{n \rightarrow +\infty} \frac{f_n}{n} \tag{4.52}$$

式中，f_n 表示元素 u_0 对模糊集 A 的隶属频率；n 为试验次数。

在模糊数学中，定义论域为实数域的隶属函数为模糊分布；在实际应用中，常用的模糊分布的形式有以下几种形式。

① S 函数（偏大型隶属函数）。

$$S(x;a,b)=\begin{cases} 0 & x \leqslant a \\ 2\left(\dfrac{x-a}{b-a}\right)^2 & a < x \leqslant \dfrac{a+b}{2} \\ 1-2\left(\dfrac{x-b}{b-a}\right)^2 & \dfrac{a+b}{2} < x \leqslant b \\ 1 & b < x \end{cases} \quad (4.53)$$

通过 S 函数定义的模糊集隶属函数,通常描述的是模糊集中的模糊现象偏向大的一方,比如形容"灯光亮""优秀""舒适"以及重量的"沉"等均可用 S 函数来表达。

② Z 函数(偏小型隶属函数)。

$$Z(x;a,b)=\begin{cases} 1 & x \leqslant a \\ 1-2\left(\dfrac{x-a}{b-a}\right)^2 & a < x \leqslant \dfrac{a+b}{2} \\ 2\left(\dfrac{x-b}{b-a}\right)^2 & \dfrac{a+b}{2} < x \leqslant b \\ 0 & b < x \end{cases} \quad (4.54)$$

通过 Z 函数定义的模糊集隶属函数,通常描述的是模糊集中的模糊现象偏向小的一方,比如形容"灯光暗""差""恶心"以及重量的"轻"等均可用 Z 函数来表达。

③ π 函数(中间型隶属函数)

$$\pi(x;a,b)=\begin{cases} S(x;b-a,b) & x \leqslant b \\ Z(x;a,b+a) & x > b \end{cases} \quad (4.55)$$

通过 π 函数定义的模糊集隶属函数,通常描述的是模糊集中的模糊现象接近于中间,比如形容"亮度适中""平均""一般"等均可用 Π 函数来表达。

(3) 因素加权综合法。

在实际中,有时会遇到更为复杂的模糊集合,这类模糊集合包含多个影响因素,各个因素之间相互联系、相互制约;同时,每个因素也不是一个确定概念,也是一个模糊集。此种情况的论域集可通过 n 个因素的 Descartes 乘积来表示,即为:

$$U = U_1 \times U_2 \times \cdots \times U_n \quad (4.56)$$

若 $A(U)$ 是由 $A_1(U_1), A_2(U_1), \cdots, A_n(U_n)$ 累加而成,则:

$$A(u) = \sum_{i=1}^{n} \delta_i A_i(u_i) \quad (4.57)$$

3) 模糊模式识别

模糊模式识别在模糊集合论中有着极为广泛的应用和研究,通过模糊模式识别可以对具有模糊性的客观事物进行识别和归类。它的基本思想为根据实践中某一研究对象或产品的主要质量品质因素及特征按某些准则进行模式识别及聚类分析。最常见的判别准则为三个最大隶属度准则。

(1) 最大隶属度准则Ⅰ。

设论域 $F(U)$ 上有 n 个模糊子集 $A_1, A_2, A_3, \cdots, A_n$ 构成一个标准模型库,对任一 $x_0 \in U$,有 $i_0 \in \{1, 2, 3, \cdots, n\}$,使得:

$$A_i(x_0) = \sup\{A_1(x_0), A_2(x_0), A_3(x_0), \cdots, A_n(x_0)\} \tag{4.58}$$

则认为 x_0 相对隶属于 A_i。

(2) 最大隶属度准则Ⅱ。

设论域 $U = \{x_1, x_2, x_3, \cdots, x_n\}$ 上有一个标准模型 A,$x_1, x_2, x_3, \cdots, x_n \in U$ 为待识别对象,如果存在某个 x_k,$k \in \{1, 2, 3, \cdots, n\}$,满足:

$$A(x_k) = \sup\{A(x_1), A(x_2), A(x_3), \cdots, A(x_n)\} \tag{4.59}$$

则 x_k 隶属于 A,应该优选 x_k。

(3) 最大隶属度准则Ⅲ。

设 $A_1, A_2, A_3, \cdots, A_n$ 为 n 个标准模型,其中 $A_i = (A_{i1}, A_{i2}, A_{i3}, \cdots, A_{im})$,$x^* = (x_1^*, x_2^*, x_3^*, \cdots, x_m^*)$ 为普通向量,若存在 $i \in \{1, 2, 3, \cdots, n\}$,使得:

$$A_i(x^*) = \max\{A_1(x^*), A_2(x^*), A_3(x^*), \cdots, A_n(x^*)\} \tag{4.60}$$

则认为 $x^* = (x_1^*, x_2^*, x_3^*, \cdots, x_m^*)$ 相对隶属于 A_i。

最大隶属度准则Ⅰ是模糊模式识别中最为常见和简单易操作的判别准则。

4.5.2 超级游艇运动舒适度衡准指标模糊化分析

船舶舒适性是指船舶在风浪中航行,在船舶的运动响应、船体振动和噪声的共同作用下,船上乘员的生理和心理感受,通常包括人体对环境的触觉、听觉和视觉等主观感受的综合体现。超级游艇的娱乐、休闲、公务等功能使其区别于一般作为运输工具的高速船和旅游客船,前者舒适性能要求更为严格,因此超级游艇的运动舒适度是评估其性能优劣的一个重要方面。国内外在对超级游艇运动舒适度的评定还没有统一的标准,但运动舒适度的问题来源于船舶耐波性,故在本书的研究中,通过对现有的船舶耐波性衡准进行研究,结合超级游艇的特殊要求,寻求合适的超级游艇运动舒适度衡准指标。

船舶耐波性衡准的问题由来已久,由于影响船舶耐波性的因素繁多(船舶的功能和任务不同、船舶上乘员本身的身体素质各不相同、船型各不相同等),耐波性的衡准也没有统一的标准,因此难以对某一船舶的耐波性能作出全面综合的评估。当前,研究人员在对船舶的耐波性进行衡准时,通常从以下几个方面考虑。

(1) 安全性。

风浪与船体相互作用,产生的拍击力和激振力会使船舶上构件发生应力集中或失稳,从而破坏船体结构的完整性;风浪使船舶发生剧烈的运动响应,过大的摇荡幅值会使船舶的稳定丧失而发生倾覆。

(2) 功能使用性。

风浪通过对船体作用,从而对船舶上的紧密仪器设备造成损害,使其无法正常工作,威胁船舶的航海性能和降低船舶完成任务的能力。

(3) 适居性。

船舶是个庞大的系统,拥有数目众多的机械设备,需要船员对其进行操纵,船舶过大的摇晃运动会使船员的工作效率下降,给船舶的安全航行造成威胁,若是客船,还会导致乘客发生晕船反应,影响船舶的适居性。

结合以上的因素,国内外不同研究机构和学者对耐波性衡准提出了不同的衡准因素和衡准值。国内具有代表性是中国船舶科学研究中心提出的耐波性衡准如表4.6 所示。

表 4.6 中国船舶科学研究中心耐波性衡准

编号	耐波性要素	衡准值
1	单幅有义纵摇(°)	4.8
2	单幅有义横摇(°)	16
3	晕船率(2 h 内)(%)	30
4	有义垂向加速度($\times g$)	0.4
5	100 次振荡中出现的砰击次数(次)	3
6	每分钟甲板上浪次数(次)	0.5
7	每分钟螺旋桨出水次数(25%桨叶)(次)	0.5

北欧合作研究计划对商船、军船及高速小艇的耐波性进行了全面考察,提出的耐波性衡准如表4.7 所示;同时根据船员工作种类及船舶类型的不同,适居性要求也存在差异,提出了如表4.8 所示的适居性衡准。

表 4.7 北欧合作研究计划耐波性衡准

衡准因素	商船	军船	高速小艇
垂向加速度均方根值			
首垂向处($\times g$)	0.05~0.275	0.275	0.65
桥楼处($\times g$)	0.15	0.20	0.275
垂向加速度均方根值			
桥楼处($\times g$)	0.12	0.1	0.1
横摇均方根值(°)	6.0	4.0	4.0
砰击临界概率	0.01~0.03	0.03	0.03
甲板淹湿临界概率	0.05	0.05	0.05

表 4.8　北欧合作研究计划适居性耐波性衡准

衡准因素	衡准值1	衡准值2	衡准值3	衡准值4	衡准值5	衡准值6
垂向加速度($\times g$)	0.275	0.20	0.15	0.10	0.05	0.02
横向加速度($\times g$)	0.10	0.10	0.07	0.05	0.04	0.03
横摇角(°)	6.0	6.0	4.0	3.0	2.5	2.0
适宜的范围	简单轻工作	轻手工工作	重手工工作	脑力工作	客运	油船

现有的船舶耐波性设计主要是考虑风浪中航行时，船舶的性能不会损失过于严重，例如，螺旋桨飞车造成的失速对船舶快速性造成的不利影响，甲板上浪对船舶结构安全等性能的影响，而对于一般非客船的船舶，船舶的适居性关心的比较少。本书鉴于超级游艇的功能使用性，故将乘员的舒适性作为主要考虑因素，进而对超级游艇的运动舒适度进行综合评估。对于游艇上所需的合适的游艇生活、娱乐和工作环境，主要有两种运动特性会对其造成影响，即运动幅值和加速度。在超级游艇运动舒适度的评估中，主要将运动幅值和加速度作为衡准因素进行综合考虑。

船舶运动加速度主要分为线加速度和角加速度，人的前庭系统对加速度尤为敏感，稍微强烈的刺激就会导致乘客发生晕船反应，船舶的纵摇和垂荡运动会在船舶的船尾或船尾产生较大的加速度，是造成乘客晕船的主要方面。加速度会使乘员对游艇的体验造成极为不利的影响，从而影响游艇的功能性。

横摇幅值主要影响船上乘员的运动能力，经过长期的经验统计得到，不同的横摇幅值对乘员的影响也存在很大的差异：若横摇幅值处在0°~4°的范围内，则乘员不会产生很大的反应，几乎不受影响；如横摇幅值处在4°~10°范围内，则乘员的运动能力会明显下降；若横摇幅值在10°以上，则会严重影响乘员在船上的生活，吃饭、睡觉甚至在船上走动都会有很大障碍。纵摇角和垂荡幅值过大会使船舶发生剧烈砰击，引起船体的激烈振动和较大的噪声，对船舶的运动舒适度造成恶劣影响。

综上所述，影响超级游艇运动舒适度的衡准因素主要有：横摇幅值、纵摇幅值、垂荡幅值、垂荡加速度、纵摇加速度。

超级游艇运动舒适度优劣是个模糊的概念，没有明确统一的标准和规范对其进行划分和区别，而影响其运动舒适度的各衡准因素的水平高低也是模糊的。利用现有的精确数学的理论难以达到好的效果，而模糊数学现代方法对于此类问题的解决提供了有效工具。利用模糊数学的思想可以对超级游艇运动舒适度衡准因素的量值进行模糊化分析。

超级游艇运动舒适度衡准因素的量值都局部反映了运动舒适度的优劣，主要研究五个衡准因素：横摇幅值、纵摇幅值、垂荡幅值、垂荡加速度、纵摇加速度。由于诸衡准因素的量值集为模糊集，进行模糊化分析，首先用 FR、FP、FV、FPA、FVA 分别表示上述五个衡准因素的模糊集合，并按各衡准因素量值从小到大，分为五个评语集，分别为优秀、良好、一般、较差、差，结合超级游艇的特点及功能要求通过模糊统计法指派相应模糊集的模糊分布，即隶属函数。

1) 横摇幅值模糊子集 FR 及其隶属函数 $\mu_{FR}(\phi)$ 的确定

将横摇幅值对超级游艇运动舒适度的影响划分为一个模糊子集,用 FR 表示。根据上文的各类耐波性衡准,同时考虑超级游艇对舒适性的苛刻要求,由指派法确定模糊子集 FR 的隶属函数为 $\mu_{FR}(\phi)$:

$$\mu_{FR}(\phi) = \begin{cases} 1.0 & 0 \leqslant \phi \leqslant 3 \\ 1.0 - \dfrac{\phi-3}{15} & 3 \leqslant \phi \leqslant 6 \\ 0.8 - \dfrac{\phi-6}{20} & 6 \leqslant \phi \leqslant 10 \\ 0.6 - \dfrac{\phi-10}{10} & 10 \leqslant \phi \leqslant 16 \\ 0 & \phi \geqslant 16 \end{cases} \quad (4.61)$$

式中,ϕ 为横摇运动幅值(°)。

2) 纵摇幅值模糊子集 FP 及其隶属函数 $\mu_{FP}(\theta)$ 的确定

将纵摇幅值对超级游艇运动舒适度的影响划分为一个模糊子集,用 FP 表示。由指派法确定模糊子集 FP 的隶属函数为 $\mu_{FR}(\theta)$:

$$\mu_{FP}(\theta) = \begin{cases} 1.0 & 0 \leqslant \theta \leqslant 2 \\ 1.0 - \dfrac{\theta-2}{5} & 2 \leqslant \theta \leqslant 3 \\ 0.8 - \dfrac{\theta-3}{10} & 3 \leqslant \theta \leqslant 5 \\ 0.6 - \dfrac{3 \times (\theta-5)}{5} & 5 \leqslant \theta \leqslant 6 \\ 0 & \theta \geqslant 6 \end{cases} \quad (4.62)$$

式中,θ 为纵摇运动幅值(°)。

3) 垂荡幅值模糊子集 FV 及其隶属函数 $\mu_{FV}(h)$ 的确定

将垂荡幅值对超级游艇运动舒适度的影响划分为一个模糊子集,用 FV 表示。用无因次量 h 表示垂荡幅值(用 $|Z|$ 表示)与平均干舷高度(用 f 表示)的比值,即 $h = |Z|/f$。通常情况下,当 $h \leqslant 0.8$,不会产生甲板上浪及船体露底现象,反映出此时对超级游艇运动舒适度的影响处于温和的状态;当 $1.0 \leqslant h \leqslant 1.2$ 时,会产生水花在某一瞬间飞溅到局部甲板的现象,此时垂荡幅值对运动舒适度的影响开始向不利的方面转折;当 $h \geqslant 1.2$ 后,则会引起甲板大量上浪,而 $h \geqslant 1.6$ 后,超级游艇在海浪中的运动极为剧烈,经常出没于波浪中,甚至可能产生倾覆。因此可由模糊统计法确定模糊子集 V 的隶属函数为 $\mu_{FV}(h)$:

$$\mu_{FV}(h) = \begin{cases} 1.0 & 0 \leqslant h \leqslant 0.4 \\ 1.0 - \dfrac{h-0.4}{2} & 0.4 \leqslant h \leqslant 0.8 \\ 0.8 - \dfrac{h-0.8}{2} & 0.8 \leqslant h \leqslant 1.2 \\ 0.6 - \dfrac{3\times(h-1.2)}{2} & 1.2 \leqslant h \leqslant 1.6 \\ 0 & h \geqslant 1.6 \end{cases} \quad (4.63)$$

4）垂荡加速度模糊子集 FVA 及其隶属函数 $\mu_{FVA}(\ddot{Z})$ 的确定

垂荡运动产生的垂荡加速度一般在船首部最大，在前文的运动舒适度衡准因素分析中介绍了人体的感受与加速度之间联系，故对加速度的值都给出了限制。将垂荡加速度量值也划分为一个模糊子集，用 FVA 表示，其隶属函数 $\mu_{FVA}(\ddot{Z})$ 为：

$$\mu_{FVA}(\ddot{Z}) = \begin{cases} 1.0 & 0 \leqslant \ddot{Z} \leqslant 0.15 \\ 1.0 - \dfrac{\ddot{Z}-0.15}{0.75} & 0.15 \leqslant \ddot{Z} \leqslant 0.3 \\ 0.8 - \dfrac{\ddot{Z}-0.3}{0.5} & 0.3 \leqslant \ddot{Z} \leqslant 0.4 \\ 0.6 - 3\times(\ddot{Z}-0.4) & 0.4 \leqslant \ddot{Z} \leqslant 0.6 \\ 0 & \ddot{Z} \geqslant 0.6 \end{cases} \quad (4.64)$$

式中，$\ddot{Z}$ 表示垂荡加速度值（$\times g$）。

5）纵摇加速度模糊子集 FPA 及其隶属函数 $\mu_{FPA}(\ddot{\theta})$ 的确定

将纵摇加速度量值划分为一个模糊子集，用 FPA 表示，纵摇和垂荡运动相互耦合，都会对垂向运动加速度产生影响，故纵摇加速度跟垂荡加速度具有类似的加速度量值限制，通过指派法给出其隶属函数 $\mu_{FPA}(\ddot{\theta})$ 为：

$$\mu_{FPA}(\ddot{\theta}) = \begin{cases} 1.0 & 0 \leqslant \ddot{\theta} \leqslant 0.15 \\ 1.0 - \dfrac{\ddot{\theta}-0.15}{0.75} & 0.15 \leqslant \ddot{\theta} \leqslant 0.3 \\ 0.8 - \dfrac{\ddot{\theta}-0.3}{0.5} & 0.3 \leqslant \ddot{\theta} \leqslant 0.4 \\ 0.6 - 3\times(\ddot{\theta}-0.4) & 0.4 \leqslant \ddot{\theta} \leqslant 0.6 \\ 0 & \ddot{\theta} \geqslant 0.6 \end{cases} \quad (4.65)$$

式中，$\ddot{\theta}$ 表示纵摇加速度值（$\times g$）。

对影响超级游艇运动舒适度的衡准因素量值进行模糊化分析，分别构筑了模糊集，并结合船舶的耐波性衡准和超级游艇的功能性特点，为相应衡准因素建立了相应的隶属函数，为超级游艇运动舒适度综合评估方法的建立提供前期准备。

4.5.3 超级游艇运动舒适度综合评估模糊化分析

超级游艇运动舒适度各衡准因素的量值大小虽然能反映其运动舒适度的优劣程度,但仅仅只反映了局部特征,而超级游艇运动舒适度是一个综合概念,需要一个指标量,它能综合反映各衡准因素对运动舒适度的影响程度,即权重关系。因此,提出超级游艇运动舒适度"综合隶属度"(用 J 表示)这个指标来反映对运动舒适度的综合评估。

"综合隶属度" J 为影响超级游艇运动舒适度的衡准因素隶属度的加权平均值:

$$J = \frac{1}{\gamma_N}[\gamma_1\mu_1 + \gamma_2\mu_2 + \cdots + \gamma_n\mu_n] \tag{4.66}$$

式中: $\gamma_N = \gamma_1 + \gamma_2 + \cdots + \gamma_n$; γ_1, γ_2, $\cdots$, γ_n 为 n 个影响运动舒适度衡准因素隶属度的加权系数,反映了诸衡准因素对运动舒适度的优劣程度的影响及关注程度, μ_1, μ_2, $\cdots$, μ_n 为 n 个衡准因素的隶属度。

对于超级游艇而言,在给定的五个衡准因素(横摇幅值、纵摇幅值、垂荡幅值、垂荡加速度、纵摇加速度)中,横摇幅值、纵摇幅值、垂荡加速度、纵摇加速度对超级游艇上的乘员的舒适性产生直接影响,过大的量值直接导致超级游艇乘员工作效率、生活质量的下降,而垂荡幅值的影响主要是波浪对船体发生作用,产生砰击进而对乘员的舒适性造成影响。因此按关注程度,取 $\gamma_{FR} = \gamma_{FP} = \gamma_{FVA} = \gamma_{FPA} = 1$, $\gamma_{FV} = 0.8$,超级游艇运动舒适度综合隶属度可以表示为:

$$J = \frac{1}{\gamma_N}[\gamma_{FR}\mu_{FR} + \gamma_{FP}\mu_{FP} + \gamma_{FV}\mu_{FV} + \gamma_{FPA}\mu_{FPA} + \gamma_{FVA}\mu_{FVA}] \tag{4.67}$$

式中, $\gamma_N = 4.8$,代入各衡准因素隶属度的权重系数可得:

$$J = \frac{1}{4.8} \times (\mu_{FR} + \mu_{FP} + 0.8\mu_{FV} + \mu_{FPA} + \mu_{FVA}) \tag{4.68}$$

综合隶属度 J 能够综合反映超级游艇运动舒适度优劣程度。然而,运动舒适度优劣程度这概念本身也是一个模糊概念,故综合隶属度 J 也为一个模糊集,可以采用模糊数学中模糊模式识别来评定运动舒适度的优劣。同样地,综合隶属度 J 满足模糊集的基本要求,其值域为 $U = [0, 1]$,将其分为五个评语集,即模糊集 $RA = $"优秀", $RB = $"良好", $RC = $"一般", $RD = $"较差", $RE = $"差"。通过模糊统计法指派相应评语模糊集 RA, RB, RC, RD, RE 的隶属函数为:

$$RA(J) = \begin{cases} 0 & 0 \leqslant J \leqslant 0.8 \\ \dfrac{J - 0.8}{0.1} & 0.8 \leqslant J \leqslant 0.9 \\ 1.0 & J \geqslant 0.9 \end{cases} \tag{4.69}$$

$$RB(J) = \begin{cases} 0 & 0 \leqslant J \leqslant 0.65 \\ \dfrac{J-0.65}{0.1} & 0.65 \leqslant J \leqslant 0.75 \\ 1.0 & 0.75 \leqslant J \leqslant 0.85 \\ \dfrac{0.95-J}{0.1} & 0.85 \leqslant J \leqslant 0.95 \\ 0 & J \geqslant 0.95 \end{cases} \tag{4.70}$$

$$RC(J) = \begin{cases} 0 & 0 \leqslant J \leqslant 0.45 \\ \dfrac{J-0.45}{0.1} & 0.45 \leqslant J \leqslant 0.55 \\ 1.0 & 0.55 \leqslant J \leqslant 0.65 \\ \dfrac{0.75-J}{0.1} & 0.65 \leqslant J \leqslant 0.75 \\ 0 & J \geqslant 0.75 \end{cases} \tag{4.71}$$

$$RD(J) = \begin{cases} 0 & 0 \leqslant J \leqslant 0.3 \\ \dfrac{J-0.3}{0.1} & 0.3 \leqslant J \leqslant 0.4 \\ 1.0 & 0.4 \leqslant J \leqslant 0.5 \\ \dfrac{0.6-J}{0.1} & 0.5 \leqslant J \leqslant 0.6 \\ 0 & J \geqslant 0.6 \end{cases} \tag{4.72}$$

$$RE(J) = \begin{cases} 1.0 & 0 \leqslant J \leqslant 0.3 \\ \dfrac{0.4-J}{0.1} & 0.3 \leqslant J \leqslant 0.4 \\ 0 & J \geqslant 0.4 \end{cases} \tag{4.73}$$

根据综合隶属度 J 五个评语集的隶属函数，按照最大隶属度准则Ⅰ来进行模糊模式识别与决策，从而对超级游艇的运动舒适度进行综合评估。

4.6 本章小结

本章探讨超级游艇运动舒适度保障装置选型设计和其运动舒适度的综合评估问题，结合超级游艇的艇型特点，对其运动舒适度保障装置进行了选型设计，并基于模糊数学提出了超级游艇运动舒适度综合评估方法,结合仿真模拟和模型试验计算各衡准因素的隶属度,综合评估加装运动舒适度保障装置前后超级游艇航区海况下的运动舒适度的优劣程度,验证了运动舒适度保障装置的效能和综合评估方法的可行性。

参考文献

[1] 李积德. 船舶耐波性[M]. 哈尔滨:哈尔滨工程大学出版社,2007.
[2] 吴秀恒. 船舶操纵性与耐波性(第二版)[M]. 北京:人民交通出版社,1999.
[3] 林容宇. 从顾客需求看游艇市场变化[N]. 海南日报. 2014.3.31(A06).
[4] 张运华,陶永宏. 游艇市场分析(之一)——国外游艇产业发展现状[J]. 中外船舶科技,2010(4):27-30.
[5] 陶永宏,张运华. 游艇市场分析(之二)——我国游艇产业发展现状[J]. 中外船舶科技,2011(1):28-33.
[6] 浩然. 佳艇至尚 豪艇之家[J]. 航海,2013(2):80-81.
[7] 杨奕. 船舶运动预报方法研究[D]. 哈尔滨:哈尔滨工程大学,2005.
[8] 彭秀艳,赵希人,魏纳新,等. 大型舰船姿态运动极短期预报的一种 AR 算法[J]. 船舶工程,2001(5):5-7.
[9] 唐振远. 船舶纵向运动的理论预报与研究[D]. 武汉:华中科技大学,2012.
[10] 魏跃峰. 多体船纵向运动预报研究[D]. 哈尔滨:哈尔滨工程大学,2006.
[11] 邹蔚龙,彭侠夫,叶和龙. 基于船舶运动控制的 Matlab 仿真[J]. 计算机技术与发展,2008,18(2):184-186.
[12] 洪超,陈莹霞. 船舶减摇技术现状及发展趋势[J]. 船舶工程,2012(s2):236-244.
[13] 何乃智,刘乐景. 浅谈船舶减摇鳍的配置[J]. 天津航海,2007(3):5.
[14] 杨强. 三体船适配 T 型翼设计研究[D]. 哈尔滨:哈尔滨工程大学,2012.
[15] 吴丽萍. 模糊综合评价方法及其应用研究[D]. 太原:太原理工大学,2006.
[16] 李安贵,张志宏,孟艳,等. 模糊数学及其应用[M]. 北京:冶金工业出版社,2006.
[17] 李鸿吉. 模糊数学基础及实用算法[M]. 北京:科学出版社,2005.
[18] 段宝彬. 综合评价的模糊数学方法研究[D]. 南京:河海大学,2005.

游艇舒适度原理与设计

第5章　游艇振动舒适度

游艇的振动舒适性是一个含义复杂的概念,它的涉及面十分广泛,与游艇本身的振动水平、人体、心理和环境都有关系,其定义可以归结为人与环境之间在生理、物理和心理方面相互协调的一种令人愉悦的状态。外界例如风、波浪等客观环境因素,会对人的舒适性产生影响,但这些客观环境因素的影响并不是直接的,而是通过游艇这一介质转化为振动、噪声和耐波性等影响因素后得以体现[1]。本章将从振动方面入手研究游艇的舒适性,这与国外船级社对游艇舒适性的要求一致,如美国和意大利船级社均从振动和噪声的角度对游艇舒适性进行评价。

5.1 游艇振动源分析

5.1.1 游艇振动的基本特征

游艇作为一个复杂的振动系统,在外界的激励下会产生振动,当外界的激振源频率与艇体的固有频率相近时,就会引发共振。振动不但会影响游艇上休闲娱乐,而且使艇上人员出现晕船现象,甚至造成艇体结构破损,影响设备的正常运行。开展游艇的振动特性研究,对提高游艇的振动噪声方面(舒适性)和结构优化设计有着非常重要的意义。

通常将艇体振动分为总振动与局部振动两大类。总振动是指将艇体视为一个整体的游艇总体振动;局部振动是指组成游艇的各个局部结构构件或部件的振动,如梁、板、板架、桅杆、螺旋桨、轴包架、轴支架等的振动。实际上,这两类振动往往是同时存在且互相耦合的,但在一定条件下,可不考虑两者的耦合而单独进行分析[2]。

艇体振动与其他振动一样,按不同的受力情况,可分为自由振动和强迫振动两种。游艇振动所受到的力有激振力、弹性恢复力、惯性力和阻尼力。阻尼力的数值相对较微小,对低频振动的主振动形式与频率影响不大,故可当作无阻尼振动考虑。高谐调阻尼影响扩大,需考虑阻尼的影响。特别在共振时,不论谐调高低,阻尼力有减小动力放大因数的作用,因而必须予以计算。艇体所受的激振力有周期性和非周期性两种。周期性激振力(如由主机或螺旋桨引起的激振力)能使艇体产生周期性的振动,通常称为稳态振动。非周期性激振力也能使艇体产生振动,但其振动性质不稳定,如游艇在不规则波浪中的振动,由于波浪外力的随机性质,其振动规律不能用简单的函数来表示,只能用概率和统计的方法来描述,这种在任何未来时刻表征振动物理量的瞬时值不能预先精确地加以判断的非周期性的持续振动称为随机振动。

通常的减振设计主要考虑的是稳态振动。假如激振力的频率与艇体振动的某一固有频率相等时,游艇将发生共振,艇体总振动的阻尼与振动频率有关,频率越高,阻尼越大。要避免艇体发生共振,低阶共振时要设法将激振力频率与艇体固有频率错开,高阶共振时要设法减小激振力幅值。因为低阶共振幅值大,因此应特别注意避免低阶共振。当艇体总振动振幅较大时,会影响艇上设备、仪表的正常工作,并影响乘员的舒适性。此外,激振力可能同时激起各个谐调的固有振动。

5.1.2 主要激励及相关预报公式

引起游艇产生振动的主要原因是螺旋桨和主机运转时所引起的周期性的激振力,也是艇体振动的主要振源。其他如发电机、电动机、空气压缩机和各种泵等机械设备也会产生一些激振力,会引起局部结构的振动。随着游艇吨位、主机功率的不断增加,产生的周期性激振力也随之增加;高强度钢的采用,使船体结构刚度下降,船体振动可能变得更强烈。这些都使得船体的振动成为人们越来越关切的问题之一。

艇体产生振动过大的原因可归纳为下述三个方面[3]:一是设计问题,如主机选择,游艇主尺度,螺旋桨与艇体、附属体间隙以及与尾部线型的配合,艇体结构尺寸、布置和结构的连续性等;二是建造质量问题,如螺旋桨制造质量差,轴线不对中,结构连续性被破坏,焊接残余应力与初挠度等;三是营运时航行条件及操作管理水平的影响,如轴系变形,螺旋桨受损,主机各缸燃烧不均匀,更换机、桨不当和个别结构机件磨损、松动等。

1) **螺旋桨激振力**[4]

螺旋桨工作时所引起的激振力与螺旋桨的形状参数、船体(包括附属体)后体线型和航速有关。可分为两类:一类是轴频激振力,即螺旋桨的激振频率等于桨轴转速的一阶激振力,它是由螺旋桨的机械不平衡引起的;另一类则是激振频率等于桨轴转速 n 乘以桨叶数 z 或桨叶数倍数的高阶激振力,称为叶频激振力或倍叶频激振力,它是由螺旋桨在不均匀流场中工作引起的。

(1) 机械不平衡引起的激振力。

机械不平衡引起的激振力又分为机械静力不平衡,机械动力不平衡及水动力不平衡。

① 静力不平衡。

螺旋桨制造的原因,如加工不准确、材料不均匀、桨叶形状不同等,都会引起各桨叶重量不等,而使螺旋桨重心不在回转轴上,形成静力不平衡。当螺旋桨转动时,会产生一个频率等于桨轴转速的周期性离心力 F,对螺旋桨形成弯曲力矩,引起船体振动。目前,在螺旋桨加工时,都要进行静力平衡校正,以尽可能消除静力不平衡。通常螺旋桨都能满足这一要求,但内河船尤其是一些小厂制造的螺旋桨精度较差,其离心力可能很大;此外,船舶在浅区或浅水中航行时,螺旋桨易受冰块或卵石撞击,使桨叶被打断、卷边等;在湖区则桨叶易受水草缠附,这都使螺旋桨的静力平衡受到破坏,激起船体剧烈的一阶(轴频)振动。所以在航行中的船舶,若突然出现一阶振动时,常常是螺旋桨受损的重要征兆。

② 动力不平衡。

螺旋桨的重心虽在回转轴上,但由于各桨叶在轴线方向略有错开,而使各桨叶的重心不在同一盘面内,转动时各叶离心力形成轴频不平衡力矩,使桨轴产生弯曲振动,并传递给船体。为了确保不使这种振动过大,需进行动平衡校验。只有当螺旋桨转速高时,动力不平衡的影响才显著,故目前仅对快艇螺旋桨进行动力平衡试验。

以上螺旋桨的静力平衡和动力平衡统称为螺旋桨的机械平衡。

③ 水动力不平衡。

由于螺旋桨制造的误差,各桨叶的几何要素不相同,就会产生水动力不平衡的情况。此时,作用在每一桨叶上的推力 T 和阻力 R 不同,产生总推力不与桨轴线重合而略有偏心,这样就将形成一个频率等于桨轴转速且使桨轴弯曲的力矩。同时,阻力合力也不等于零,也将形成一个频率等于桨轴转速,且作用于桨轴的一阶周期激振力。这些都通过轴系和轴承传给船体引起船体的横振动和扭转振动。

综上可知,螺旋桨激起的一阶振动主要和桨叶制造质量有关。提高螺旋桨制造的精度,可使其一阶激振力或力矩降到最低程度。如果这种激振力的频率与船体的固有频率同步时,就可能产生严重的振动。

(2) 流场的不均匀引起的叶频振动。

叶频激振力与螺旋桨的制造质量无关,这种力可分为两类:一是螺旋桨转动时经水传至船体表面的脉动水压力,称为螺旋桨脉动压力,其沿船体表面的积分值(合力)称为表面力;二是螺旋桨在船后工作时,由于伴流在周向分布的不均匀性,使作用在桨叶上的流体力发生变化而引起的激振力,因它通过桨轴和轴承作用于船体,故称为轴承力。

① 表面力。

螺旋桨脉动压力的产生主要是因为:一是螺旋桨在水中工作时,水流流过桨叶的流场发生了变化,使得螺旋桨叶面的压力比叶背的压力高,这个压力差又使水流在叶梢处形成螺旋涡系,涡旋扰动着周围的流场,使螺旋桨附近水中各点的压力呈周期性时大时小的变化,这样便对压力场内的尾部底板及舵叶等其他结构产生周期性脉动压力,而涡旋强度与螺旋桨的载荷(推力和扭矩)有关,所以这一部分脉动压力常称为载荷效应;二是螺旋桨桨叶具有厚度,在流场中运动时,流场中某一点 P 处的压力将随着桨叶接近和远离该点发生周期性变化,从而使该流场中各点受到脉动压力,这种效应称为叶厚效应。

影响脉动压力大小的主要因素是螺旋桨叶梢与尾壳板的间隙大小及螺旋桨的叶数。增大梢隙,脉动压力会明显减小,但增大到一定程度时,脉动压力值的变化很小。增加螺旋桨的叶数,脉动压力也会下降。螺旋桨脉动水压力主要作用在螺旋桨正上方的外板,面积约为螺旋桨直径的平方。在其上的不同部位,脉动压力的大小及方向均不相同。最大压力的纵向位置是螺旋桨盘面往船首偏离约 0.1 倍的螺旋桨直径处。横向则呈对称变化。

② 轴承力。

由于船后流场的不均匀性,螺旋桨工作时,通过桨叶的水流速度的大小和方向不同,因此,在任一瞬间各叶的攻角不同,桨叶上产生的推力和旋转阻力也不相等。由于推力合力的中心不通过桨轴,因此将产生周期性的脉动推力和水平垂向弯矩。故轴承力有三个脉动分力和三个脉动力矩,统称六个分力。这些周期性变化的推力、转矩(即扭矩)及侧向力和弯矩,会分别引起轴系、船体和上层建筑的纵向振动、轴系和动力装置的扭转振动以及轴系和船体的横向振动。

单桨船的轴承力比双桨船普遍较大。推力最大波动出现在四叶桨船上,达平均推力的 16%～23%,弯矩的最大波动出现在五叶桨船上,垂向弯矩的最大波动为平均扭矩的 40%～60%,而水平弯矩的波动为 15%～25%。双桨船表面力较单桨船大,最大者出现在三桨船上,达平均推力的 11%～16%。

③ 伴流和空泡对叶频激振力的影响。

由于水的黏性、船体的兴波作用和运动等原因,使船体周围的一部分水流伴随着船体一起运动,这部分水流我们称之为伴流。在船的尾部形成不均匀的三向伴流场,当螺旋桨在船后不均匀伴流中工作时,随着转速加大,螺旋桨还可能产生空泡。空泡是桨叶表面上的水分子压力降低到该温度下水的汽化压力(饱和蒸汽压力)以下时,水中逸出的蒸汽和其他气体而形成的气泡。空泡包括:梢涡空泡——由叶尖绕流形成的漩涡产生;泡状空泡——叶背负压低于饱和蒸汽压力时产生;片状空泡——在桨外半径部分导边附近产生,成膜片状,攻角增大时易产生;云雾空泡——桨叶在不均匀流场中处于非定常工况下工作时所特有的空泡。

空泡对轴承力影响不大,但对表面力的影响却很大。定常空泡(主要指叶梢片空泡)对表面力的影响,可按脉动的空泡层而引起叶片厚度变化这样一种叶厚效应来处理。对于非定常的变空泡,螺旋桨在不均匀流场中周期地进入高低伴流区,空泡时而产生时而溃灭,且溃灭的时间很短,使脉动压力力幅变化很大,其幅值可较无空泡时成倍或几十倍增加。由于非定常部分所诱导的压力远大于其他因素诱导的压力,特别在空泡体积变化最剧烈时所诱导的高幅值压力波,在水中以声速向四方传播,因此基本上是同时到达船体表面各个点,与船体表面脉动压力趋于同相位,自然表面力值急剧增加。这时脉动压力的分布也发生变化:在纵向,峰值向后移动,空泡数目越小,峰值越在盘面之后,这是由于脉动片空泡越来越长,并在桨后崩溃所致;在横向呈明显不对称,压力峰偏向桨叶离开高伴流区的一边,这是由于空泡在离开高伴流区时迅速崩溃所致。

鉴于目前对湍流和空泡的掌握并不彻底,理论计算又太过复杂并不适合工程实际,经验预报方法以其简单快捷的优势在螺旋桨脉动压力预报中占有了一席之地,多用于设计的初始阶段。以下就目前应用较为广泛三种经验预报方法进行介绍。

A. Holden 法。

无空泡螺旋桨诱导的叶频分量脉动压力幅值:

$$\Delta P_0 = \frac{n^2 D^2}{90} \frac{1}{Z^{1.5}} \frac{1}{(d_s/R)^{K_0}} \tag{5.1}$$

式中　ΔP_0——无空泡螺旋桨诱导的脉动压力叶频分量幅值(Pa);
　　　n——螺旋桨转速(r/min);
　　　D——螺旋桨直径(m);
　　　Z——螺旋桨叶数;
　　　d_s——桨叶 0.9R 处至船体表面的最小距离(m);
　　　K_0——与 d_s/R 有关的系数:
　　　　　　当 $d_s/R \leq 2$ 时,$K_0 = 1.8 + 0.4 d_s/R$;

当 $d_s/R \geqslant 2$ 时，$K_0 = 2.8$；

R——螺旋桨半径(m)。

空泡螺旋桨诱导的叶频分量脉动压力幅值：

$$\Delta P_c = \frac{n^2 D^2}{140} \frac{V_s(W_{amax} - W_e)}{\sqrt{h_a + 10.4}} \frac{1}{(d_s/R)^{K_c}} \tag{5.2}$$

式中　ΔP_c——空泡螺旋桨诱导的脉动压力叶频分量幅值(Pa)；

V_s——船速(m/s)；

h_a——桨轴沉深 m；

K_c——有关于 d_s/R 的系数：

当 $d_s/R \leqslant 1$ 时，$K_c = 1.7 - 0.7 d_s/R$；

当 $d_s/R \geqslant 1$ 时，$K_c = 1.0$；

W_{amax}——轴向最大伴流分数，通常取实测值。

螺旋桨诱导的脉动压力叶频分量幅值：

$$\Delta P_z = \sqrt{\Delta P_0^2 + \Delta P_c^2} \tag{5.3}$$

式中　ΔP_z——螺旋桨诱导的脉动压力叶频分量合成幅值(Pa)。

B. 高桥肇法。

高桥肇法是在谷口中与大高胜夫的研究基础上进一步完善得来的经验预报方法。后二者在对某平底军舰进行脉动压力实船测试的过程中，发现其测试值与桨—平板组合下的实测结果基本一致。因此，通过采用桨—平板试验模型，谷口中和大高胜夫探讨了桨与平板间距离对脉动压力的影响规律，并提出了无空泡作用的脉动压力的近似公式：

$$P_0 = 0.035\,8G \frac{SHP}{ND^3} \tag{5.4}$$

$$F_0 = 0.358 GK \frac{SHP}{ND} \tag{5.5}$$

以上二式中　P_0——单位面积无空泡诱导表面力(kPa)；

F_0——桨盘面积内无空泡诱导表面力总值(kN)；

SHP——轴马力(hp)；

N——桨转速(r/min)；

D——桨直径(m)；

G——与叶梢间隙比 $\frac{t}{D}$ 以及叶数 Z 有关：

$$G = \left\{ \frac{t}{D} \left[a_1 \left(\frac{t}{D}\right)^2 + a_2 \left(\frac{t}{D}\right) + a_3 \right] \right\}^{-1} \tag{5.6}$$

t——叶梢至船底板距离(m)；

K——桨在船体表面诱导的脉动压力,不同位置处其相位与幅值均不相同,因而在对其进行积分求解表面力时,需引入一系数:

$$K = b_1 \left(\frac{t}{D}\right) + b_2 \tag{5.7}$$

系数 a_1、a_2、a_3 与 b_1、b_2 的值可查阅表 5.1。

表 5.1 系数 a_1、a_2、a_3 与 b_1、b_2 之值

叶 数	a_1	a_2	a_3	b_1		b_2	
				大高	谷口	大高	谷口
3	27.978	−6.535	1.921	0.690	0.730	0.077	0.080
4	26.610	−3.781	2.073	0.400	0.480	0.040	0.032
5	23.810	0.000	2.619	0.120	0.250	0.021	−0.003
6	138.000	−29.330	5.900	—	—	—	—

在谷口中的研究基础上,高桥肇将不定常空泡纳入考虑,认为桨叶出现不定常空泡将会增大脉动压力幅值。不定常空泡的影响以增大因子 K_A 描述,因此考虑了空泡的脉动压力为:

$$P = K_A P_0 = 0.035\,8 G K_A \frac{SHP}{ND^3} (\text{kg/cm}^2) \tag{5.8}$$

式中　K_A——与伴流场的不均匀程度以及空泡数相关。

伴流场的不均匀程度可通过形状参数按式 5.9 来描述:

$$\text{形状参数} = \frac{w_h \dfrac{c}{2}}{b} \tag{5.9}$$

式中　w_h——某半径处伴流分数峰值;

c——该半径处桨叶切面弦长。

令:

$$\psi = \frac{\left(\dfrac{w_h \dfrac{c}{2}}{b}\right)_{0.9R}}{\sigma_L} \tag{5.10}$$

式中　$\sigma_L = (P_0 - P_v - 0.9 r \rho g) / \dfrac{1}{2} \rho v^2$;

$P_0 = P_a + \rho g h_a$;

$$v = \sqrt{v_x^2 + (2\pi n \cdot 0.9R)^2};$$

$$w_h = 1 - \frac{v_x}{v_s}。$$

其中：P_a——大气压力(Pa)；

P_v——饱和蒸汽压力(Pa)：15℃时，$P_v = 1\,705\,\text{Pa}$；20℃时，$P_v = 2\,332\,\text{Pa}$；

v_x——在 $x=0$，$r=0.9R$，$\theta=180°$ 处 x 方向的速度分量(m/s)；

v_s——船速(m/s)。

通过进一步的实船测试得到 K_A：

$$K_A = 1 + 0.168\sqrt{\psi} + 1.523\psi - 0.273\sqrt{\psi^3} \tag{5.11}$$

同时，由于非定常空泡桨使得船体表面上各个位置的脉动压力信号相位趋同，因此在对其进行积分求解表面力时需引入系数 K_C：

$$F_0 = 0.358 G K_C K_A \frac{SHP}{ND} \tag{5.12}$$

式中　K_C 与叶数无关，仅与 $\dfrac{t}{D}$ 有关：

$$K_C = -0.267\frac{t}{D} + 0.88\sqrt{\frac{t}{D}} + 0.049 \tag{5.13}$$

C. 藤野方法。

$$F = 0.021\,2\,\frac{K_{cav}}{Z-1}\,\frac{0.1+\dfrac{t}{D}}{\left(\dfrac{t}{D}\right)^{1.5}}\,\frac{SHP}{nD} \tag{5.14}$$

式中　F——总表面力(t)；

n——螺旋桨转速(r/min)；

$\dfrac{t}{D}$——叶梢间隙比；

Z——桨叶数；

K_{cav}——空泡引起的脉动压力增幅系数，与推力系数 K_T、空泡数 σ_0 相关：

当 $\sigma_0 < 48$ 时，$K_{cav} = 1 + \dfrac{48-\sigma_0}{6}\dfrac{K_T}{0.18}$；

当 $\sigma_0 > 48$ 时，$K_{cav} = 1$；

其中 $\sigma_0 = 19.6 \dfrac{h_a + 9.707}{v^2}$；

h_a——桨轴沉深；

v——船速。

2）柴油机激振力

柴油机运转时产生的周期激振力主要有两种：一是运动部件的惯性力产生的不平衡力和不平衡力矩，其幅值及频率取决于运动部件的质量、发火顺序、缸数、冲程数、曲柄排列及转速等；二是气缸内气体爆炸压力产生的对气缸侧壁的侧向压力和倾覆力矩，其幅值及频率取决于缸径、工作压力、曲柄连杆长度比、缸数和冲程数。当选用有不平衡惯性力和力矩的柴油机作船舶主机时，会激起船体振动。以上的研究是基于柴油机的曲轴及机身等都是绝对刚体下进行的、未曾考虑它的内部受力和变形，因此当它的内部受力过大时，仍会由于变形而引起船体振动。

3）其他激振力

（1）波浪激振力。

① 冲击性波浪激振力。

船舶在大风浪中航行，由于波浪的冲击引起的船体衰减振动，称为击振或冲荡，如船首出、入水，船首侧板外飘所受的波浪冲击。特别是肥大船型和平底压浪船型，其冲击力较大，可使船舶整体或局部结构产生较大的振动。以上振动由于阻尼的作用，随着冲击力的消失，振动也将很快消失。

② 周期性波浪激振力。

船舶在不大的风浪中航行时，船舶的第一谐调固有频率与波浪的遭遇频率相等或相近时，将发生波激振动，可引起船体稳态垂向二节点振动。波激振动对海上的巨型油船及肥大型货船的影响最为突出。

（2）轴系的激振力。

当轴存在初弯曲或中间轴用法兰连接后轴线不直，而用轴承固定并转动时，轴承上将产生不断改变方向的周期性激振力，其频率等于轴转速。

船舶由于装（压）载不合理、海损事故，使船体弯曲变形而影响轴承，也将引起轴系产生一阶激振力。这在弯曲刚度较小的海船和长深比较大的内河船上常出现。

① 排气脉冲。

由于柴油机的排气压力波脉动的作用，会引起排气管道及其相邻结构的振动。当小型舰艇柴油机功率大、艇的重量小、排气脉冲频率与艇体的固有频率相近时，可能引起较为强烈的共振。

② 舵力。

在桨后变动的尾流中工作的舵上，将产生脉动力和力矩，它们通过舵轴引起船体特别是尾部的振动。它产生的原因可能是空泡绕过舵叶时因涡流分离滑脱使水压变化而形成。

③ 浅水效应。

游艇在浅水航道航行时,振动将显著增大,称为浅水效应。当龙骨下水深小于五倍螺旋桨直径时,脉动压力就开始增大。内河浅水船龙骨下水深甚至小于螺旋桨直径,脉动压力及振幅值均大大增加。

除以上几点外,还有发电机、电动机、通风机、冷藏装置、空调、舵机、起货机和齿轮箱等各种辅助机械与设备以及各种管道、泵在运转时都能产生机械、电磁和流体激振力。这些激振力频率各异,频率范围很广。其原因可能是设计、制造、安装和使用不当等所造成。

5.1.3 游艇振动响应与振源分析

以国内目前交付的最大的豪华游艇为例,设置有独立的船员餐厅、休息和活动区域,配备皮划艇、摩托艇和潜水装备等娱乐设施。船舶的主要振动源有两类,一类是设备激励,包括柴油机、发电机、推进器以及其他小型旋转机械设备,这种激励为可控因素,一般以中高频为主;另一类是环境激励,如波浪、风、地震等,这类激励属于不可控因素,一般为低频激励。

目前大多采用有限元数值仿真的方法模拟船舶振动问题。准确的分析结果需要精确的几何模型,对较复杂的结构建立有限元模型时,可对实际模型进行适当地简化。在建立有限元模型时对游艇船体的部分曲面结构简化为二维平板单元,加强结构(如球扁钢、T型材、L钢等)以梁单元进行模拟,并忽略一些受载较小或影响甚微的区域,如小的肘板和一些不重要的结构、加强筋等。图5.1所示是游艇的有限元模型[6]。

图5.1 豪华游艇有限元模型

有限元法分析时考虑的激励载荷为主机的振动、推进器马达振动、推进器安装基座振动以及推进器转动引起的表面力。图5.2所示为主机振动加速度值曲线。

全船振动模态分析是用有限元法计算船体整体结构固有频率,并校核是否避开主要激励频率。当激振频率与结构振动频率比较接近时,还需要进一步进行强迫振动响应分析。图5.3、图5.4分别给出了整体结构垂向两节点、三节点的固有频率及振型。

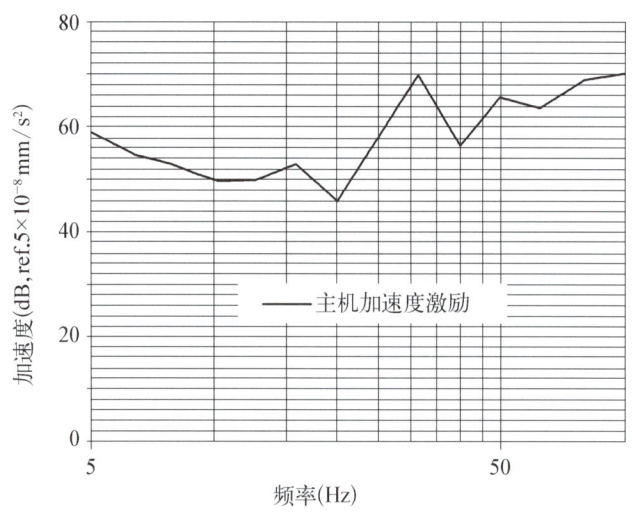

图 5.2　主机振动加速度幅值曲线

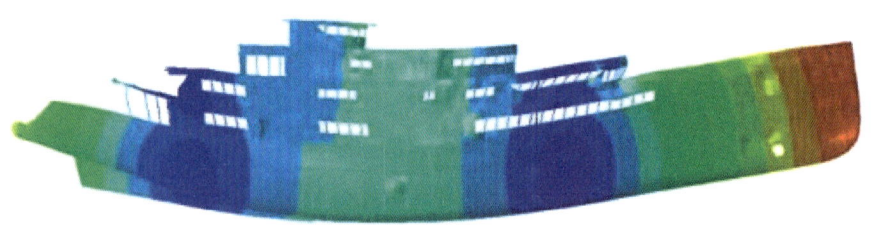

图 5.3　垂向一节固有频率(1.8 Hz)

图 5.4　垂向二节固有频率(3.6 Hz)

5.1.4　强迫振动分析

为提高计算速度,设置数据输出范围为 5~100 Hz,等间隔输出 50 个点。从输出结果文件得到上甲板左舷走廊上某测点区域的振动速度云图(34.08 Hz 时的振动云图,见图 5.5)及振动加速度幅值曲线(图 5.6)。该点的峰值可能存在共振现象,但需要取局部结构,细化模型进一步分析才能确定。取局部甲板结构进行固有频率分析,一阶振型结果如图 5.7 所示,固有频率为 35.3 Hz,与主机的激振力有耦合共振的风险。

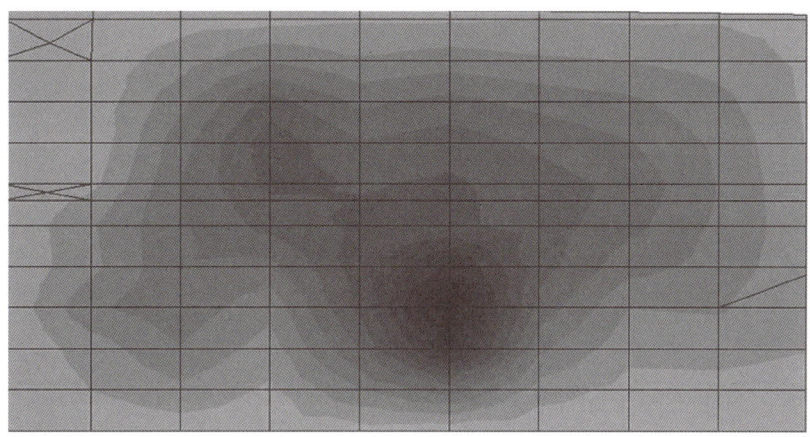

图 5.5　走廊某测点区域振动速度云图

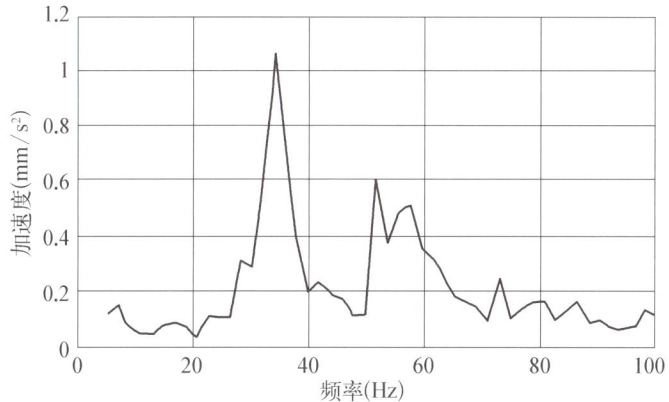

图 5.6　走廊某测点区域加速度幅值曲线

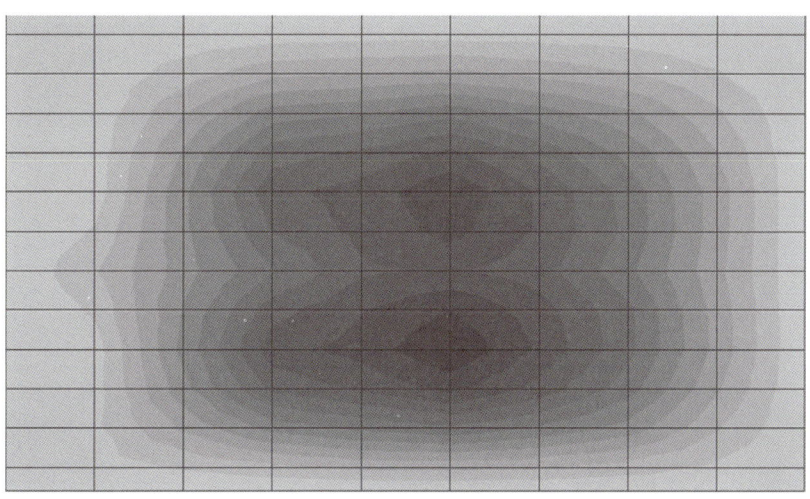

图 5.7　局部结构固有模态分析

对于游艇总体或局部结构的强迫振动,其大小除和激振力大小有关外,还和结构本身的刚度(弯曲和剪切刚度)、质量和阻尼有关。其中以刚度影响最大,刚度小者振动大。随着船舶强度计算方法的改进以及高强度钢的广泛应用,船体结构尺寸的减小也使其刚度相对减弱(内河船的刚度更较海船小),这是振动增大的原因之一,因此在游艇设计时,对刚度必须予以足够重视。船舶施工时装配及焊接质量的好坏,对刚度的影响也相当大,常见的问题有纵向连接构件脱焊及板的初挠度等。

引起船体振动的因素很多,而且往往是多个振源同时作用和相互影响,这既给查找振动的原因造成困难,又使减振和消除振动的方法复杂化。图5.8说明了主要激振力、传

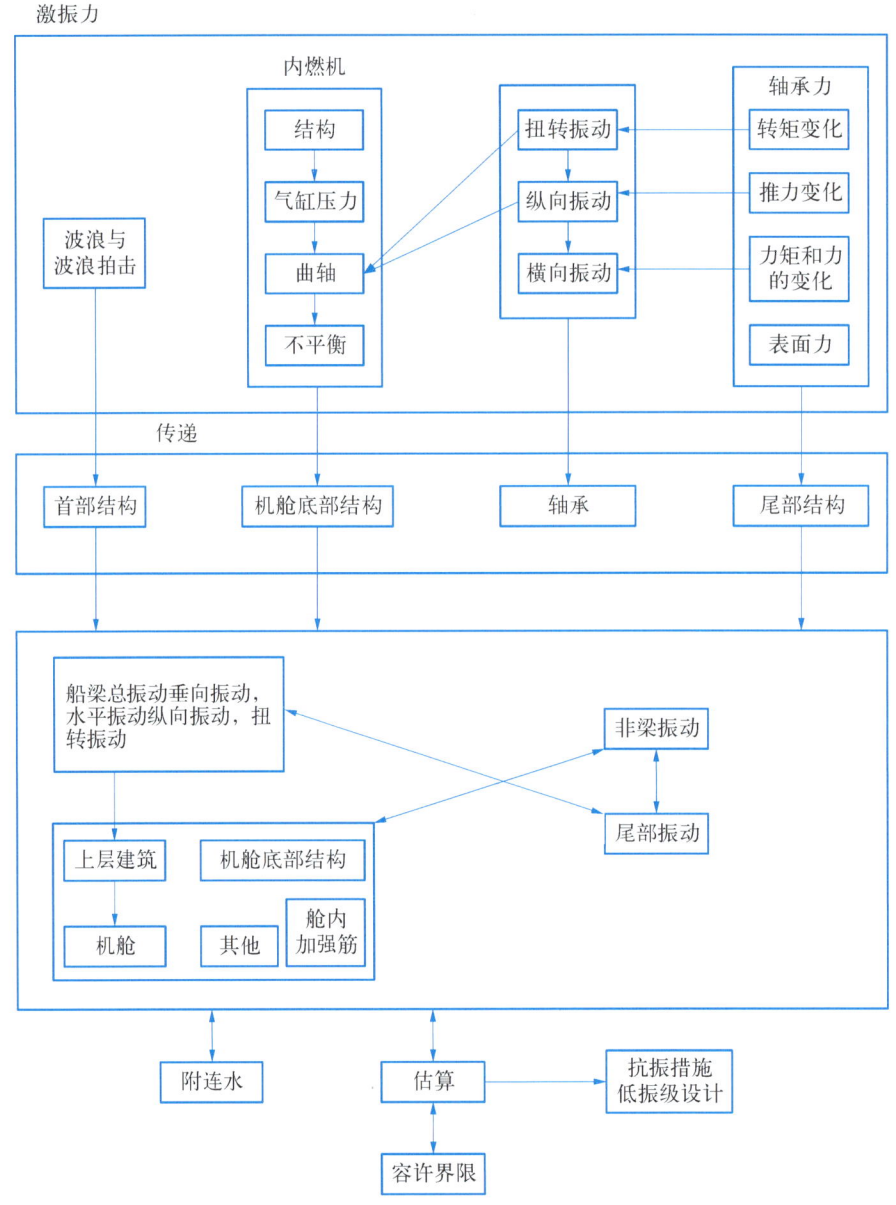

图5.8 激振力、传递、船体振动关系图

递、船体振动等之间的关系。为了减小振动,有针对性地采取减振措施,必须进行振源分析。表 5.2 所示为船体各结构的局部振动及可能的振源,至于船体总振动的振源,则主要是主机和螺旋桨所引起的。

表 5.2 结构的局部振动及振源

结构名称	振源	结构名称	振源
螺旋桨区内的船底板架	螺旋桨	操舵装置	螺旋桨、舵
机舱内的船底板架	螺旋桨、动力装置、轴系	平台和舱壁	螺旋桨、动力装置、机械设备
外板板格	螺旋桨、机器	甲板板架	螺旋桨、机器、船体总振动
双桨船的螺旋桨支架	螺旋桨、轴系	上层建筑	船体总振动、动力装置、螺旋桨
轴系	螺旋桨、主机、轴系	桅杆、天线	船体总振动

注:船体总振动可引起几乎所有表列船体结构的局部振动,但它是上层建筑和桅杆的基本激振力。

除了个别极其明显的情况外,一般情况下需要进行振动测试。当有 FFT 分析仪时,利用有关测点的相关分析,可以更精确地找出引起该测点振动的振源。为了正确地判断振源,还可对主机、辅机、螺旋桨等主要振源进行分别测试,以排除相互干扰。

振源明确后,查明振动的历史情况也是必要的。如振动是何时出现或加剧的,振动严重时的主机转速,船舶空载和满载航行时振动有何变化等,以确定振动和激振力变化的性质。为了便于判断还需要调查或了解船体结构刚度、船体尾型、螺旋桨距船体间隙、轴系对中、主机型号及燃气情况等。只有综合各方面的因素并加以判断分析,才能找出振动原因,从而采取有效的减振措施[7,8]。

5.2 振动对人体的危害和相关标准

游艇振动环境下,人体受游艇舱室振动的作用,中枢神经系统、心脑血管功能、消化系统、呼吸系统、肌肉骨骼、感觉器官等会受到影响。过度的振动会导致游艇上人的烦恼和不适,直接对人的生理、心理和人体机能构成威胁,从而造成工作间断、疲劳、晕船、心情烦躁等不良反应,影响游艇的舒适性。国际上对各种船舶的振动都有相应的规范要求,以保证船舶航行过程中的舒适性,尤其对于游艇这类舒适性要求较高的船舶,其振动的相关标准有着重要意义。

5.2.1 振动的危害

游艇过度的振动,会带来很多不良的后果。从舒适度的角度出发,振动及由振动引起的噪声使船员和旅客感到不舒适,容易疲劳,工作效率降低,甚至影响身体健康。人体长期处于振动环境中会影响神经系统的正常工作机能,导致肌肉松弛、血压升高、视觉迟钝。因此游艇上人员经常活动和居住部位的振动应按人体所能忍受的振动来要求。

(1) 振动对人体的整体影响。

人体是一个十分复杂的系统,在低频范围内,人体可描述为一个多自由度的集中参数系统;而在较高的频率范围内,人体可描述为复杂的分布参数系统。从物理角度而言,人体对低频振动反应的主要现象是共振,由于人体整体及组成部分(器官、组织)都有固有频率,且与船体振动频率接近,当外界激扰力频率与人体某部分的固有频率相近或相同时,就会出现共振,如果人体对该振动特别敏感,就会引起明显的生理、心理反应,甚至出现病理改变。

人体全身和局部振动共振频率主要分布在低频区,都在游艇振动的主要频率范围内,因此游艇振动将对人体造成较大影响[5]。游艇振动加速度对艇员的影响较大,英国船舶研究协会 1977 年提出人体对加速度的感受界限,见表 5.3 所列,我国海员及乘员对加速度敏感程度见表 5.4 所列。由表可以看出,人对水平振动的反应比较敏感,在居住区的反应比艏艉部敏感。

表 5.3 人体舒适程度加速度限值 (m/s²)

频率(Hz)	轻度不适	明显不适
1~10	0.13~0.28	0.4~0.6
10~50	0.28~1.3	0.6~3
50~100	1.3~2.5	3~5.5

表 5.4 人体对船体加速度的反应 (m/s²)

主观反应	垂向振动		水平振动	
	艏艉部	居住区	艏艉部	居住区
稍感不适	0.5~1.2	0.25~0.5	0.25~0.5	0.10~0.25
很不适	1.2~2.5	0.5~1.25	0.5~1.25	0.25~0.5
极不适	2.5~5	1.25~2.5	1.25~2.5	0.5~1.25
勉强忍受	5~10	2.5~5	2.5~5	1.25~2.5
无法忍受	>10	>5	>5	>2.5

(2) 振动对中枢神经系统的影响。

游艇振动对中枢神经的影响,主要表现为大脑的觉醒状态或水平状态。探究发现,

$1\sim2$ Hz 中等强度振动,可起到催眠作用,高频不稳定的强烈振动能提高人的觉醒水平,持续的振动能抑制或阻断正常的神经肌肉反射。$17\sim25$ Hz 的振动,可引起中枢神经系统共振,使人的觉醒状态、注意力集中程度、思维判断、精细操作能力等心理特征发生改变。同时,振动刺激前庭神经和脊髓运动神经,可使视觉运动系统发生改变,从而加重了振动的心理反应。胸、腹、头颈和肩部谐振,会使神经系统、骨关节系统失常,引起心悸、恶心、多汗、肌力降低、动脉血压升高、视力降低、记忆力衰退等症状。18 Hz,2.5 m/s^2 的振动可引起下肢腱反射减弱。据报道,舰船的强烈振动,可使船员产生自主神经功能紊乱、注意力分散、反应时间延长、头痛头晕、食欲不振、恶心呕吐、失眠等症状。

(3) 振动对心血管功能的影响。

人暴露于中等强度振动,初始阶段心率略有增加,但很快适应而趋正常。只有在 250 Hz 以下的强烈振动会引起明显的心律增加,振动可使多数人出现血管痉挛反射、小动脉收缩、血管运动功能障碍、外周血管流量减少、血压升高等;同时,振动可使血液中的水分减少、红细胞容积上升、红细胞中的色素蛋白质增加、尿量减少。有人观察到,长期全身振动,可导致心肌缺血、窦性心动过缓、心电图 ST 段下移、心室高电压、束支传导阻滞。

(4) 振动对消化系统的影响。

全身振动可使胃肠蠕动增加、收缩加强,胃液分泌功能发生障碍。在全身振动下的作业人员常出现胃酸过多,易发展成为慢性胃炎、溃疡病、胆囊炎等。消化系统疾病的发病率上升;强烈振动可引起胃肠振伤,出现消化道出血、腹痛、便血等症状。

(5) 振动对呼吸系统的影响。

振动对呼吸功能的影响,主要表现为呼吸频率、肺通气量和耗氧量的增加,这是由于反射性肌肉收缩引起机体代谢功能的增强所致。肺通气量的增加,则可能是由于内脏振动刺激膈肌使腹壁产生被动运动所致。有研究发现,振动可使血液氧分压略有增加,而二氧化碳分压和血液酸碱度却没有改变。振动引起呼吸功能改变的主观症状为胸痛和呼吸表浅而频率加快。

(6) 振动对肌肉骨骼的影响。

振动引起肌肉群收缩,有人观察到,连续的振动暴露,人的静态肌肉群处于连续的紧张状态。抑制或阻断正常的神经肌肉反射,这主要是由于机体为改变自身固有频率以减轻共振的一种代偿性反应。引起肌肉反射性紧张的振动频率范围主要为 $10\sim200$ Hz。为了避免或减轻振动引起内脏发生位移,腹壁肌肉也会发生收缩。动物及人体研究都证实,$8\sim20$ Hz 低频全身垂向振动可导致脊柱病变,脊柱损伤主要为胸椎和腰椎的损伤,特征是永久性退行性变和脊柱严重损伤。对 2363 名全身振动作业人员的检查发现,出现骨质增生等腰椎退行性变者多达 51.8%,且异常随工龄而增加。

(7) 振动对感觉器官的影响。

低频振动引起内耳损伤,耳蜗螺旋神经节细胞萎缩,导致低频听力下降,很多振动能引起显著的听阈偏移。振动为人体共振频率时,引起的听阈偏移最大。许多研究表明,振动与稳态噪声或脉冲噪声联合作用,均可加重听觉的损伤。

振动作用于前庭器官,可引起前庭壶腹纤维的退行性变,导致前庭功能异常。在全身振动作用下,前庭和内脏的反射,可引起自主神经功能障碍。在 0.1~0.5 Hz 时可导致运动病,运动病是航海中的常见病,主要由舰船的速度变化、多向振动加速度以及角速度同时反复作用所致,常见症状头胀、面色苍白、心慌、厌食等。

(8) 振动对工作效率的影响。

振动会引起游艇船员广泛的生理、心理反应,必将影响艇员的工作效率。游艇振动对视敏度和视辨功能的影响,必然会干扰视觉的信息接收功能,使舰船员对表盘、荧屏信号的认读、辨别发生困难。在强烈的振动作用下,人体正常的神经肌肉活动受到影响,体位不稳,头部定位困难,致使艇员瞭望凝视目标和精细的操作受到严重干扰。在长期的振动作用下,艇员感到不适,产生厌烦情绪,精力不集中,易出现疲劳,间接影响脑力作业。在人体敏感振动频率范围内(4~16 Hz),振动对跟踪操作效率的影响与振动的类型和振幅大小有关,振动幅值越大,人的跟踪操作能力越差,在持续冲击振动条件下的跟踪操纵效率比谐波振动条件下要低。

5.2.2 振动的评价方法

为了避免振动的危害,使游艇的设计、建造、检验和使用部门对船体的振动有一个统一的评价标准,各国的有关人员、研究机构、船级社都进行了大量的试验和研究,相继提出了不少标准。在这些标准中,有的是从人体舒适性限界出发,有的是从船体结构强度限界出发,分别用不同的表达形式与特征参数对船体的振动进行评价。特征参数有以位移、速度、加速度和应力等表达的,有针对单个简谐激振频率的单幅峰值表达的,也有以均方根值表达的。

随着科学技术和研究工作的深入开展,各国船舶振动标准有日益接近的趋势。目前,国际上比较公认的船舶振动评价标准是 1980 年由国际化标准组织 ISO 制定的文件 ISO6954,即《机械振动和冲击——商船振动的综合评价基准》,它适用于两柱间长大于 100 m 的商船。

图 5.9 即为 2000 年公布的 ISO6954 综合评价基准的图形,它以两条综合评价曲线将图形分为不可能有害区、尚可接受(阴影区)区和可能有害区。该基准兼顾了人员舒适性与设备环境等综合因素,在 1~100 Hz

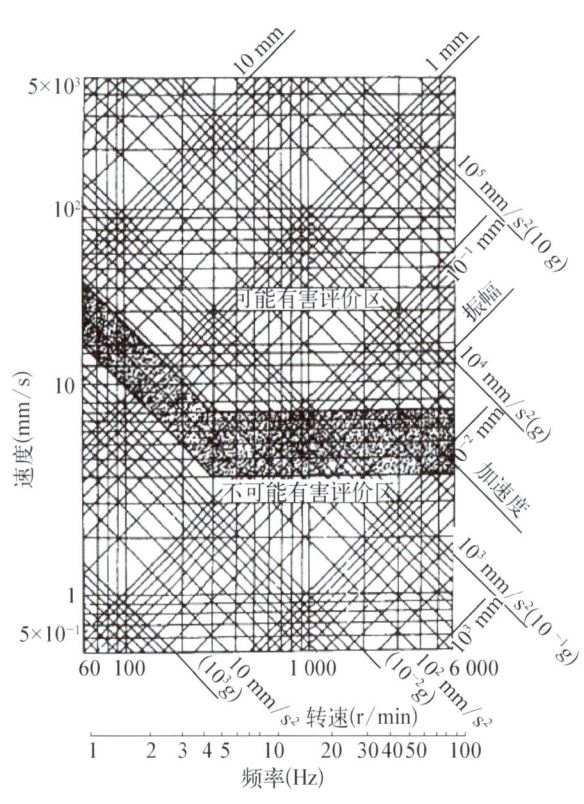

图 5.9 商船垂向和水平振动的评价基准

范围内，选用振动速度的峰值作为主要的测量值，考虑到有些测量值采用的是振动加速度或振动位移，因此给出了三轴联合图表，以便能迅速地将这些测量值进行换算。

除了上述标准外，1997年国际标准化组织还制定了人在忍受全身振动时的评价基准，即文件ISO2631《人体暴露于整体振动环境下的评价基准》。该标准以人体试验为基础，同时又将振动强烈程度、振动频率、振动方向和人体暴露于振动环境的持续时间，作为影响人体对振动响应的客观因素。图5.10和图5.11分别为卧室区和生活工作区的振动评价标准的图形。该图形是采用振动速度、加速度和位移的均方根值来表达的，均方根值是单幅峰值的$\dfrac{1}{\sqrt{2}}$。以上两个基准图形仅适合于对人体振动防护和对船员振动的忍受极限做出评价，与ISO6954相比，它的实用性较低。

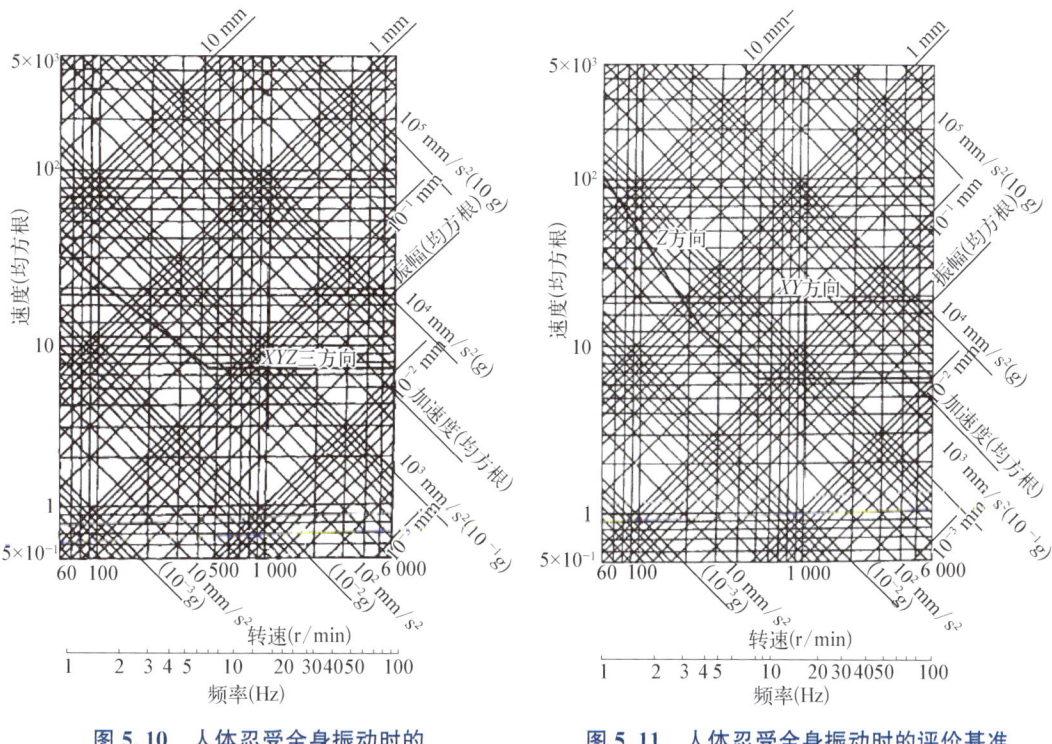

图5.10 人体忍受全身振动时的评价基准（卧室区）

图5.11 人体忍受全身振动时的评价基准（生活区和通常工作区）

5.2.3 振动的规范衡准

为了有效控制船上有害振动的影响，保证船舶安全营运，我国对船舶振动进行了大量的调查和实船测试，制定了海船和内河船两个船体振动衡准，已由船标委作为CB/Z310-7和CB/Z314-80指导性技术文件颁布施行。文件技术升级后，游艇也需要满足升级后的规范衡准（GB/T 7452—2007）。制定这项衡准时考虑到人感受振动反应的复杂

性及人对水平振动的耐振动程度低于垂向振动等因素,把游艇上的区域划分为两类区:

Ⅰ类区,指游艇上生活区及连续工作4 h和超过4 h的区域,如驾驶室、报务室、机舱和控制室等;

Ⅱ类区,指游艇上人员工作和逗留时间少于4 h的区域。

为了保障游艇上人员的正常生活和工作,制定了如图5.12和图5.13所示的衡准限界线,当振动加速度(以峰值表示)在下限界线以下时,认为振动程度轻微,不影响游艇上人员的正常生活和工作;当振动加速度超过上限界线时,认为振动程度剧烈,已严重影响到游艇上人员的正常生活和工作。

最后再对衡准予以必要的说明。以加速度作为船舶振动舒适性衡准,目前已被大多

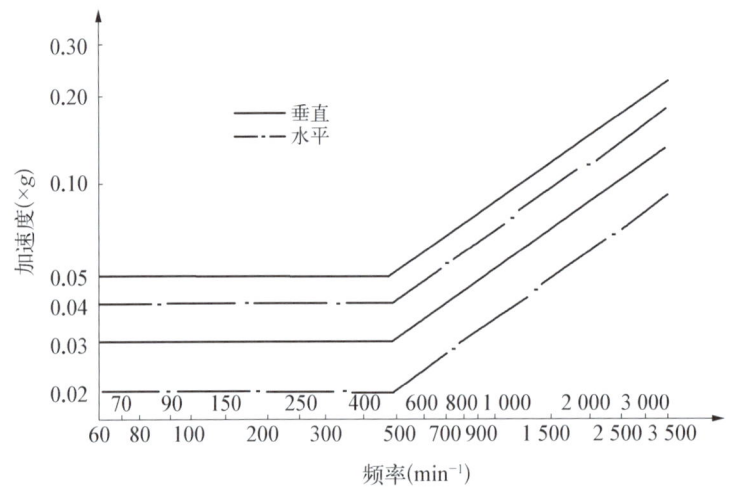

图 5.12　Ⅰ类区振动衡准

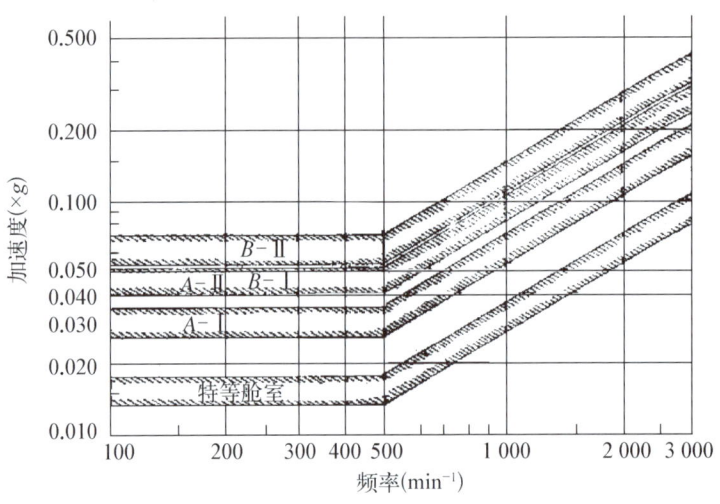

图 5.13　Ⅱ类区振动衡准

数人所接受,但从国外较多衡准中可以看出,有的是舒适性和结构强度衡准两者兼有,有的却只有前者,其理由可能是只要满足了船上人员的舒适性,结构强度和仪表设备的安全可靠性也必然有了保障,反之在无法避免船舶振动的情况下,也应尽可能为船员和旅客提供正常的生活和工作环境。

5.3 游艇振动控制

5.3.1 振动控制基本方法

对于游艇来说,只要主机、螺旋桨在运转,船体总会产生不同程度的振动。过大的振动会对船舶产生不良的影响。因此要求船体的振动不能超过振动衡准或合同规定的指标,必须采取适当的防振与减振措施。

如果已建成的游艇发现有严重的振动问题,想要根治一般是比较困难的,且代价相当大。为了防止这种现象的出现,要采取一定的防振措施。防振是指在游艇设计阶段,对船体的动力特性与响应进行预报并采取适当的途径与方法,确保船体振动能满足衡准的要求。这就要求设计者在设计时就要了解船体的主要振源和影响振动的其他因素,并对船舶的快速性、动力装置、结构设计等全面考虑后,确定较好的方案[9]。

1) 防止共振

防止共振发生是避免或减轻游艇振动最重要的措施。常用的方法是加强结构、改变船体固有频率或改变干扰频率,使船体结构固有频率与激振力频率之间保持一定的频距。

(1) 防止总体共振。

当激励频率与艇总体固有频率相等时,将会产生总体共振,设计时一定要使两者错开一定的量。决定艇体固有频率的主要因素是船体的长度、船上重量的分布及船梁的刚性。在设计和建造中,在艇体长度已确定而又无法改变的情况下,主要通过选择主、辅机型及螺旋桨的工作转速,或者改变船梁刚性来改变结构,如隔板、板架、舱壁、桅杆等的刚性,从而避免发生总体共振。

(2) 防止局部共振。

除整个艇体总振动外,如果游艇的局部结构固有频率与激振频率相等,会产生局部共振,如板架的共振、板格的共振等。要使这些板格、板架等局部结构的固有频率与激振力频率错开一定的距离,既可通过改变游艇激励频率,也可通过改变局部结构的固有频率来实现。一般是采用提高局部结构的刚度即使船体结构具有一定的频率储备来避免局部共振。

2) 减小激励

(1) 减小螺旋桨的激励。

螺旋桨与船体的间隙直接影响螺旋桨激振力的大小,对此各国船级社都有明确的最小值规定。实船试验证明,保证间隙特别是适当增大梢隙,将使螺旋桨的激振力得到改善。螺旋桨叶数的多少不但影响激振力的大小,而且影响激振力的频率,因此选择叶数应尽量避免干扰力频率与船体或局部结构固有频率相近。采用大侧斜桨叶,它能减小导边进入高伴流区时导边的冲击效应,同时增大了叶梢与船壳板的间隙,因而可以在很大程度上减小螺旋桨的激振力。但叶根应力增高,不适用于高速螺旋桨。

(2) 减小主机激振。

柴油机是引起游艇振动的主要振源之一,在游艇设计阶段就应注意选择具有较小不平衡惯性力和不平衡惯性力矩的柴油机作主机,这是至关重要的。柴油机缸数越多,一般平衡性就越好。

考虑到与船体低谐调共振的可能性,在游艇设计初期选择主机时,应特别注意一般不允许主机在常用转速内与船体发生低谐共振。由于主机和螺旋桨两个振源相距较近,其激振力叠加后可能增大,因此要特别注意两个激振力的阶次和相位,避免引起艇体的剧烈振动。

3) 减少激振力的传递

上述各种有效的减振措施往往受到技术上或经济上等各种原因的限制而不能实现,因此减小激振力向船体结构的传递也是十分重要的一种减振措施。

4) 减小柴油机激振力的传递

对不平衡的主机、辅机等都可在机座下装设减振器,以减小机器干扰力对船体的传递。为了达到隔振的目的,应使柴油机的干扰频率与柴油机加上减振器的系统的固有频率之比$>\sqrt{2}$。由此可见所要求的减振器应该柔软些,这通常只对高速机才能实现。将此装置用于转速不变的辅机,效果会更好些。

5) 减小螺旋桨激振力的传递

为了减小船体尾部的振动,可利用弹性艉轴管来减小螺旋桨激振力。螺旋桨在工作时,可对其顶上方的壳板产生脉动压力。这部分激振力通过壳板传递给船体尾部构架,由底部构架传递给舷侧及横舱壁,再传至整个尾部及整个船体,引起整个船体和局部结构的振动。因此可在螺旋桨上方的船壳板处设置避振穴,以减少螺旋桨的脉动压力对船体的干扰。

5.3.2 隔振技术

振动隔离简称隔振,是消减振动危害的重要途径之一。按振动传递的方向,隔振可以分为两类:主动隔振和被动隔振。目前隔振器形式非常多,如橡胶隔振器、金属弹簧、G型隔振器、空气弹簧、软木、泡沫橡胶等,以上隔振方式的特点是将隔振器置于物体和基础之间,作为弹性支撑,通过合理的参数选择达到减振的目的。

1）被动式隔振技术

被动式隔振技术是一种最简单有效的隔振措施，由于被动式隔振技术特点为结构简单、易于实现、可靠性高且不额外消耗外界能量，从早期的单层隔振、双层隔振发展到如今浮筏隔振以及广泛应用的新型隔振器。目前，关于被动式隔振技术的研究主要集中在浮筏隔振技术、阻尼技术和隔振器设计与应用上。

(1) 浮筏隔振。

浮筏隔振系统的工作原理是将多台机械设备安装在一个公共筏架上，再将筏架弹性地安装在基础上，利用浮筏装置中弹性元件的阻尼和中间质量来控制并衰减振动能量，使传递到游艇船体的振动减小，基本构成如图 5.14 所示。浮筏隔振是通过改变振动波传递路径来达到振动隔离的。与其他被动隔振技术相比，浮筏隔振系统结构紧凑，附加质量少且在减少振动波向基础传递和降低空气中声辐射方面优势明显。

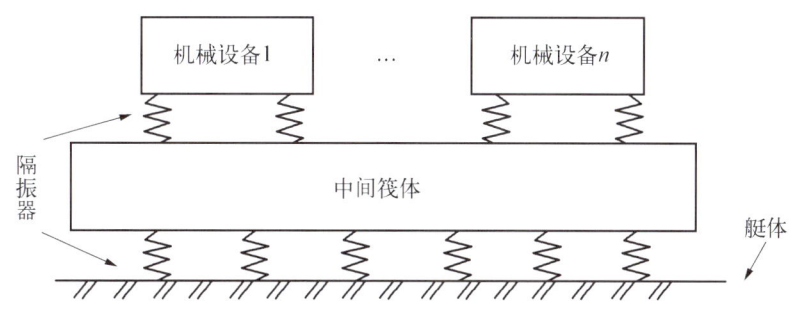

图 5.14 浮筏隔振原理图

(2) 隔振器设计与应用。

隔振器在游艇机械振动控制中应用最为广泛，航行的主机（发动机、柴油机、电机）、配套的推进装置（转轴、轴承）和各种辅机（主发电机、各种泵），以及复杂的管路、阀门等都有配备隔振器。从隔振器的振动响应是否能用常系数线性微分方程来描述，可将隔振器分为线性与非线性两类。线性隔振器的特点是其静、动态刚度基本上是常数，隔振系统的固有频率不随工作状态的变化而变化，如橡胶金属隔振器、螺旋弹簧隔振器等。非线性隔振器具有系统工作频率随工作状态变化的特点，从而可以有效避开共振，如不锈钢丝绳隔振器。

气囊隔振器由于具有较大的位移量和较低的固有频率，且工作参数可通过控制气囊内压来调节，因而可以较好地克服被动隔振器低频能力差、控制频带窄的缺点，近年来得到越来越多的应用。

2）主动式隔振技术

被动式隔振技术具有低频隔振能力差、控制频带窄及无法实时改变为能够适应舰船航行工况的本质缺陷。主动式隔振是在被动式隔振的基础上，并联能产生满足一定要求的作动器，或用作动器代替被动隔振装置的部分或全部元件，通过适当控制作动器的运动，使其产生的振动与振源振动相抵消，从而达到减振的目的。其中可变参数的作动器是主动隔振技术的核心,合适的控制策略是隔振效果的保障。常见的作动器有液压式、气压式、电磁式、压电式、记忆合金、电/磁致伸缩作用器等[10]。

5.3.3 阻尼减振

游艇机械设备的壳体、用金属板制成的机罩以及众多管路等金属结构,常会因为振动的传导发生剧烈的振动,辐射出较强的噪声即结构噪声。结构噪声的大小与结构、材料的阻尼特性密切相关。由于阻尼对系统的振动响应有重要影响,在抑制振动的过程中,阻尼的主要作用是:衰减沿结构传递的振动能量,减小共振频率附近的振动响应,以及降低结构自由振动或由冲击引起的振幅。增加系统阻尼的方法很多,如采用高阻尼材料制造零件、选用阻尼特性较优的结构形式、在系统中附加阻尼、增加运动件的相对摩擦,甚至安装专门的阻尼器等。这种依靠阻尼力来抑制振动、降低噪声的方法,称为振动噪声的阻尼控制。

(1) 阻尼减振原理。

阻尼是指系统损耗能量的能力。从减振的角度看,就是将机械振动的能量转变成热能或其他可以损耗的能量,从而达到减振的目的。阻尼技术就是充分运用阻尼耗能的一般规律,从材料、工艺、设计等各方面发挥阻尼在减振方面的潜力,以改善机械结构的动态特性,降低机械产品的振动,增强机械或机械系统的动稳定性。阻尼减振原理就是依靠增加阻尼力抑制振动系统的响应。

(2) 材料阻尼减振。

材料阻尼主要是应用材料的应力—应变滞后的特性进行振动能量的消耗。在一个应力循环过程中,加载期间外界对材料所做的功大于卸载期间材料放出的能量,材料把一部分能量转换成热能而消耗掉。根据材料的强度、质量和成本,选择阻尼性能好的材料来制造游艇是减小振动的一个方法。一般来讲,高强度的金属阻尼性能很低,相反,阻尼性能好的材料,常常强度低而且昂贵。同时,材料的阻尼受温度和振动频率的影响很大。因此,在设计游艇结构时应该合理选择各部分的材料。

(3) 阻尼器减振。

阻尼器减振措施是在平台原结构上并联或串联一个阻尼器从而获得具有接近双线性滞回特性的阻尼耗散效果。常用的阻尼器包括摩擦阻尼器、软钢和合金阻尼器、铅阻尼器、黏滞流体阻尼器、黏弹阻尼器等。常用的摩擦阻尼器有简单摩擦阻尼器、摩擦阻尼器、钢丝绳摩擦阻尼器、螺旋圈式阻尼器、筒式滑块锁紧阻尼器及黏滞摩擦耗能阻尼器。

(4) 游艇上可使用的吸振阻尼材料。

在游艇上,阻尼材料得到了广泛的应用。造船行业要求作为工程应用的阻尼材料应具备以下几个基本条件:

① 材料的使用温度为 20~60℃,即要求材料自身的损耗因子峰值应在该温度范围内,其损耗因子要高,但更要求其复合损耗因子高;

② 具备一定的力学性能,如附着力、强度、韧性等;

③ 阻燃,无毒,耐介质,耐老化;

④ 施工方便,可带底漆施工,满足不同部位的施工要求。

5.3.4 游艇振动舒适性标准

与传统商用船舶不同,游艇主要为私人使用。作为一种消费品,船东的满意程度是决定其购买与否的重要因素。与光照、人体工程学、视觉感受、温度感受等因素相比,振动舒适性是船舶舒适性参数中最为关键的一环。同时,游艇常用于商务招待,振动产生的噪声污染会严重影响交谈与通信的清晰程度,从而影响商务会谈的成功率。不仅如此,振动还妨碍艇上人员的休息与工作,对游艇的休闲娱乐性产生严重影响。因此,奢华游艇对振动限值的要求日益严苛。但是,对振动舒适度的追求不可避免地会引起成本的增加,对整个游艇的体积、重量、结构以及机器选型都会产生重要影响;合理、客观的游艇振动规范应充分平衡低振动要求与其建造成本间的关系,使游艇在尽可能低的成本下达到令船东满意的振动舒适水平[11]。

游艇一般有卧室、公共活动厅室和飞桥、甲板等,乘员根据实际气象条件可以选择在室内的公共活动厅室或室外飞桥、甲板活动。因此,在考虑舒适性的影响因素中,仅对游艇自身乘员的直接效应进行分析,虽然风、波浪等客观环境因素会对人的舒适性产生影响,但这些客观环境因素的影响并不是直接的,而是通过游艇这一介质转化为振动、噪声和耐波性等影响因素后得以体现。

我国目前没有针对游艇振动产生噪声问题的相关规范。2015年5月,中国船级社最新修订的《绿色船舶规范》中提到了绿色船舶的结构、舱室布置以及设备的安装应使船舶产生的振动和噪声对人员的健康的风险最小。其中,噪声应满足IMO MSC. 337(91)决议通过的《船上噪声等级规则》的相关要求。但对于游艇问题的特殊性,上述一般性规范并不能全面、客观、准确地反映其特点,需要制定更加有针对性的规范。下面简要论述目前已经颁布的游艇振动舒适性评价的指南和基准。

(1)《机械振动与冲击 人体暴露于全身振动的评价 第1部分:一般需求》(ISO 2631-1:1997)。

工作效率降低界限(FDP):超此界限,可使人疲劳导致工作效率下降或熟练程度下降;

健康(安全)界限(EL):超此界限,人体组织器官可能受到损害而影响健康;

舒适性降低界限(RC):超此界限,人感不适。

表5.5和表5.6分别列出了垂直向振动加速度、水平向振动加速度均方根值的工作效率降低界限值、健康或安全界限等于2乘工作效率降低界限等于3.5除工作效率降低界限。用频率计权振级表示,工作效率降低界限值见表5.7,健康或安全界限等于工作效率降低界限加6 dB,舒适性降低界限等于工作效率降低界限减10 dB。

表5.5 垂直向振动加速度的工作效率降低界限值 (m/s²)

频率(Hz)	24 h	16 h	8 h	4 h	2.5 h	1 h	25 min
1	0.28	0.425	0.63	1.06	1.4	2.36	3.55
1.6	0.224	0.335	0.5	0.85	1.12	1.9	2.08

(续表)

频率(Hz)	24 h	16 h	8 h	4 h	2.5 h	1 h	25 min
2	0.2	0.3	0.45	0.75	1	1.7	2.5
2.5	0.18	0.265	0.4	0.67	0.9	1.5	2.24
4	0.14	0.212	0.315	0.53	0.71	1.18	1.8
8	0.14	0.212	0.315	0.53	0.71	1.18	1.8
20	0.355	0.53	0.8	1.32	1.8	3	4.5
80	1.4	2.12	3.15	5.3	7.1	11.8	18

表5.6 水平向振动加速度的工作效率降低界限值 （m/s²）

频率(Hz)	24 h	16 h	8 h	4 h	2.5 h	1 h	25 min
1	0.1	0.15	0.224	0.335	0.5	0.85	1.25
1.6	0.1	0.15	0.224	0.335	0.5	0.85	1.25
2	0.1	0.15	0.224	0.335	0.5	0.85	1.25
2.5	0.125	0.19	0.28	0.45	0.63	1.06	1.6
4	0.2	0.3	0.45	0.71	1	1.7	2.5
8	0.4	0.6	0.9	1.4	2	3.35	5
20	1	1.5	2.24	3.55	5	8.5	12.5
80	4	6	9	14	20	33.5	50

表5.7 垂直向和水平向计权振级的工作效率降低界限值 （dB）

振动方向	24 h	16 h	8 h	4 h	2.5 h	1 h	25 min
垂 向	103	107	110	114	117	121	125
水 平	100	104	107	111	114	119	122

(2)《机械振动与冲击 人体暴露于全身振动的评价 第1部分：一般需求》(GB/T 1344.1—2007)。

该标准参照等效采用国际标准ISO 2631-1：1997，规定了全身振动暴露时，保持人体舒适的振动参数界限和评价原则，用于评价军事作业振动环境对人体的舒适性的影响；并可作为设计军用装置和设施，评价其性能和采取振动控制措施的依据。

该标准适用于频率范围为1～80 Hz周期振动，具有离散谱的周期振动和随机振动，也适用于其能量在此频带范围内的连续冲击型振动。标准只限定峰值因数不大于3或计权信号的峰值因数不大于6的振动。该标准规定的1 Hz的界限值，暂时用于0.3～1 Hz频段。加速度值用均方根值表示。

该标准与国际标准ISO 2631-1：1997的舒适性降低界限值基本一致，见表5.8及表5.9所列。

表 5.8　垂直向振动加速度的舒适性降低界限值　　　　　　（m/s²）

频率(Hz)	24 h	16 h	8 h	4 h	2.5 h	1 h	25 min
1	0.09	0.14	0.2	0.34	0.44	1.75	1.13
1.6	0.07	0.11	0.16	0.27	0.36	0.6	0.89
2	0.06	0.1	0.14	0.24	0.32	0.54	0.79
2.5	0.06	0.08	0.13	0.21	0.29	0.48	0.71
4	0.04	0.07	0.1	0.17	0.23	0.37	0.57
8	0.04	0.07	0.1	0.17	0.23	0.37	0.57
20	0.11	0.17	0.25	0.42	0.57	0.95	1.43
80	0.44	0.67	1	1.68	2.25	3.75	5.71

表 5.9　水平向振动加速度的舒适性降低界限值　　　　　　（m/s²）

频率(Hz)	24 h	16 h	8 h	4 h	2.5 h	1 h	25 min
1	0.03	0.05	0.07	0.11	0.16	0.27	0.4
1.6	0.03	0.05	0.07	0.11	0.16	0.27	0.4
2	0.03	0.05	0.07	0.11	0.16	0.27	0.4
2.5	0.04	0.06	0.09	0.14	0.2	0.34	0.51
4	0.06	0.1	0.14	0.23	0.32	0.54	0.79
8	0.13	0.19	0.29	0.44	0.63	1.06	1.59
20	0.32	0.48	0.71	1.13	1.59	2.7	3.97
80	1.27	1.9	2.86	4.44	6.35	10.63	15.87

(3)《机械振动　客船和商船适居性振动测量，报告和评价准则》(GB/T 7452—2007)。GB/T 7452—2007 采用国际标准 ISO 6954—2000，其标准控制在 ISO 2631—1997 舒适性降低界限和工作效率降低界限范围内，加速度峰值与均方根值换算关系为：

$$峰值 = C_F\sqrt{2} \times 均方根值 \quad (5.15)$$

式中，C_F 为换算系数，由测量确定，或取为 $C_F=1.8$（$C_F=1.0$，意指纯稳态正弦振动）；$C_F\sqrt{2}$ 为等效于峰值因数。

5.4　本 章 小 结

游艇作为一个自由漂浮在水上的弹性结构，在营运过程中不可避免地受到各种外界激振力(又称干扰力)的作用,使船体发生总振动和局部振动。引起艇体产生稳态强迫振动的主要原因是螺旋桨和主机运转时所引起的周期性的激振力,也是艇体振动的主要振源。其他如发电机、电动机、空气压缩机和各种泵等,也会产生一些激振力,但一般情况下其数值不大,只会引起局部结构的振动。此外,波浪冲击和抛锚等引起的激振力却是非周期性的,它们对艇体的作用时间短,引起艇体的衰减振动。振动又会对设备仪表和乘员的舒适性等产生不利的影响;高强度钢的采用使艇体结构刚度下降,艇体振动可能变得更强烈。这些都使得艇体的振动成为人们越来越关切的问题之一。因此,需要对游艇振动及对人的危害制定一个合理的评价方法和衡准,并提出相应的振动控制方法。

参考文献

[1] 胡敏.豪华游艇居住舱室舒适度评估专家系统的应用研究[D].武汉:武汉理工大学,2011.

[2] 宋学敏.钢铝混合结构高速船振动噪声预报与控制研究[D].武汉:武汉理工大学,2012.

[3] 金咸定,夏利娟.船体振动学[M].上海:上海交通大学出版社,2011.

[4] 姚熊亮,张阿漫编.船体振动与噪声[M].北京:国防工业出版社,2010.

[5] 刘振明.豪华游艇居住舱室舒适度综合评价研究[D].济南:山东交通学院,2017.

[6] 徐芹亮,赵玉红,李仁锋,等.大型豪华游艇结构振动分析与控制[J].噪声与振动控制,2015,35(05):56-59.

[7] 李庆宁.豪华游艇综合减振降噪的设计与实验[J].实验室研究与探索,2011,30(3):61-63.

[8] 王庆平,陈建榕,顾芳诚,杨松青.国外豪华游艇概况及建造工艺特点[J].造船技术,1992(5):1-7.

[9] 李峰,姜效瑜,李元元.豪华游艇的噪声与振动控制[J].噪声与振动控制,2005(2):18-20.

[10] Tatiana P, Lorenzo M, Dario B, et al. 超级游艇舒适度评估的振动分析[J]. Journal of Marine Science and Application,2017,16(3):323-333.

[11] 张大鹏.24米以下游艇舒适性研究[D].厦门:集美大学,2016.

游艇舒适度原理与设计

第 6 章　游艇噪声舒适度

游艇的噪声舒适性是衡量游艇品质的重要指标,随着人类对环境舒适度要求的提高,游艇噪声问题越来越受到重视,实现舱室低噪声已成为高质量、高性能游艇的标志之一。本章从游艇噪声源及传播入手,研究游艇的舒适性,分析噪声对舒适性的影响及相关标准,从噪声的角度对游艇舒适性进行评价,并给出了控制及治理的方法。

6.1 游艇的噪声源

游艇噪声源和其他类型船舶的噪声源大致相似,主要有主辅机、螺旋桨、通风管路系统等主要噪声源,这些噪声源的影响远远高于其他声源类型的影响。所不同的是游艇在高速运行时所产生的流体噪声即空气噪声和水动力噪声对舱室的影响要高于其他低速运行的船舶。游艇自身对噪声等级要求较其他普通船舶而言更加严格。对于游艇典型舱室的噪声预报来说,所要考虑的船舶主要噪声源主要是机械噪声源中的主辅机噪声、推进系统噪声和通风空调系统噪声,有时也要考虑水动力噪声,其余的风载荷、广播系统和汽笛等引起的噪声则不需考虑。

(1) 主机激励。

在整个游艇的动力装置中,主机是最强烈而且也是最难控制的声源之一,其产生的噪声主要是来自结构振动时的噪声和机体表面产生的辐射噪声。其辐射的空气噪声不仅声强大,响度高,而且其影响区域波及全船。空气动力产生的噪声主要成分是进排气噪声,进气噪声主要在机舱中传播,影响机舱内的安静性,在增压柴油机中,进气噪声主要是由鼓风机产生的噪声;排气噪声主要影响船舶上层建筑,如驾驶台处的安静性。机体表面的辐射噪声对游艇典型舱室声压级的影响要高于结构振动所产生的影响,某些高速大功率主机其机体表面的辐射噪声可在机舱内产生高达 110 dB 以上的噪声,这对游客及工作人员的正常工作及身体健康带来严重影响。在结构振动辐射噪声中,燃烧噪声是由于气缸内高压燃烧气体的冲击作用,使气缸盖和活塞产生振动,传至机体表面并形成噪声,燃烧噪声与气缸中燃烧的气体压力特性有关,平缓的压力变化对应着较小的燃烧噪声,而剧烈的压力变化对应着较大的燃烧噪声;机械噪声主要是指由于各种机械力的作用,引起机体某些部件振动而辐射出的噪声,如活塞的敲击、气阀机构的撞击、齿轮啮合的撞击以及不平衡惯性力与力矩的作用等。

(2) 螺旋桨激励。

推进系统所产生的噪声主要是由螺旋桨产生的噪声。螺旋桨作为游艇典型舱室的主要噪声源,它产生的噪声主要来源于两种方式:一是螺旋桨本身产生的振动辐射噪声,另一个则是由于螺旋桨振动引起的游艇艇身的振动所产生的结构噪声。游艇一般采用功率较大的高速机、高速桨,游艇上安装大功率、高转速的推进主机,与之连接的螺旋桨产生的脉动压力也显著增加。与常规船相比,其激励力较大,激励频率较高。

螺旋桨激振力的成因十分复杂,既与螺旋桨本身的形状参数、桨叶数目有关,也与船舶的航速和艉部的线型等因素有关[1]。螺旋桨的激振力按照频率可分为轴频激励力和高频激励力,轴频的激励频率与尾轴的旋转频率相等,是螺旋桨的一阶激励力,主要是由螺旋桨的制造误差引起;高阶激振力又可称为叶频和倍叶频激振力,主要是由螺旋桨在不均匀流场中工作引起,其频率等于尾轴转速与桨叶数或桨叶倍数的乘积。

(3) 通风、空调激励。

游艇通风、空调系统,目前多采用高风速、大流量、高压头风机,风机振动和进气、排气的气流动力噪声往往形成对游艇工作舱及居住舱环境的严重影响。在考虑游艇的典型舱室噪声水平时,空调本身所产生的辐射噪声以及由空调自身运转时振动所产生的结构噪声也需要合理考虑。通风管路的再生噪声与其布置和结构有关,管路系统一般没有外部周期的强制作用,而管路内的压力和流量却产生有规律性的连续波动从而产生噪声,这称为喘振噪声,它是一种自激振动。有时管路安装不正确而产生的振动也是噪声的来源之一。

(4) 水动力噪声。

水动力噪声的强度主要是和游艇的航速有关,在低速的情况下基本不予考虑,同时游艇由水动力产生的噪声要远远小于主辅机以及推进系统所要产生的噪声,其主要产生的机理是水流激振壳体振动或壳体上的某些结构(叶片、空穴腔体等)共振所产生的噪声。当游艇高速航行时应该对水动力噪声予以重点关注并进行控制。

6.1.1 声学的基本概念[2]

噪声是指对人的健康产生危害或是引起听力损害或具有其他危害性的声音,其本身也具有声音的一切物理特性。噪声具有两种意义:在物理上是指不规则的、间歇的或随机的声振动;在心理上是指任何难听的、不和谐的声音或干扰。

无规噪声也称随机噪声,是一种瞬时值不能预先确定的噪声;白噪声是指频谱连续而均匀的噪声,但不一定是无规则的;粉红噪声是自然界最常见的噪声,指在很宽的频率范围内用等比例频带宽度测量时,频谱连续而均匀的噪声,主要分布在中低频段,瀑布声和小雨声都可称为粉红噪声。

(1) 声压、声功率和声强。

当介质中质点受到声波作用的时候,会形成疏密波,疏密波在介质中以纵波的形式传播。当声波在介质中传播时,会引起介质质点的连续振动,进而使介质层交替压缩与膨胀,压强周期性地增强和减小,从而在原介质层上形成一个变化的压力,变化量即为声压。声压也就是指声波产生的压力增值,单位用帕(Pa)来表示。

声波是以波的形式在介质中进行传播的,以能量来度量其强弱。声源单位时间所辐射的总能量定义为声功率(sound power),平均声能量流 W 指在单位时间内通过与垂直声传播方向上面积为 S 的平均声能量。由于传播速度为声速 c_0,因此平均声功率等于底面积为 S,高为 c_0 组成的圆柱体内的平均声能量流。声波平均能量流密度的大小叫声强,声强的单位是 W/m^2。需要注意的是,声强具有方向性,"+"表示正向,"一"表示负向。

(2) 声压级、声功率级和声强级。

人耳能够听到很大范围的声压(上下限达到百万倍),而且对于声压的敏感度很低,即声压变化很大的时候,人耳的感觉并不强烈,用声压的绝对值大小来衡量人耳听到声音的大小极为不便。但是人耳对声压的敏感程度与声压的对数变化大致相同,所以为了方便度量,人们采用级的概念来衡量和表征声的大小。表达噪声大小的物理度量则是通过一些无量纲数,如声压级、声功率级和声强级来表示声压、声功率和声强的大小,其对应的单位是分贝(dB)。

声压与基准声压的比值取常用对数的 20 倍被定义为声压级,用符号 L_P 来表示,它的数学表达式为 $L_P=20\lg(p/p_0)$,p_0 为基准值,在空气中基准声压 p_0 取 2×10^{-5} Pa,水中 p_0 取 1×10^{-6} Pa。

声压级是反映声音大小的一个参量,例如一个声压为 0.1 Pa 的声源,它的声压级为 74 dB。表 6.1 给出了部分声压和相应声压级的比较。

表 6.1 常见声源的声压与相应的声压级对比

声压(Pa)	声压级(dB)	典型声源
20.0	120	喷气式飞机起飞点(距离 100 ft)
6.32	110	普通飞机(距离 400 ft)
0.632	90	摩托车(距离 25 ft)
0.200	80	垃圾处理
0.063 2	70	城市交叉路口
0.020 0	60	一般交谈
0.006 32	50	典型的办公室
0.002 00	40	生活房间(不开电视)
0.000 632	30	夜间特别安静的房间

注:1 ft=0.304 8 m。

声功率与基准声功率的比值再取常用对数的 10 倍为声功率级,用符号 L_W 来表示,它的数学表达式为 $L_W=10\lg(w/w_0)$,基准声功率 w_0 一般取 10^{-12} W。基准声强取 10^{-12} W/m²。

除以上三种声学量的级外,在声学应用中还经常用到振动加速度级等,主要声学量的级与基准值见表 6.2。

表 6.2 声学量的级与基准值

级名	定义	基准值
声压级	$L_P=20\lg(p/p_0)$	$p_0=2\times10^{-5}$ Pa (空气中)
声功率级	$L_W=10\lg(w/w_0)$	$w_0=10^{-12}$ W
声强级	$L_I=10\lg(I/I_0)$	$I_0=10^{-12}$ W/m²
振动加速度级	$L_a=20\lg(a/a_0)$	$a_0=1$ mμm/s²

(3) 噪声的叠加和相减。

噪声的叠加是由两个以上独立声源同时作用于某一点所形成的。两个声功率大小分别为 W_1 和 W_2 声源，其总声功率是 $W=W_1+W_2$。两个声强大小为 I_1 和 I_2 的声源，同时作用于同位置，则这一位置的总的声强是 $I=I_1+I_2$。但是声压不可以进行直接的加减法计算，这是因为 $p_总^2 = p_1^2 + p_2^2$。多个不相关的噪声相加，或一个噪声的各频带声压级已知，求总声压。当单位是分贝时，应该使用对数的计算法则。

上述两个声压级分别为 L_1 和 L_2 的声源进行叠加，其计算公式为：$L_1=10\lg(w_1/w_0)$、$L_2=10\lg(w_2/w_0)$。

功率相加 $L_p = 10\lg((w_1+w_2)/w_0) = 10\lg(10^{L1/10}+10^{L2/10})$。

可见，声级相加（或相减）的结果与基准量无关。

两个声功率级相加时，必须先取反对数，然后相加，再取对数。若两个声功率级分别为 L_{W1} 和 L_{W2}，设 $L_{W2}=L_W-\Delta L_W$，则总声功率级为 $L_W = 10\lg(10^{L_{W1}/10} + 10^{L_{W2}/10}) = L_{W1} + 10\lg(1 + 10^{-\Delta L_W/10}) = L_{W1} + \delta$（$\delta$ 可由 δ 与 ΔL_W 关系图标查得）。

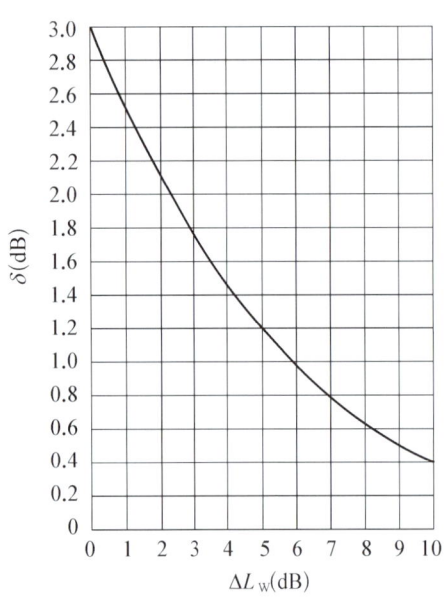

图 6.1 两个声功率级相加时 ΔL_{W+} 与 δ 的关系

(4) 噪声频谱分析。

日常生活中所能听到声音的频率范围大致为 16～20 000 Hz。常在 16～20 000 Hz 这个范围内分成许多个频带，频带宽度就是频带内的下限频率减去上限频率，它和中心频率的比值叫做频带相对宽度。做声音的频谱分析时，一般使用恒定带宽的方法，常采用倍频程数 n。倍频程数 n 与 f 的关系式为 $n=\log_2(f_2/f_1)$。式中，f_1 和 f_2 分别为频带的上下限频率，n 为正整数。$n=1$ 时，称为倍频程；$n=1/3$ 时称为 1/3 倍频程。其中倍频程和 1/3 倍频程较常用。中心频率 f_c 的计算表达式为 $f_c^2=f_1^2+f_2^2$。目前在船舶噪声测量中最常用的倍频程中心频率为 31.5、63、125、250、500、1 000、2 000、4 000、8 000、16 000（Hz）。采用倍频程进行船舶舱室噪声预报得到的噪声频谱能够有效表达出所分析频率范围内的舱室噪声水平情况，从中可以了解影响舱室声压级的主要声源激励的类型和游艇各声源的传播途径，进而为游艇的降噪提供合理的参考方案。

6.1.2 感觉噪声级和噪声指数

人们主观判断噪声的"吵闹"程度成比例的数值量称为噪度，用 N_a 表示，单位为呐（noy）。噪度转换成分贝指数，称为感觉噪声级。声音的强弱叫做响度，单位是宋（sone）。

由于人耳对不同频率的声音感受到的强度不同,因此响度不仅和声压值有关,还和频率有关。生活中的噪声及说话声的频率相差不大,所以可用声压值也就是分贝来代表响度,但并非严格意义上的响度。感觉噪度的单位是呐,一个感觉噪度为 3 noy 的声音与一个比 1 noy 响 3 倍的声音一样吵闹。感觉噪度的定义在中心频率为 1 kHz 的倍频带上,声压级为 40 dB 的噪声的噪度为 1 noy。

感觉噪声级是一种噪声的评价参数,单位为 PNdB。和响度级类似,感觉噪声级评价方法:某一噪声的感觉噪声级在"吵闹"上与该声音相同的是中心频率为 1 000 Hz 的窄带噪声的声压级,它是基于感觉的"烦恼"而不是基于"响度"的主观分析。感觉噪声级 L_{pn} 每增加 10 dB,感觉噪度加倍。由于噪声总有相当宽的频带,在计算其总噪度时,要用类似复合音响度的方法。

确定噪声对人的干扰程度比确定响度复杂,因为这里包含了心理因素的影响。一般认为高频噪声比同样响的低频噪声更吵闹,强度随时间激烈变化的噪声比强度相对稳定的同一声音让人觉得更吵闹;声源位置观察不到的声音比位置确定的噪声更吵闹;噪声的干扰又与一天中噪声出现的时间和人的活动有关;两个声强相同的声音,其中一个包含纯音或声能集中在窄频带内,则该声音比另一个更令人烦恼。考虑了这些因素的影响,提出了等感觉噪度曲线。

感觉噪度与感觉吵闹度呈线性关系。通常感觉噪声级较感觉噪度使用更广。感觉噪声级主要用于航空噪声的评价,也可推广到家庭设备噪声、公共噪声和对听觉危害的噪声的评价。

有效感觉噪声级是指考虑了持续时间和纯音修正后的感觉噪声级,单位为 EPNdB。因为噪声的音调是变化的,且噪声中的纯音成分或窄带分量以及持续时间都会影响人们对噪声所感觉到的烦恼程度,因此提出了有效感觉噪声级用于噪声的评价。有效感觉噪声级的计算和测量十分复杂,一般可用 A 声级加 15 dB 来估计。

噪声指数(noise factor, NF)的含义是被测系统引入的噪声是 290 K 温度下热噪声的倍数,因此也可用噪声温度来评价被测系统。噪声温度与噪声指数、噪声系数的关系如表 6.3 所示。

表 6.3 噪声温度与噪声指数、噪声系数的关系

噪声指数 (dB)	噪声系数	噪声温度(K)	噪声相对 百分比(%)	理论信噪比变化 (输入噪声为 290 K)(%)
0	1	0	0	100
0.5	1.122	35.4	12.2	89.1
1	1.26	75.1	26	79.36
1.7	1.479	138.9	47.9	67.6
3	2	290	100	50
10	10	2 610	900	10
20	100	28 710	9 900	1

噪声指数、灵敏度和比特误差率是评价接收系统处理弱信号能力的三个参数指标。其中噪声指数和系统带宽可以推出系统的灵敏度指标，因此噪声指数测量是评价接收系统的主要指标。

噪声指数不但可以评价整个系统，而且可以评价单个元件（放大器、混频器等）。测量噪声指数是最小化接收系统的噪声问题，因为一旦噪声混入信号，接收系统不再能区分出来在信号频率范围内的噪声。噪声指数总是和双端口网络相对应的。噪声指数不能评价单端口网络，比如终端、天线、振荡器等。

6.1.3 各种统计声级

统计声级是指在整个测量时间内或次数中出现时间或次数在 N% 以上的 A 声级。例如 L10、L50、L90 分别表示出现时间或次数在 10%、50% 和 90% 以上的 A 声级。L10 相应于峰值平均 A 声级，L50 相应于平均 A 声级，L90 相应于背景噪声的 A 声级。

统计声级用来表述起伏很大的噪声，例如交通噪声，也称为累计百分声级。表示在测量时间内高于声级 LN 的噪声所占的时间为 N%。通常认为：L10 表示在取样时间内只有 10% 时间的噪声超过该能级，相当于噪声平均峰值；L50 表示在取样时间内有占 50% 时间的噪声超过该能级，相当于噪声平均值（中值）；L90 表示在取样时间内有占 90% 时间的噪声超过该能级，相当于噪声背景值。

统计声级计算方法是，将一段时间内随机采样测得的 100 个数据按从大到小顺序排列，第 10 个数据即为 L10；第 50 个数据为 L50，第 90 个数据为 L90。

6.1.4 游艇噪声源及传播

游艇上的振动与噪声可说是孪生姐妹。游艇上噪声传播途径主要是通过空气和游艇本身结构两种方式进行传播。声源辐射的空气噪声主要是透过壁板和其他结构通道向外辐射和传播。游艇主机和螺旋桨激起的艇体振动，也会经由船体结构（如甲板、引擎机座、船体纵向材、隔舱板等）对外传播，而在居住舱间产生较大结构噪声[3]。在大多数情况下其频率处于可听频率范围以下，由于这类振动也会发出可以听到的噪声。结构噪声就是指在可听频率范围内的，在结构中以游艇的机械振动，并且由诸如游艇舱壁、外板、甲板等这些二次噪声通过空气声辐射出来，由于此类噪声主要是中低频噪声，所以很容易传遍全船而达到各个舱室。对于钢制或者铝制游艇来说，由于其内部阻尼很小，所以结构噪声传播能量损失非常微小；对于复合材料材质的游艇来说，结构噪声的传播则没有钢制游艇那么明显。

由于船舶的特殊性，游艇舱室噪声具有噪声源繁多、种类各异，传递路径复杂、舱室噪声差异大、噪声易与周围环境耦合等特点。在噪声源类型方面，游艇噪声有各种机械设备产生的稳态噪声、间断噪声、瞬态噪声；在频谱分布上，既有中、高频噪声，又有低频噪声；在频带上，既有宽带噪声，又有窄带噪声。由于游艇各舱室性质、尺寸、机器选型和工作状态、船体结构差异较大，因而其噪声水平亦有较大差异。有噪声源舱室噪声频谱主要取决于噪声源，主、辅机舱噪声主要频谱范围为 63～2 000 Hz。无声源舱噪声主要来自声源舱噪声的透射传播和船体结构振动辐射,中、高频成分有较大衰减。无声源工作舱和生活舱噪声低频成分十分丰富,其主要频谱范围为 31.5～125 Hz。由于舱室内除噪声外还有振动、摇摆、温湿度等多种因素,艇员在多种环境因素耦合作用下,其对机体的影响和功能变化更加复杂。

6.2 噪声对舒适性的影响及相关标准（ISO 及各主要船级社的标准）

6.2.1 噪声的危害

噪声对人体的危害是全身性的,既可以引起听觉系统的变化,也可以对非听觉系统产生影响。这些影响的早期主要是生理性改变,长期接触比较强烈的噪声可以引起病理性改变。此外,作业场所中的噪声还可以干扰语言交流,影响工作效率,甚至引起意外事故。

研究表明,在 40~50 dB 噪声作用下,会干扰正常的睡眠。突然的噪声在 40 dB 时,可使 10% 的人惊醒,60 dB 时则使 70% 的人惊醒。当连续噪声级达到 70 dB 时,会对 50% 的人睡觉产生影响。噪声分散人的注意力,容易使人疲劳,心情烦躁,反应迟钝,降低工作效率。当噪声为 60~80 dB 时,工作效率开始降低,到 90 dB 以上时,差错率大大增加,甚至造成工伤事故。有资料表明,噪声对思考也有影响,突然的噪声干扰要丧失 4 s 的思想集中。在噪声长期作用下,人的大脑皮质兴奋和抑制容易失调,注意力不集中,情绪不稳定,心情烦躁,激动易怒,思维反应迟钝,学习能力、记忆能力有所下降,警觉性、空间想象和逻辑推理能力和工作效力下降。噪声对工作的危害主要表现：一是影响听力或干扰听觉信号辨别；二是引起生理、心理效应,从而影响操纵者的知觉水平或信息传递。

噪声还会对听觉器官产生一定影响。噪声对人听觉可能造成的损伤如下：噪声损伤听觉,最常见的是"听觉疲劳",即在噪声作用下,使人的听觉灵敏度暂时下降,过后很快就会自动恢复,这种现象也称"暂时性听力损失"；而当听觉长期暴露在强噪声环境中,致使听觉灵敏度下降变成长期的,以后不能再全部恢复,即造成"永久性听力损失"。也就是说噪声对听觉器官的影响是一个从生理移行至病理的过程,造成病理性听力损伤必须达到一定的强度和接触时间。长期接触较强烈的噪声引起听觉器官损伤的变化一般是从暂时性听阈位移逐渐发展为永久性听阈位移。

在强噪声环境下,人会感到刺耳难受、疼痛、听力下降、耳鸣,甚至引起不能复原的器质性病变,即噪声性耳聋。噪声性耳聋是指 500、1 000、2 000(Hz)三个频率的平均听力损失超过 25 dB。若在噪声为 85 dB 条件下长期暴露 15 年和 30 年,噪声性耳聋发病率分别为 5% 和 8%；而在噪声为 90 dB 条件下长期暴露 15 年和 30 年,噪声性耳聋发病率提高为

14%和18%。

噪声不仅引起听觉系统的损伤，还可对机体其他系统，如神经系统、心血管系统、消化系统、前庭功能、视觉功能、内分泌等产生影响。噪声作用于中枢神经系统，使大脑皮层功能受到抑制，出现头疼、脑胀、记忆力减退等症状；噪声会使人食欲不振、恶心、肠胃蠕动和胃液分泌功能降低，引起消化系统紊乱；会使交感神经紧张，从而出现心跳加快、心律不齐，引起高血压、心脏病、动脉硬化等心血管疾病；噪声还会使视网膜轴体细胞光受性和视力清晰度降低，并且常常伴有视力减退、眼花、瞳孔扩大等视觉器官的损伤。

噪声对心血管的影响主要表现为心率、血压、心电图的改变。目前的研究结果各不相同，有人认为噪声可引起心率加速，也有人认为噪声可使心率放缓，有人则认为噪声可引起心动过速，也可引起心动过缓。根据不同的研究结果，可把噪声对心血管的影响归纳为两类：一类属于即时效应，主要表现为开始接触噪声时，机体先产生保护性反应，交感神经兴奋、心率加速、心输出量增加、收缩压升高，噪声越强这种反应越明显，随着噪声暴露时间延长，机体的应激反应逐渐减弱，继而出现抑制，表现为心率减缓、心输出减少、收缩压降低；另一类是远期效应，主要表现为脉搏和血压波动，心电图呈缺血性改变或传导阻滞，以及外围流血阻力变化等。

过高的噪声会导致消化功能减弱、胃功能紊乱、消化液分泌异常、胃张力减低、蠕动无力、排空减慢、胃酸度改变，导致消化不良、食欲不振、营养不良、体重减轻等症状。不少报道指出，胃病是艇员的常见病。对艇员胃肠疾病进行流行病调查表明，其功能性消化不良发病率为10.3%，其中57%是由噪声因素引起的。

噪声作用可引起瞳孔散大，视野向心性缩小，视敏感度和视野调节速度减低。研究表明，在噪声作用下，蓝色和绿色光视野增大，而金红色光视野缩小。噪声导致视力清晰度和视运动反应时的改变与噪声强度密切相关，噪声越强，视力清晰度越差，潜伏期越长。此外，噪声还可以引起视觉幻觉。如观察一根垂直紧挂于空中的直线时，在噪声刺激下，就会发现直线渐渐偏离刺激声大的一边而靠近刺激声小的一边。当观察空中一个亮点时，将得出相反的感觉，亮点偏离刺激声小的一边而靠近刺激声大的一边。

人体处于噪声环境下还会引起肾上腺活动的增加，影响人的新陈代谢，容易使人产生头脑发胀、疲劳、神经过敏等现象。更为严重的还是引起某些疾病，几十赫兹的低频强噪声可引起人体各部分共振，从而影响呼吸、脉搏、血压，会造成人头晕、视力不清等症状；高频噪声可引起人神经错乱，神经机能的衰退。

6.2.2 噪声的评价方法

噪声评价是指在不同条件下，采用适当的评价量和合适的评价方法，对噪声的干扰与危害进行评价。常用评价量主要有：计权声级、等效连续声级、昼夜等效声级、累积百分数声级、计权有效连续感觉噪声级等。

为了能用仪器直接反映人的主观响度感觉的评价量，有关人员在噪声测量仪器（声级计）中设计了一种特殊滤波器，叫计权网络。通过计权网络测得的声压级已不再是客观物理量的声压级，而是计权声压级或计权声级，通用的有A、B、C和D计权声级。A计权声级是模拟人耳对 55 dB 以下低强度噪声的频率特性；B 计权声级是模拟 55～85 dB 的中等强度噪声的频率特性；C 计权声级是模拟高强度噪声的频率特性；D 计权声级是对噪声参量的模拟，专用于飞机噪声的测量。A 计权声级能较好地表征人耳主观听觉，故实际中较常采用 A 计权声级。以 A 计权声级作评价量，不仅简便实用，还能较好地反映人耳对噪声的强度与频率的主观感觉，因此对一个连续稳态噪声，它是一种较好的评价方法；但是缺少频率信息，不适用于起伏的或不连续的噪声。

当评价噪声对人体的影响时，不但要考虑该噪声的大小，而且要考虑作用时间时，因此引入了等效连续 A 声级的概念。在声场中的某一定点位置上，用某一段时间内能量平均的方法，将间歇暴露的几个不同的 A 声级噪声，以一个 A 声级表示该时间段内的噪声大小。这样不仅考虑了噪声强度也考虑了噪声的作用时间，但是不能反映噪声的变动性。

昼夜等效声级是指将夜间的噪声级加 10 dB 后与昼间的噪声级一起对它们各自的作用时间进行能量平均而得的噪声级。这样就可以用一个值反映噪声情况，但是由于将昼间和夜间的噪声级加权在一起用一个值表示，因而掩盖了夜间的高噪声带来的影响。

累积百分数声级 L_N 表示测量时间的 $N\%$ 所超过的噪声级，最常用的是 L_{10}、L_{50} 和 L_{90}。计权有效连续感觉噪声级是以一昼夜 24 h 为单位监测时间，通过某一固定点的飞行引起的噪声级，同时考虑不同时间内飞行造成的不同社会影响，主要用于评价飞机噪声。

噪声评价的实质就是对整体噪声质量进行全面分析，给出客观、准确的评判结果。噪声的评价方法主要有统计法、平均值法、模糊数学法和噪声地图等。

统计法是对各测点达标与否进行统计以及使用累积百分声级噪声进行评价；平均值法的评价过程是：使用网格法，对评价区域内进行普查监测，将所有的网格测得的数据进行算术加权求平均值；模糊数学中的聚类分析是一种数学方法，它的基本任务是把所观察的对象进行合理分类。一般称要进行分类的对象为样本，再将样本的种种性质数量化，称为样本的指标。将模糊聚类分析方法用于噪声质量的分级评价，可用隶属函数将噪声质量分级，并刻画出界线的模糊性；噪声地图是指利用声学仿真模拟软件绘制，并通过对噪声实际测量数据检验校正，一般以不同颜色的噪声等高线、网格和色带在地理平面和结构立面上表示噪声值分布图。噪声地图是应用现代计算机技术，将噪声源的数据、位置数据、结构的分布状况等资料以及相关信息综合分析和计算后，生成的反映某区域噪声水平状况的数据地图。

另外，噪声评价方法应符合以人为本、客观性、全面性、实用性与统一性的原则。

6.2.3 游艇噪声衡量标准

游艇作为一种具备航海、休闲等功能的水上娱乐高档消费品，与传统商用船舶不同，游艇主要为私人使用。同时，游艇也常用于商务招待，游艇振动噪声、视觉感受、温度感受等因素会严重影响艇上人员的交谈与通信，影响商务会谈的成功率。不仅如此，噪声还妨碍艇上人员的休息与工作，对游艇的休闲娱乐性产生严重影响。因此，游艇对舒适性要求极高。与光照、人体工程学、视觉感受、温度感受等因素相比，声舒适性是游艇舒适性参数中最为关键的一环。

目前我国游艇行业发展迅速,但依旧处于起步阶段。不完善的相关规范是制约我国游艇行业发展的重要因素。全球游艇行业发展水平也不尽相同,虽然各大船级社对游艇噪声的相关规范存在着一定的相关性,但又有着各自的特点。

游艇具有主机、各类辅机、空调系统等多种声源,且游艇噪声的频谱分布范围大,噪声持续时间长。A 计权声压级适于对宽频带及持续性等特性的噪声进行评价,且符合人的主观感受。因此,评价游艇噪声最常用的评价量为 A 计权声压级。港内工况、试航工况是游艇投入实际使用后经常面临的工况。港内工况是指游艇处于所有推进机器均停止的工况。试航工况下游艇基本处于在海上正常行驶时全船所处的状态,试航工况的测试结果是对船舶建造和修理情况进行评价的重要依据。各大船级社都对这些工况下典型舱室的声舒适情况制定了严格的噪声等级标准[4-8],具体规范标准见表 6.4。

表 6.4 港内工况/试航工况游艇主要位置不同区域噪声限值　　　[dB(A)]

位置	ABS 噪声限值	BV 下限	BV 上限	DNV 下限	DNV 上限	LR 下限	LR 上限	RINA 下限	RINA 上限
沙龙	45/45	45/55	55/62	40/53	50/62	55/55	60/60	40/60	50/75
舱室	45/55	40/50	50/58	35/-	45/-	50/50	55/55	40/50	50/60
露天甲板	65/65	55/75	65/85	50/75	60/85	63/63	70/70	50/65	60/75
驾驶台	-/-	-/65	-/65	-/60	-/65	60/60	75/75	40/55	50/65

可见,各大船级社针对港内工况和试航工况下游艇典型舱室噪声限值基本一致,并且舱室要求最高。在追求声舒适度的同时,不可避免地会引起成本的增加,对整个游艇的体积、重量、结构以及机器选型都会产生重要影响。因此,合理、客观的游艇噪声规范应充分平衡低噪声要求与其建造成本间的关系,使其在尽可能低的成本下达到满意的声舒适水平。

6.3　游艇噪声控制技术

6.3.1　噪声控制的一般方法

游艇噪声主要分为两类:噪声源辐射的空气声和噪声源所造成的结构振动在艇体结构传递中产生的结构声;因此,要减少噪声值,需要从前期方案设计阶段降低噪声源和艇体结构振动入手,具体可以在控制方案、振动与噪声源控制、传递的路径、振动的隔离和吸声隔声材料几个方面寻求解决。

(1) 控制方案顶层设计。

在游艇总体论证和设计阶段,从总体宏观上考虑降噪措施,并根据论证中设备噪声和舱室噪声的预报或计算,通过调整总体方案或改进降噪措施来达到控制要求。在总体设计中,应尽量将主、辅机等主要声源集中布置,主要噪声源应尽量避免与生活舱和主要工作舱毗邻,总体设计应尽量利用空舱、储藏室、通道、卫生间等作为隔声空间,居住舱、休息室、医务室等不应布置与本舱室无关的发声设备。

(2) 振动与噪声源控制。

具有循环运动部件的机器必然产生振动,欲解决噪声源振动问题需从两方面入手。其一为降低噪声源本身的振动,如采用设计良好的主机、发电机,采用高歪斜螺旋桨及加大螺旋桨与艇体间隙以降低表面力;其二为防止噪声源的振动经艇体结构向外传递,如在主机、发电机等主要设备下加装弹性基座以衰减传到艇体结构的振动值。除去主机、发电机和螺旋桨外,主机排气管通常也是一个噪声源,以下则就游艇上常见的噪声源分别加以叙述。

① 螺旋桨:螺旋桨叶片的旋转会引起船尾外板附近的水压变动造成艉部振动,形成噪声。在同一转数下,随着螺旋桨叶片数的增加,压力变动值会降低,进而噪声也会随之降低;当螺旋桨发生空蚀时,激振力会大增,导致艇体结构振动和噪声值的大幅度上升。故在游艇建造时可通过增加螺旋桨叶片数量和减少螺旋桨与艇体间隙避免空蚀来降低噪声值。

此外螺旋桨叶片的边缘及其所产生的涡流相互影响也会产生噪声,其频率会固定在同一频率范围内,并不会随着螺旋桨的转速和船速改变,故可对叶片边缘进行切割,以避免此共振频率。

② 机舱(包括主机、发电机等):机舱中噪声较大的机器包括主机、发电机和减速齿轮等,其所发出的噪声包括经过机座传至艇体结构的结构声和通过结构或者出入口传出的空气声,可根据以下防治对策进行降噪:

a. 在这些机器下方安装弹性机座,以降低一次结构声的传播;

b. 在机舱周围墙壁加装吸声材料,以降低二次结构声的传播;

c. 将由机舱周壁或上甲板所支撑的管路,以弹性支撑与周围的艇体结构隔开;

d. 主机排气管等管路可以用弹性接头予以区隔,以遮断结构声;

e. 将噪声源全部盖上隔声罩,以与机舱隔离。

③ 暴露处之进排气:机舱的进排气口通常处于机舱开口附近的露天甲板上,当送风机的叶片转动而切割空气时,其产生的噪声便会由开口放射出去,进而成为附近露天区域的主要噪声源,尤其是进气口常为舱室区域噪声的主要来源。因此若要减少此类噪声,除需考虑进排气口开口方向,使其与舱室区域相反并尽量远离舱室区域外,也应考虑送风机的叶片数、转数及叶片形状,以降低其产生的噪声。再者,在进排气管内侧加以吸声处理,也可使产生的噪声在放射前被吸收,达到降噪的目的。

(3) 振动与声的传递路径控制。

噪声源的振动会经由艇体结构不断地向外传播,并在远处的舱室区域造成噪声。但由于艇体结构材料本身的阻尼作用会消耗掉部分振动能量,因此随着传递距离的增加,振动及噪声的衰减量会随之增大。因此在考虑舱室的布置时,便应将此因素纳入,将噪声标准要求较高的房间,如卧室等,安排在远离噪声源的位置以得到较大的噪声衰减值。传输途径中的控制是降噪最常用的方法,如隔振、吸声等都是有效的措施,可以起到事后补救的作用。

(4) 振动的隔离。

当振动传至目标舱室的地板、墙和天花板时,其周遭的空气也会随之振动而形成噪声。因此,若能在结构壁板与内装的内部构件之间加上一些阻尼设施,便可进一步吸收由艇体传来的振动能量,达到衰减舱室噪声的目的。建造时可对地板、天花板和墙壁采用浮动安装的方式。

(5) 吸声隔声材料的使用。

舱室区域布置时基于防火、隔热等因素的考虑,必须加装石棉、玻璃棉等防火材料,而此类多孔性材质的材料本身具有吸声的特性,因此对于噪声的控制也有一定程度的贡献。此外,在噪声较高的舱室,可以加装阻尼层以加强吸声能力;或以双层壁空间来隔离主要噪声源。

常见的吸声材料有泡棉、玻璃棉和岩棉,而其他如厚地毯、窗帘及沙发材料均可以使舱室内的噪声降低,故在游艇设计建造阶段,甚至建造完成后,均可加装吸声材料以提高室内吸声率。在使用吸声材料时要注意到,泡棉只有吸声效果,无隔声效果,而岩棉和玻璃棉兼具吸声和隔声之功能。天花板的制作材料,可采用吸声率较高的泡棉为内衬垫料,外层再敷上绒布或穿孔的塑料皮料。室内地板铺上长毛地毯,不仅可以吸收在室内反射的空气音,若牢固附着在地板面上也可以增加地板的质量,有如阻尼效果一般,并可以缓冲乘客运动时对地板的激振作用。机舱内壁粘贴吸声岩绵加穿孔铝板,其他如空调设备的风导管内侧贴上吸声泡绵,当噪声通过其中时,可起到降噪效果。

在游艇机舱和要求较安静的居住舱室取可安装隔声材料用于隔绝噪声源,常见的隔声材料如下:加铝片的玻璃钢板(用于隔绝机舱与居住舱室的壁板)、聚乙烯塑料板(可用于垫在地毯下方阻挡噪声穿透地板,如机舱上方的沙龙可在地板面先粘上一层塑料板,再铺上厚地毯)、天然软木或软木—橡胶结合材料(可作为隔声板的芯材,广泛运用于天花板、隔音壁、浮动地板)、铝板(可反射并隔绝噪声源)等。

噪声控制的基本原则如下。

① 科学性原则:噪声控制遵循声学的基本原理、特性,所采用的技术配置合理,具有一定的针对性;噪声控制目标合理,控制时一般先进行噪声源的控制,其次对传播途径进行控制,最后采取个人的防护措施。

② 可行性原则:噪声控制制定不能与船舶的其他方面相冲突;同时,在建造施工时易于进行,具有可操作性。

③ 先进性原则:采用的设备先进,噪声水平低;运用的减振降噪技术先进,能有效降低舱室噪声。

④ 经济性原则:在考虑设备装置、材料等的先进性和质量优秀的前提下,价格要合理

实惠,耐用性好,美观大方,且易于维护。

⑤ 绿色环保性原则:所使用的减振降噪材料、设备以及装置,不能对船舶的其他性能造成损害,比如总体性能、结构安全等。

6.3.2 吸声技术

同一个声源,如置于未做任何声学处理的舱室内,这时操作人员感觉到的噪声级比这个声源放在露天户外听起来要强。因为,一般室内表面多是一些对声音反射强的坚硬材料,如混凝土、砖墙、玻璃等,室内声源发出的声波将从墙面、天花板、地面以及其他物体表面多次地反射,反射声与声源本身发出的直达声混合使用,使人感觉声音加强了。为消除反射声,要在室内表面上装饰一些吸声材料,即用吸声技术降低噪声。

声波通过媒质或入射到媒质分界面上时声能减少的过程,称为吸声或声吸收。吸声技术就是利用具有一定吸收声音性能的材料或结构减少反射声的量,降低噪声的一种声学技术。其原理是:当声源发出的声波入射到吸声材料或吸声结构表面上时,声波进入到材料或结构的孔隙内,引起孔隙中的空气和材料的细小纤维的振动,由于摩擦和黏滞阻力,使相当一部分声能转变为热能被吸收掉。

吸声材料就是能够把入射在其上的声能吸收掉的材料。大多数吸声材料是松软或多孔的,表面富有细孔,孔和孔间互相连通,并深入到材料内层,以使声波顺利透入。一般材料的吸声系数为 0.01~1.00。吸声系数越大,表面材料的吸声效果越佳。多孔吸声材料吸声性能,一般地说,对高频声吸声效果好,对低频吸声性能差。吸声材料的吸声性能与材料的密度、厚度及使用时的结构、形式(如材料与壁面的间隔)、护面层材料的类型有关。

常用吸声材料有熟玻璃丝、生玻璃丝、超细玻璃棉、酚醛玻璃纤维板、矿渣棉、沥青矿棉毡、工业毛毡、海草、粗大麻、细大麻、石棉屑、木屑、棉絮、甘蔗板、向日葵杆芯板、纸板、软木屑板等。近些年来,国内另外一些性能优良的吸声材料如颗粒吸声砖、吸声陶瓷等已经研制成功,并已正式投产。

吸声材料对低频噪声的吸收效果差,而利用增加材料厚度来提高对低频吸收效果又太不经济,因此可用吸声结构吸收低频噪声。目前普遍采用的是根据共振原理做成的共振吸声结构,如穿孔板共振吸声结构、薄板共振吸声结构、微穿孔板共振吸声结构等。

在实际应用中也常同时采用吸声屏进行降噪处理,吸声屏能把噪声最大的机组或工段同邻近的工作地点隔离开,或将某些吵闹的工作地点同其余空间隔离开。吸声屏是设置在噪声源与听点之间,以使吸声屏一侧的噪声级降低。吸声屏一般用薄钢板或木材做骨架,在骨架上铺设有厚 50 mm 左右的吸声材料,表面用穿孔板封闭。吸声屏可以是固定的,也可以是流动的。对于流动式吸声屏,其与地面间的间隙应尽量小。在应用中要把吸声屏和其他的吸声处理相结合。另外,设计吸声屏时还应注意吸声屏的隔声能力。

在室内悬吊呈一定形状的吸声物体(吸声体)也可达到一定的降噪效果。如果吸声体布置合理,与完全布满吸声饰面于墙壁和顶棚相比,则能大量减少吸声材料的使用量,在能满足降噪效果的基础上,经济上也比较节约。空间吸声体的几何形状一般有立方体、圆锥体、圆柱体、棱柱体、平板体或球体等,其中以球体的吸声效果最好。空间吸声体能靠近噪声源，所以能吸收比混响声能更多的声能；不妨碍墙面，不影响采光；安装较易（可用铅丝或绳索悬挂在靠近噪声源的上方，或直接固定于顶棚上），日常修理方便；可重复使用；由于声波的绕射，这种吸声体的吸声系数往往大于1。空间吸声体的缺点是不太美观。空间吸声体对于高频声的吸收，其效果随着空间吸声体尺寸的减小而增加；但对于低频声的吸收，其效果随着空间吸声体尺寸的加大而提高。在布置空间吸声体时，需要注意其所在的位置不可妨碍船员工作和仪器设备的正常使用。

6.3.3 隔声技术[9]

对于一个游艇舱室空间，它的围蔽结构受到外部声场的作用或直接受到外部激励而发生振动，就会向舱室空间内部辐射声能，传进来的声能总是或多或少地小于外部的声音或撞击的能量，也就是说围蔽结构隔绝了一部分作用于它的声能，这叫做"隔声"。隔声技术就是利用隔声材料、构件或结构来隔绝空气中传播的噪声的一种措施。上述的材料、构件或结构称为隔声材料、隔声构件或隔声结构。材料一侧入射声能与另一侧的透射声能相差的分贝数就是该材料的隔声量。

构件的隔声效果可以用质量定律来阐明。如果把单层均匀密实材料的构件（忽略材料的弹性）看作是柔软的，它在受到声波激发时，构件的振幅大小就决定于构件的单位面积质量（称为面密度）、入射声波的声压和频率。构件越重，频率越高，透射波的振幅就越小，构件的隔声效果也越好。

当投射于构件板面上的声波速度与板上弯曲速度相一致时产生的现象为吻合效应，吻合效应只发生在临界频率 f_c 处，f_c 同板的厚度、材料的密度和弹性模量等有关。而隔声构件一般是有一定刚度的弹性板，可因吻合现象而降低隔声量。共振区以下，板的隔声量由弹性的劲度控制。在质量控制区以上产生的临界频率处的低谷，是由吻合效应引起的。噪声对人的影响的频率范围主要为 $100\sim3\,150\,Hz$，所以应尽量避免这一范围发生吻合效应。通常，可用硬而厚的板降低临界频率，或用软而薄的板来提高临界频率。

主要的隔声构件有单层隔声构件、双层隔声构件、复杂隔声构件、轻型墙、隔声门窗等。

① 双层隔声构件是指两个互不连接的单层构件之间有空气层的构件。空气层起着缓冲的弹性作用，但也能引起两层构件的共振。因此，双层构件的隔声量并非两层构件隔声量的叠加。如在空气层中加填多孔性吸声材料，可减少共振而提高构件的隔声量。因空气层而增加的隔声量在一定范围内同空气层厚度成正比。通常，双层墙比同样重量的单层墙可增加隔声量 5 dB 左右。复杂隔声构件由一些单层构件组成，它在隔声机理上有单层构件的特性，同时又有各种单层构件综合的特性。

② 轻型墙，使用的轻墙板有纸面石膏板、圆孔珍珠岩石膏板和加气混凝土板等，单位面积质量大约为十几公斤至几十公斤。240 mm 厚的砖墙面积质量为 $530\,kg/m^2$。按照质量定律，轻墙板是不能满足隔声要求的。因此，要把双层板材隔离开形成空气层，或在空气层中加填吸声材料，或采用不同厚度或劲度的板材使其具有不同的吻合频率，以提高轻墙的隔声量。

③ 隔声门窗，门窗结构质量轻，而且有缝隙，因此隔声能力不如墙壁。对于隔声要求较高的门(隔声量为 30～50 dB)，通常可采用复合结构的门扇，这种结构的阻抗变化能提高隔声能力。密封缝隙也是保证门窗隔声能力的重要措施，用工业毡做密封材料较乳胶条为佳，尤其是对高频噪声。对隔声要求较高的窗，窗玻璃要有足够的厚度(6～10 mm)，至少有两层。两层玻璃不应平行，以免引起共振，降低隔声效果。玻璃和窗框、窗框和墙壁之间的缝隙要封严。在两层玻璃窗之间的周边，应布置强吸声材料，以增加隔声量。在构造上要便于洗擦。为了避免窗玻璃之间产生吻合效应，隔声窗的双层玻璃应有不同的厚度，否则，在临界频率 f_c 处隔声值将出现低谷。

在以上各种隔声构件的构造内部使用吸声材料，是利用吸声的特性来增加构件的隔声量。隔声和吸声的本质区别不应混淆：隔声是隔离噪声的传播，尽可能使入射声波反射回去，隔声材料愈沉重密实，隔声性能愈好；吸声是尽可能多地吸收入射声波，让声波透入材料内部而把声能消耗掉，因而一般是多孔性的疏松材料。

6.3.4　消声技术

消声是允许气流通过，却又能阻止或减小声音传播的一种方式，是消除空气动力性噪声的重要措施。消声能够阻挡声波的传播，允许气流通过，是控制噪声的有效手段。消声技术就是利用消声器等元器件降低噪声的措施。

在噪声控制技术中，消声器是最常见的消声元器件。消声器是一种具有吸声内衬或特殊结构形式能有效降低噪声的气流管道。随着消声器的研究与应用技术的不断发展，消声器的种类也日益繁多，其原理、形式、规格、材料、性能及用途等各不相同，常见的各种不同消声器基本上均属于阻性、抗性、复合式及排气放空式四种类型。

阻性消声器是生产利用声波在多孔性吸声材料或吸声结构中传播，因摩擦将声能转化为热能而散发掉，利用气流管道内的不同结构形式的多孔吸声材料(常称阻性材料)吸收声能，使沿管道传播的噪声随距离而衰减，从而达到消声目的的消声器。阻性消声器对中高频噪声具有良好的消声效果，而对低频噪声的消声性能较差。阻性消声器的消声性能主要取决于消声器的结构形式、吸声材料的吸声性能、通过消声器的气流速度及消声器的有效长度等。常见的阻性消声器有：管式消声器、片式消声器、蜂窝式(或列管式)消声器、折板式消声器、声流式消声器、弯头消声器、小室式消声器等。

抗性消声器是生产通过管道截面的突变处或旁接共振腔等在声传播过程中引起阻抗的改变而产生声能的反射、干涉，将部分声波反射回声源方向，从而降低由消声器向外辐射的声能，以达到消声目的的消声器；主要适用于降低低频及低中频段的噪声。抗性消声器的最大优点是不需使用多孔吸声材料，因此在耐高温、抗潮湿、对流速较大、洁净要求较高的条件均比阻性消声器好。抗性消声器又可分为扩张式(或膨胀式)消声器、共振式消声器、微穿孔板式消声器、干涉式消声器及有源消声器等不同类型，以适应多种不同的使用条件。

复合式消声器是将阻性及抗性等不同消声原理组合设计构成的。由于阻性消声器虽然有优良的中高频消声性能，但低频消声性能则较差，而且也难以提高；而扩张式及共振式消声器则相反,在低中频具有较好的消声性能,高频消声效果一般较差。如果将阻性和抗性两种消声原理组合成一种消声器,就可以在较宽的频率范围内都能得到满意的消声效果。阻抗复合式消声器、阻共振复合式消声器等都是工程中常见的复合式消声器。

6.3.5 游艇噪声的综合控制及治理[10]

游艇的建造型式直接影响艇上的声学和振动状况,因此在方案设计阶段应从声学选择合理的建造型式。根据噪声衡准,选择低振动活性的动力设备并进行优化布置,尾型设计尽可能保证流场均匀,螺旋桨设计充分考虑伴流场的影响,合理选择螺旋桨参数,保证船机桨匹配,合理布置舱室,将噪声要求高的舱室尽可能布置在远离主机和螺旋桨的位置。选择噪声较低的进气和排气方式,通风空调系统的设计及布置尽可能降低噪声。

(1) 改进游艇的型线设计。

艏部型线设计着重对艏部线型和附体进行分析优化,如采用流线型船体(圆舭)加球艏的形式,这种形式的线型可减少兴波阻力,增强快速性,同时还能减小纵摇和减少艏部拍击;艉部型线,艉部横剖面可采用U形剖面形状,尽量改善尾部流场,减少水流分离,确保螺旋桨供水充足,使得螺旋桨来流均匀,降低螺旋桨激振力。增大螺旋桨叶梢与尾壳板的距离,减小螺旋桨的脉动水压力的作用。

(2) 低噪声推进装置设计。

螺旋桨设计时,合理选择参数,既不损害推进效率,又能降低螺旋桨的激振力。在不影响螺旋桨效率的前提下适当减小螺旋桨直径并且增加侧斜角度,尽可能增加桨叶梢与尾壳板的间隙,以减小螺旋桨引起的脉动水压力。另外,适当增加桨叶数,错开螺旋桨叶频与激励区局部结构的固有频率。采用抗空泡剖面型式,使剖面压力分布趋于均匀,减小导边压力峰值,根据需要适当增加螺旋桨盘面比并进行螺旋桨叶梢卸载,从而有效降低脉动水压力峰值。对于大型或者超大型游艇,可以采用导管桨或者吊舱推进技术。

(3) 低振动活性动力装置及设备选择及控制。

① 主机选取:主机是游艇的主要声振动源,直接决定游艇舱室噪声水平,因此合理选择低振动活性的主机对游艇舱室噪声控制尤为重要。

② 其他动力设备选取:设备尽可能选择低振动活性的设备,布置时尽可能安装在结构的强骨架上并进行加强,最大限度降低振动能量的输入。

③ 轴系柔性传动方式设计:轴系柔性传动方式可设计为用可承受推力的弹性联轴器隔离柴油机和螺旋桨这两大振动源。为了补偿加工与安装误差引起的轴系不对中,在齿轮箱输出轴安装弹性联轴器。

④ 主机组整体隔振技术:主机组可采用半弹性支承的整体隔振方式,从而减小游艇噪声,提高其舒适性。

⑤ 基座声学设计:可对游艇主机基座采用阻尼减振、在两肋位之间设置隔离肘板、增

加主机座的结构尺寸、提高抗弯刚度、增大机械阻抗、使用浇注式环氧树脂等主机垫块等方式减小主机激励向游艇舱室结构传递,从而减小游艇噪声。

⑥ 发电机组的隔声设计:可采用内附泡沫铝(因为泡沫铝的吸声频带宽,吸声效果好),外用硬塑料包装的隔声罩,对游艇发电机组进行隔声设计。

⑦ 进排气管道的消声设计:进排气、通风管道的噪声也是游艇噪声之一,排气管可采用挠性悬浮安装,并安装排气消声器,从而可达到降低噪声的目的。

⑧ 进排气管道的吸声设计:所有的管道均采用声学材料(如 25 mm 厚的 Soundune GW 材料)包扎,既可以起到一定的隔声效果,也还有不错的吸声性能。

⑨ 进排气管道的隔振设计:进排气管道等均使用柔性波纹管连接,以减小振动的传递。

(4) 船体结构的声学设计。

避免出现总体性的共振和激励区域的局部结构共振,通过有限元方法对船体的结构总振动和局部振动进行分析和评估。在设计时使激振力的频率与船体结构的固有频率错开。因此在主机转速的选取上要避免引起共振,螺旋桨桨叶数目的选取也要避免干扰力频率与局部结构固有频率相接接近。确定其结构动力设计满足频率储备要求。其次,采取一定的措施降低声振动源的激励传递,例如增大结构的抗弯刚度或者敷设阻尼材料增加结构的阻尼等。

(5) 合理的舱室布置及吸隔声设计。

在考虑噪声控制问题时,如何使声音不易传递,最简单的方法是将声源与受音点之间的距离加大,但由于游艇内的空间有限,布置上无法完全依照理想来做,因此必须针对噪声防治做一些措施。航行中的游艇,其最主要的两种噪声源:螺旋桨及舵周围的艉噪声,与主机、发电机位于机舱内的噪声,因此理想的住舱配置要尽可能远离此两者。住舱通往机舱的出入口最好做双重门,其中一层做隔声门;冷气机、油压泵、电动马达、送风机等易产生噪声的机器,不要设置于住舱区内;抽风机的进排气口应尽量远离住舱,且其开口方向背向住舱;发电机最好配置在机舱内,且要覆盖隔声罩;住舱的床铺不要与邻室的床铺相接。

① 舱室吸声隔声控制:居住舱室内部采用浮式隔声地板,并对所有暴露在外的钢制外墙做隔声处理,护墙板、隔墙板和天花板均由隔声板制成,并采用非接触式安装;在需要减振降噪的部位增加浮动耐火甲板敷料。

② 机舱吸声隔声设计:可选择使用具有密度低绝热吸声性能好的超细玻璃棉作为隔声材料,选择使用厚度 50 mm,密度为 32 kg/m³ 的玻璃棉毡作为吸声材料,这种厚度和容重玻璃棉能最大限度地增加吸声系数,又能兼顾低容重以利于保证快速性;机舱吸声结构可采用穿孔板型。机舱四周的钢质围壁、顶部甲板碰焊钢钉,可铺设具有质轻隔音隔热功能的超细玻璃棉毡,厚度为 50 mm,然后再铺设具有吸声功能的 1.5 mm 厚多孔吸声镀锌板。在吸声结构外(舱室内壁)可用固体胶粘贴 0.5 mm 厚的阻尼不锈钢板。这样,由于阻尼铅板覆于绝缘表层,对噪声起了反射作用,在一定程度上抑制了船体结构的振动噪声传递和船体结构的声辐射能力,达到减小游艇噪声的目的。图 6.2 所示为机舱围壁降噪

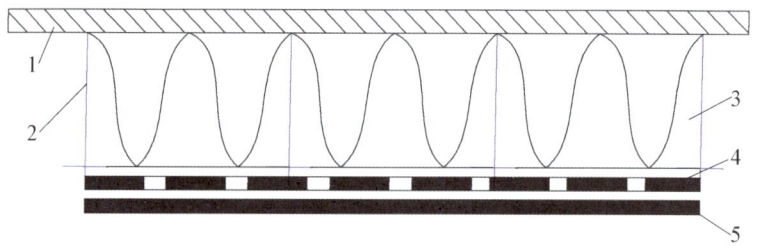

图 6.2 机舱围壁降噪隔声绝缘示意图

1—钢围壁；2—碰钉；3—超细玻璃棉；4—多孔吸声镀锌板；5—阻尼不锈铅板

隔声绝缘示意。

③ 居住舱室围壁板声学设计：游艇舱室壁板综合的防振隔声结构设计，可采用厚度 50 mm 的超细玻璃棉毡加 0.15 mm 铅板的防振组合设计。对于靠近机舱等噪声源的围壁，可加铺具有防潮降噪功能的铅板，再辅助有绝热隔声功能的超细玻璃棉毡，安装固定多孔吸声铝板以及，最后粘贴樱桃木质等面板。图 6.3 所示为居住舱室围壁降噪隔声绝缘示意。

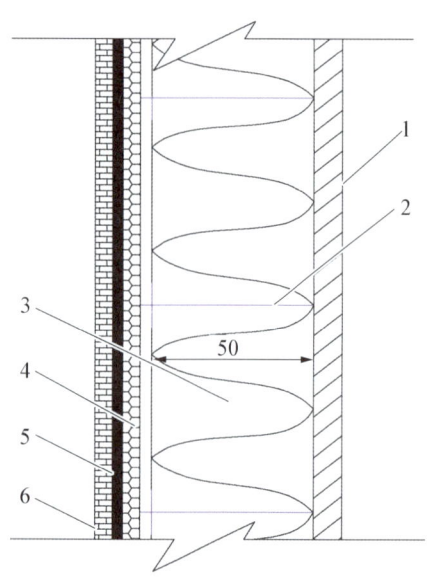

图 6.3 居住舱室围壁降噪隔声绝缘示意图

1—钢围壁；2—碰钉；3—超细玻璃棉；4—多孔吸声镀锌板；5—阻尼不锈铅板；6—柚木板

④ 居住舱室甲板声学设计：在游艇居住舱室甲板上可采用复合结构设计，从而起到防振隔声的效果。首先可安装一定间距的角钢框架，将框架调水平后焊接，焊缝打磨后涂上耐磨环氧底漆。将阻尼橡胶等材料粘贴在角钢表面，经实验研究，贴装阻尼橡胶材料，利用材料的内黏性摩擦可将部分机械能转化为热能，从而达到减小辐射噪声的目的。在阻尼橡胶上铺设复合结构的地面基层板，基层板是由木板和阻尼橡胶粘贴压制而成的阻尼复合材料，具有很好的降噪作用。角钢之间铺设一定厚度的超细玻璃棉毡和具有防潮降噪功能的铅板，最后在基层板上铺一定厚度的柚木地板。图 6.4 所示为甲板降噪隔声绝缘示意。

⑤ 舱室家具设备的布置、安装及固定：舱室家具及设备安装时均固定牢靠，避免振动产生二次噪声；二次噪声可能并不会超过噪声标准，但是会对人造成一种非常不舒服的声学后果。

(6) 建造过程中的减振降噪工艺。

根据游艇的减振降噪方案制定相应的施工工艺，确保减振降噪材料与设备的安装精度；提出科学的测试技术与检验方法，在建造阶段可以进行评估；形成相关的质量管理体系和检验指导性文件。

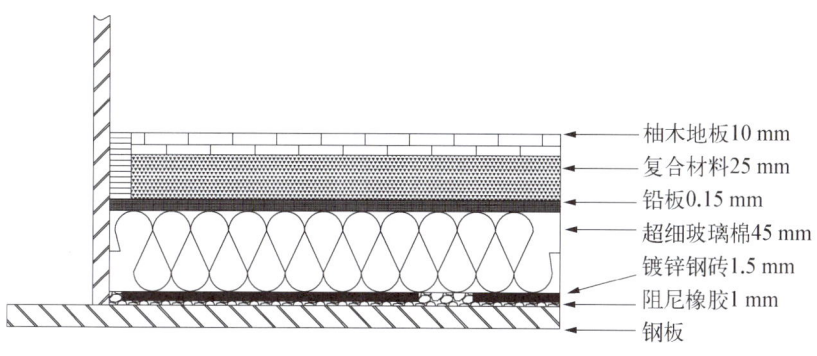

图 6.4 甲板降噪隔声绝缘示意图

（7）个人防护。

如果由于技术或经济上的原因暂时还不能采取有效的噪声控制措施，或虽采取了某些措施，但噪声仍较强，则可采取个人防护。个人防护就是佩戴个人防噪声用品以保护听觉器官不受损伤。如应用耳塞、防声棉、耳罩、帽盔等防护用具，以保障人体的健康。对进入机舱等高噪声环境的船员建议采用耳塞。此外，采取轮换作业，缩短在强噪声环境中暴露的时间，也是一种辅助的办法。

6.3.6 游艇舱室噪声级的估算

游艇舱室噪声的估算方法主要包传统的理论方法、母型船经验法以及数值仿真方法。

1）传统的理论估算方法

为保证乘客有相对安静舒适的舱室环境，在游艇设计过程中必须对其各舱室的噪声级进行预估，为制定降噪措施提供依据。由于游艇具有多种噪声源、不同连接结构形式、敷设不同特性声学材料等因素，游艇舱室噪声级计算具有一定的复杂性，并不能精确地预估游艇不同舱室噪声级；但从设计初期为船舶设计提供有用的设计依据角度来看，游艇舱室噪声级的估算还是具有一定意义。

游艇噪声源有：主辅机、螺旋桨、减速箱、通风机、泵、空调机、海浪等，但最主要的噪声源有主柴油机、通风机、螺旋桨。主柴油机噪声是由于其吸气、排气及机构和机器运动件的运动产生的空气噪声和机械噪声，并经空气传递和通过机座及船体向全船各舱室传播；螺旋桨噪声主要是由于螺旋桨在不均匀伴流场中转动而产生的周期力，形成螺旋桨结构噪声；通风机噪声是由通风机产生的空气噪声，对出风口处舱室舒适性影响很大。

噪声源产生的噪声通过空气介质和船体结构两种途径传递，形成空气噪声和结构噪声。舱室中总的噪声级由各种噪声源及其不同类型的噪声合成而得，但不是它们的噪声级的简单代数和，而是以下面的合成公式进行计算：

$$L = 10\lg\left(\sum 10^{L_A/10} + \sum 10^{L_C/10} + \sum 10^{L_T/10}\right)$$

式中，L 为该舱室总的噪声级；L_C 为该舱室的结构噪声；L_A 为该舱室的空气噪声；L_T 为该舱室的通风机噪声。

舱室结构噪声估算公式为：

$$L_{Ci} = L_C - IL - TD$$

式中，L_C 为噪声源的结构噪声；IL 为噪声源机座安装有隔振装置时的插入损失；TD 为由船体传播途径形成的衰减量。

舱室空气噪声估算公式为：

$$L_A = L_{A0} - T_L - \Delta L_A$$

式中，L_{A0} 为声源舱室的空气噪声；T_L 为透过损失，即各种分隔构造体的隔声效果；ΔL_A 为具有吸声措施的舱室内，空气噪声的声压级衰减量。

舱室通风机噪声估算公式为：

$$L_{Ti} = L_T - TL - \Delta L$$

式中，L_T 为舱室通风机噪声；TL 为隔音量；ΔL 为具有降噪材料的舱室内，空气噪声的声压级衰减量。

2) 数值仿真方法

数值仿真方法有限元法、统计能量分析法、边界元法以及有限元—统计能量混合法等。低频段主要采用有限元方法、高频段采用统计能量分析法、中间频段采用有限元—统计能量分析混合方法。

数值方法估算主要分为三个步骤：首先是建模，根据提供的技术资料和图纸，对船舶的结构进行子系统划分，用杆、梁、板以及加筋板等子系统模拟船舶的结构；其次确定输入参数，包括声振动源计算、阻尼损耗因子和耦合损耗因子的计算，这里面涉及噪声控制所用到吸声隔声阻尼材料的参数选取，其参数值直接关系到系统内损耗因的计算；最后是预报及结果的分析、验证与评价。如果有试验结果，可对数值计算结果进行分析并与实验结果对比，科学进行模型修正，提高预报的准确性。

6.4 本章小结

本章对游艇声噪声相关内容进行了介绍。首先，介绍了相关声学基本概念；其次，分析了游艇噪声源及其传递特性，并对噪声的危害、评价方法和相关规范允许标准进行了简要阐述；最后，对噪声控制基本方法、游艇噪声综合控制以及游艇舱室噪声级估算方法进行了介绍，旨在为游艇噪声控制提供参考和指导。

参考文献

[1] 翁长俭. 船体振动学[M]. 北京：人民交通出版社,1985.
[2] 马大猷. 噪声与振动控制工程手册[M]. 北京：机械工业出版社,2002.
[3] 阿·斯·尼基福罗夫. 船舶结构声学设计[M]. 北京：国防工业出版社,1998.
[4] ABS. Guide for Comfort on Yachts[S]. 2014.
[5] BV. Rules for the Classification of Steel Ships[S]. 2014.
[6] DNV. Rules for Classification ships[S]. 2015.
[7] LR. Rules and Regulations for the Classification of Special Service Craft[S]. 2016.
[8] RINA. Rules for the Classification of Pleasure Yachts[S]. 2013.
[9] 陈小剑. 舰船噪声控制技术[M]. 上海：上海交通大学出版社,2013.
[10] 黄迎春. 船艇振动与噪声（游艇系列）[M]. 哈尔滨：哈尔滨工程大学出版社,2015.

游艇舒适度原理与设计

第 7 章　游艇环保材料舒适度

游艇多作为私人娱乐或水上运动,因此对船体材料的要求有:美观、轻便、安全。中小型游艇通常采用复合材料,如玻璃钢、碳纤维和凯夫拉纤维。随着游艇尺寸的增大,通常采用钢铁和铝合金的金属材料,由于具有各自的特点,可以将两者结合使用。船体材料作为船舶的重要组成部分,对其环境性影响很大。因此,在船舶设计过程中,应当结合绿色设计(green design)理念,将环境友好性作为船舶设计的目标,分析对比船体选择不同材料时,在船舶生命周期内对环境的影响,从而选择绿色性较为优秀的材料,实现绿色船舶设计。

7.1 基于绿色设计的船体材料选择

绿色设计的基本理念是在产品设计阶段就综合分析生命周期内对环境产生的影响和污染防治措施,将环保理念融入产品最初的设计中,目的是使产品的环境属性更好。绿色设计的相关设计方法如生命周期设计(life cycle design,LCD)、面向环境设计(design for enviroment,DFE)、可拆卸设计(design for disassembly,DFD)和可回收设计(design for recycling,DFR)等都在一定程度上反映绿色设计的理念。材料选择作为设计中首先解决的问题,对产品的绿色度有很大影响。根据相关行业的统计数据,由于材料选择而导致产品的原因占整个报废原因的30%[1]。因此,从材料选择的角度进行绿色设计是降低生命周期内环境负荷的有效手段。

将绿色设计的理念融入船舶设计阶段中的船体材料选择,通过分析绿色材料的特点、船体材料选用原则,构建船体材料选择的结构体系,并结合大型游艇实例探讨材料选择方法。

7.1.1 绿色材料概述

绿色材料(green materials)这一理念最早在1988年第一届IUMRS国际会议上提出:在原料提取、产品制造、使用和再循环以及废物处理等过程中,环境负荷最小或者对人体健康有利的材料[2],又可以称为环境意识材料(environmentally conscious material)或生态材料(eco-material)。近年来也不断有学者提出"环境调和材料""生态环境材料"等相关概念。由此可见,绿色材料的概念是一个不断发展的概念,并且是一个通过不同材料之间对比得到的相对绿色的概念。绿色材料可以定义为:在材料生产、加工、使用和再循环利用等生命周期各阶段能在满足一定的性能条件和经济条件下,资源、能源的利用率高,易于回收,对环境影响较小,并且无毒,对人类健康没有损害的材料。

7.1.2 船体材料选择方法

船体作为船舶的重要组成部分,其材料的选择会影响船舶建造的成本、航行性能、结构的可靠性等,因此船体材料的选择是船舶设计中的重要考虑因素。国际海事组织(International Maritime Organization,IMO)等机构发布一系列船舶减排的法律法规显示,船舶设计制造技术的发展趋势是绿色环保、节能减排。随着新型造船材料的大量应用,包括高性能铝合金造船材料和轻型高强度复合材料等,船体材料的选择将成为船舶设计中的重点。传统船舶设计中,对于船体材料的选择通常从材料的力学性能、工艺性能、使用性能和经济成本这样几个方面考虑,现在还要考虑到材料的环境保护。

(1) 力学性能。

力学性能又称机械性能,是船体材料在不同环境下承受外加载荷时表现的力学特征,主要包括强度(抗拉强度和屈服强度)、塑性、硬度、冲击韧性和疲劳强度。无论是传统船舶设计还是绿色设计,力学性能的满足都是最基本的要求。船舶在航行过程中会受到海浪的冲击和海水、大气、微生物的侵蚀,因此,船体材料需要很好的力学性能来保证船舶的正常航行。

(2) 工艺性能。

船体材料的工艺性能是指材料在加工过程中对不同加工方法的适应能力,工艺性能的好坏对加工的难易程度和加工后材料的质量、生产效率、加工成本有较大影响。金属材料的工艺性能一般通过焊接性、可锻性和可焊性等方面来体现。

(3) 使用性能。

使用性能是指所选材料能够满足船舶使用要求,主要包括船舶的性能要求、结构要求和耐腐蚀要求等。船体材料会影响船舶的结构重量,因此对船舶的稳性和快速性具有一定的影响;不同材料因其屈服强度不同,因此在进行船舶结构设计时,不同材料结构件的尺寸不同;船舶航行过程中船体所处环境恶劣,金属材料会发生电化学腐蚀,因此材料的耐腐蚀性是材料选择中的重要考虑因素。

(4) 经济成本。

材料的经济成本主要包括材料的加工、制造成本、船舶建造成本和废弃后材料回收价值。所选材料在满足产品基本使用性能的前提条件下应尽量降低经济成本。

(5) 环境保护。

随着全球环境的日益恶化,人们环境保护意识的不断增强和国际组织发布各类法律法规制约了船舶生命周期内对环境的影响程度,环境保护因素必然成为船体材料选择中的重要考虑因素。

通过对船体材料选择的影响因素进行分析,可以归纳出船体材料选择体系框架,如图7.1 所示,该图描述了在实际船舶设计中船体材料选择的一般原则和流程。首先根据船舶的设计要求进行船舶的需求分析,使材料保证船舶基本的使用性能。材料的基本要求包括船舶的功能要求、结构要求、使用安全要求和工作环境要求,主要涉及材料的力学性能和工艺性能。在材料满足船舶的基本使用性能后,主要从环保性和经济性两方面对可选材料进行筛选,根据市场需求和企业的现实状况把各项环境和经济指标对材料进行进一步限制。满足的材料进入到可选材料集,若材料均不满足则需要对材料的基本要求进行重新限定。在实际设计中,往往会出现几种材料都满足基本的条件,这时就需要通过科学、合理的材料选择方法选出最优材料。

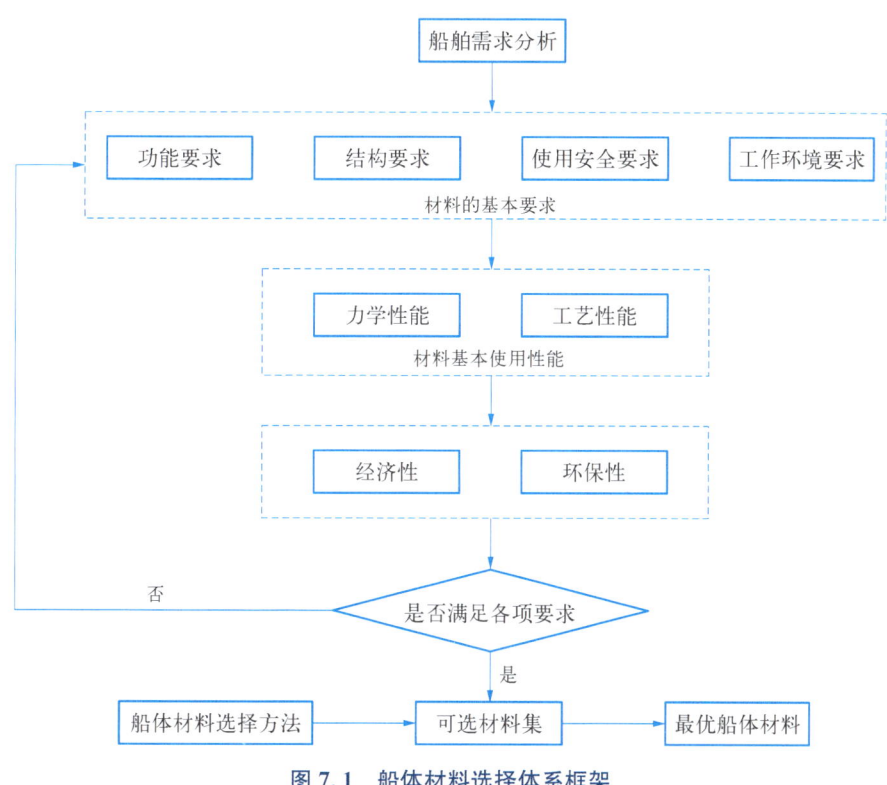

图 7.1 船体材料选择体系框架

7.2 面向船体材料选择的绿色度评价

运用生命周期评价理论对船体材料生命周期内的环境负荷做了分析,从环境影响的角度对船体材料的选择进行探索。在实际船体材料选择中,应该以传统船体材料选择方法作为绿色设计的船体材料选择方法的基础,只有在保证船舶基本使用性能的前提下,将环境保护意识融入船舶设计中,才能实现绿色船舶的要求,使船舶具有市场竞争力。首先对面向船体材料选择的绿色度评价体系做出定义,对期望得到的研究结果做出概述;通过指标选取原则,选取合理的绿色度评价的指标,以此构建面向船体材料选择的绿色度评价指标体系;采用模糊层次分析法(fuzzy analytic hierarchy process,FAHP)对指标体系进行综合计算;并结合某大型游艇船体材料选择实例,验证评价体系的可行性。

7.2.1 绿色度评价体系的必要性

近年来随着 IMO 发布的一系列针对航运业和造船业的环保公约，未来船舶市场的竞争具有愈加浓烈的绿色背景。船体结构作为船舶系统的重要组成，对其绿色性有很大影响。当船舶从设计阶段进入实际生产环节后，其绿色属性基本已固定，并会在其生命周期各阶段产生环境负荷。传统产品为了满足相关环保法律、法规而达到一定的绿色度，通常会采用事后处理的方式对已经造成的污染进行处理。为了从根本上解决这个问题，必须从船舶生命周期的源头——设计阶段，保证其生命周期内环境友好性，即设计绿色船舶。然而面临的问题是——在船体材料的选择过程中，选用什么样材料的船舶才能在满足其使用性能的前提下可以被定义为绿色船舶。目前，只有通过对船体材料的绿色程度进行评价，分析不同材料对船舶生命周期内绿色度的影响，才能解决上述问题。

7.2.2 绿色度评价指标的选取原则

船体材料的绿色度评价指标应全面、系统地涵盖船体材料生命周期的各个阶段。船舶种类较多，不同种类船舶的船体结构在设计、建造、营运和拆解过程的环境特性存在很大的差异，本书的绿色度评价体系指标选取原则从普遍性出发，选取具有一定代表性和综合性的指标。指标选取的核心思想是在保证船舶具有应有的使用性能的同时，既要有利于提高船舶的质量和市场竞争力，也要降低资源、能源的消耗并促进生态环境的保护，还要有助于保障人体健康。指标选取原则如下。

（1）综合性原则。

船体材料绿色度评价指标体系应当是一个综合、全面的体系，能够对船体材料从环境、技术、经济、资源等方面进行全方位的综合评价，并涵盖船体材料生命周期主要影响阶段，保证指标选取具有一定的全面性和可信度。

（2）代表性原则。

船体材料选择过程中需要考虑的因素众多，在评价体系指标的选取过程中首先要全面分析各类影响因素，更应有针对性的选取主要影响因素和关键环节，避免体系过于复杂而不利于实际操作。

（3）独立性原则。

在选取评价指标时，应充分考虑各指标的相互影响情况，避免选取含义相同或相似的指标，使指标尽量简明和具有代表性。

（4）定量与定性相结合的原则。

为了避免主观感受对评价结果的影响，选择的指标应该尽量可以量化。在实际操作过程中，对于那些难以量化或无法量化的指标可采用定性的方法进行描述。把定性与定量指标相结合能更好地保证绿色度评价结果的合理性。

（5）层次性原则。

在评价指标的选取过程中，应根据船体材料选取因素的类型将指标分层，如环境影响类型、经济成本类型、资源消耗类型，这样构建的指标体系才能层次分明，有说服力。船舶种类多样,根据评价对象的不同,应该选择恰当、合理的指标。

(6) 可操作性原则。

船体材料选择过程影响因素众多,选取的因素要适量,这样有助于评价指标体系内容的简洁。另外,评价指标要易于得到且便于比较,这样有助于评价过程的顺利进行。

7.2.3 绿色度评价指标体系的建立

船体材料绿色度评价体系的目的是帮助设计者解决在船舶设计过程中船体材料应该如何选择的问题。因此,指标体系的应该全面反映船体材料选择过程中的需要考虑的因素。影响船体材料选择的因素主要有材料的力学性能、工艺性能、船舶使用性能、经济成本和环境影响。结合上述评价指标的制定原则,我们可以了解到船体材料绿色度评价应该是一个多层次、多指标的综合评价问题。因此,构建的绿色度评价体系由能源、资源、经济、技术和环境属性指标五大方面构成,各指标都由相应的子指标构成,而研究对象的不同也会对其具体指标产生影响,具体指标如表 7.1 所示。

表 7.1 面向船体材料选择的绿色度评价指标体系

环境属性	大气污染	
	水体污染	
	固体废弃物污染	
	噪声污染	
能源属性	能源利用率	
	清洁能源使用率	
	可再生能源使用率	
	能源消耗总量	
资源属性	人力资源	专业人员比例
		绿色技术人员比例
	设备资源	先进设备使用率
		环保设备使用率
	材料资源	有毒有害材料使用率
		船舶生产材料利用率
		船舶拆解材料回收率
经济属性	生产成本	材料生产成本
		材料运输成本
		船舶制造成本
	用户成本	船体维护费用
		材料回收价值

(续表)

		污染治理成本
经济属性	社会成本	处理处置成本
		职业保健成本
技术属性	功能技术	船舶航行性能
		使用性能
	材料性能	材料工艺性能
		材料力学性能

(1) 环境属性(图 7.2)。

环境属性是指船体材料在生命周期内对环境产生的影响,是绿色度评价中最重要的属性指标,也是绿色产品评价区别于普通产品评价的标识。绿色产品的评价通常采用大气排放、固体废弃物排放、水排放和噪声排放来表征环境影响[3],但以上指标仅仅从排放量上反映了对环境的影响,存在一定局限性。本书结合船体材料生命周期评价(life cycle assessment,LCA)的研究,采用生命周期环境影响值作为评价指标,能直接反应船体材料对环境的潜在影响。生命周期评价的影响值以污染物的排放量为基础,经过分类、归一化和加权,直接量化对环境的影响,从一定程度上来说更加科学合理。

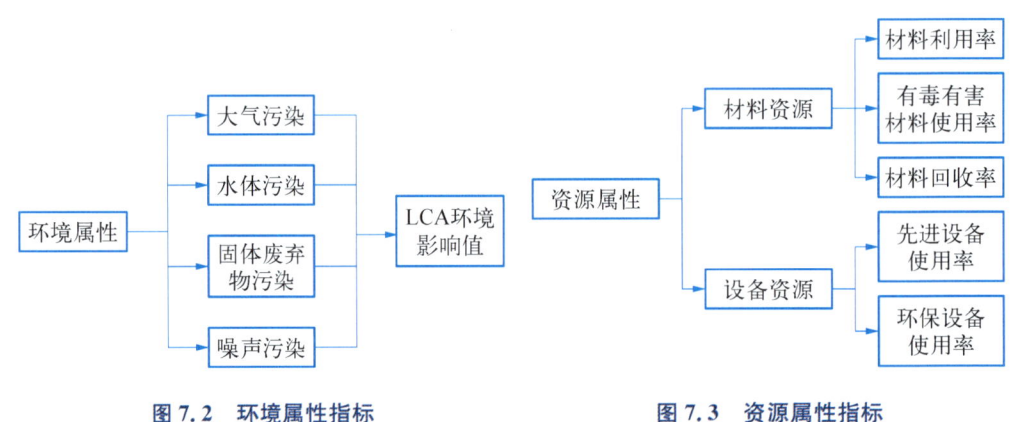

图 7.2　环境属性指标　　　　图 7.3　资源属性指标

(2) 资源属性(图 7.3)。

所谓绿色产品的资源属性指标是广泛意义上产品所涉及的资源,如产品所使用的材料、设备、信息和人力资源等。针对本书研究内容和目的,对船体材料的资源属性进行指标的选择,主要考虑设备材料资源和材料生命周期内相关过程和环节的设备资源,对船体材料的绿色度有较大影响。

(3) 能源属性(图 7.4)。

能源是人类活动和工业生产的物质基础,充分节约和利用能源是现代社会可持续发展的必然要求,提高能源利用率、减少能源消耗也就减少了环境排放造成的污染。能源属性反应船体材料生命周期内各类能源投入情况,节约能源和高效利用能源是绿色度分析的重要指标。能源指标应表征船舶全生命周期内,与船体材料相关的各种能源投入、能源使用量、能源利用率等方面。

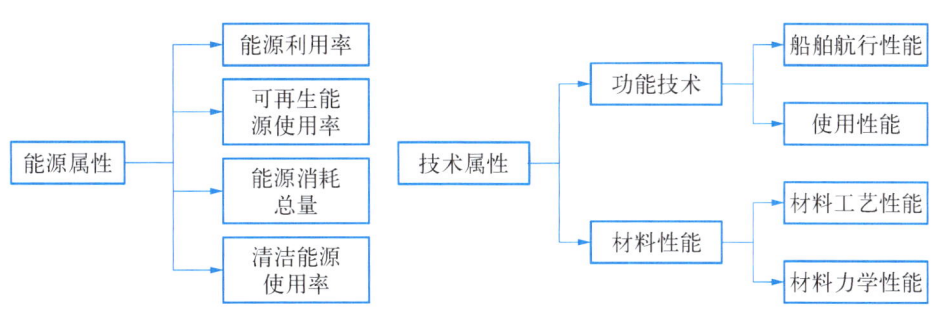

图 7.4 能源属性指标　　　　图 7.5 技术属性指标

(4) 技术属性(图 7.5)。

技术属性是指传统船体材料选择的影响因素,根据第 2 章的分析结果,主要有材料的力学性能、工艺加工性能,以及对船舶航行性能的影响和使用性能。船体材料对船舶的结构重量有一定影响,因此航行性能主要考虑稳性和快速性,使用性能主要考虑材料的耐腐蚀性和外形的美观等方面。

(5) 经济属性(图 7.6)。

经济成本是船舶实际设计中的重要考虑因素,在满足一定的性能条件下,用户往往会选择成本较低的材料作为船体材料。传统产品设计中的经济性只考虑设计开发成本、制

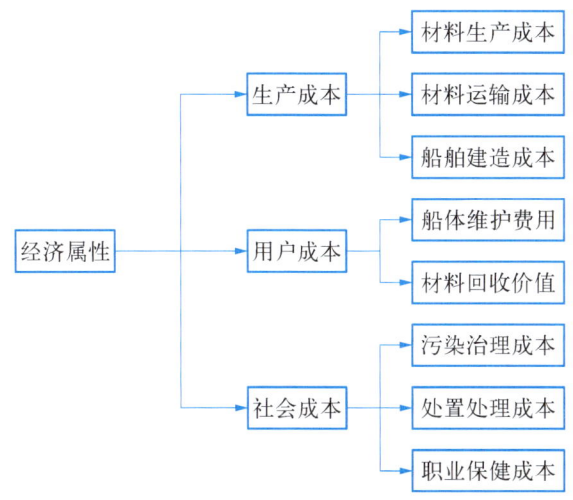

图 7.6 经济属性指标

造成本等费用。绿色产品还需要考虑生命周期内的各类活动对环境造成污染而产生的治理费用。因此,绿色度评价体系应该充分考虑上述因素。

7.2.4 基于模糊层次分析法的多指标评价算法

综合评价方法的核心思想是将多目标评价转化为单目标来衡量,以此来反映评价对象的综合情况,帮助人们做出决策,选择最佳的方案、方法[4]。从绿色度的角度对船体材料进行选择也属于这一范畴,因此采用综合评价方法找到较优解。

所构建的船体材料评价体系具有显著的层次性,可以采用层次分析法表达体系的层次架构;但单纯采用层次分析法很难描述那些难以精确量化的评价指标,可以借助模糊评价的方法,采用隶属度和隶属函数将模糊的概念转化为定量的因素。目前,将两种评价方法相结合的模糊层次分析法因具有两类评价方法的特点和优势,已广泛用于目标的综合评价。因此,本书选择模糊层次分析法进行绿色度的综合评价。

图7.7所示为模糊层次分析法的几个步骤。

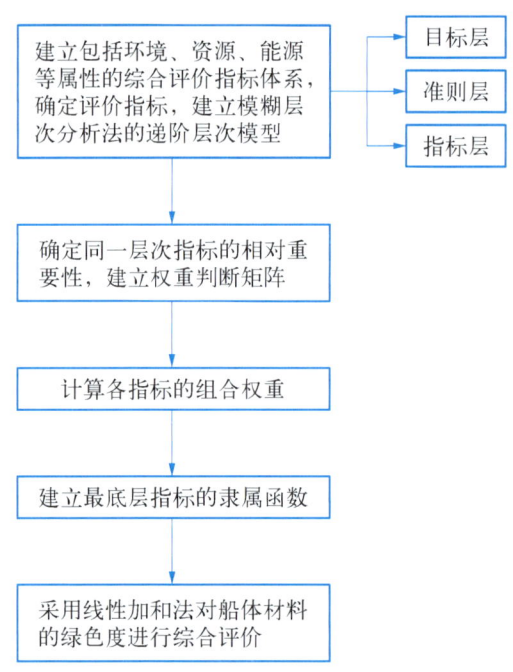

图 7.7 模糊层次分析法的步骤

首先根据构建的面向船体材料选择的绿色度评价体系,划分为合理的层次结构,建立递阶层次模型。包括目标层、准则层和子指标层:

(1) 目标层——这一层用来描述评价的目的和整体的评价内容;

(2) 准则层——这一层是用来描述评价目的的主要影响因素,是评价目的的扩展;

(3) 指标层——这一层是对评价的进一步细化,可以具体分为子指标层。

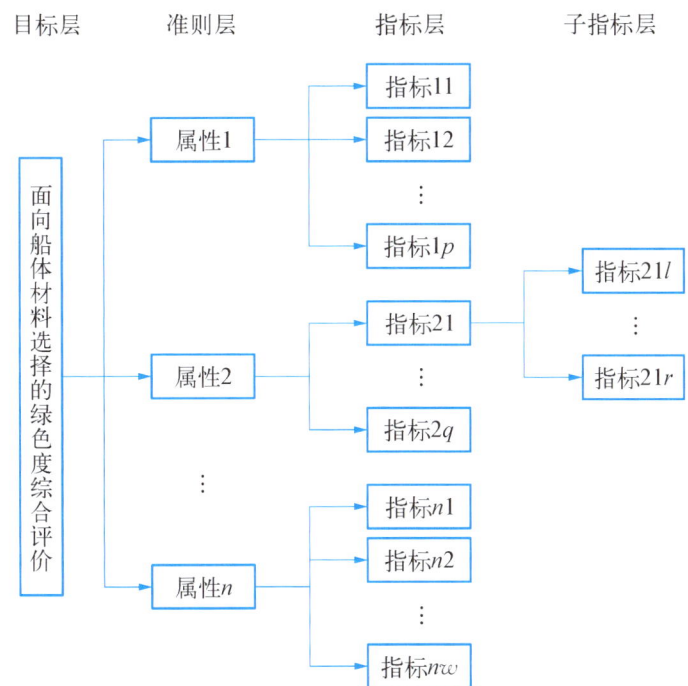

图 7.8　绿色度评价递阶层次结构

根据已经构建的绿色度评价指标体系,可以得到其评价层次模型。其中,目标层为面向船体材料选择的绿色度的综合评价,目标层下面的准则层包括了环境、经济、资源、能源和技术属性等几方面。准则层下面的是指标层,如能源属性包括能源消耗总量、能源消耗率、清洁能源使用率和可再生能源使用率。部分指标层下还包括子指标层,如经济属性的指标层,生产成本下还包括材料生产成本、材料运输成本和船舶建造成本,三个子指标层。不同类型的船舶或船体材料的绿色度评价应根据自身特点和实际情况增减相关指标。

基于 FAHP 的指标权重确定步骤主要包括:建立权重判断矩阵、计算权重和一致性的检验。

(1) 建立权重判断矩阵。

船体材料绿色度评价的层次结构能够清晰地反应各类影响因素,但每个指标的重要性并不相同,因此需要对各个指标赋予权重来反应影响程度。实际设计中对众多指标进行重要性的综合排序难度较大,这里引入模糊数学的理念,将各指标进行两两比较,得到各指标的相对重要度。这里采用 Saaty 提出的 1~9 标度比例标度法[5],如表 7.2 所示。

表 7.2　常用的 1～9 比例标度法

重要性标度	含　义
1	对于 A_m 而言,因素 B_i 和 B_j,具有同等重要性
3	对于 A_m 而言,因素 B_i 和 B_j,前者比后者稍重要
5	对于 A_m 而言,因素 B_i 和 B_j,前者比后者明显重要
7	对于 A_m 而言,因素 B_i 和 B_j,前者比后者强烈重要
9	对于 A_m 而言,因素 B_i 和 B_j,前者比后者极端重要
2,4,6,8	表示上述两相邻判断标度的中间情况
倒数	若 B_i 与 B_j 相比得标度为 i,则 B_j 与 B_i 相比的标度为 $1/i$

构建判断矩阵的步骤如下：若 A_m 作为准则层，A_m 的下一层 $B_1,B_2,\cdots,B_n$ 为指标层；那么，在准则层 A_m 下，对 $B_1,B_2,\cdots,B_n$ 赋予权重；首先对准则层 A_m 的下一层的任意两元素 B_i 和 B_j，依靠决策者的经验，判断和估计哪个元素更重要，重要值参考 1～9 比例标度法；以此得到 A_m 下的权重判断矩阵 $B=(b_{ij})_{n\times n}$，b_{ij} 表示在 A_m 下 B_i 相对 B_j 的重要性；判断矩阵 B 具有正反矩阵的性质，即 $b_{ij}>0$、$b_{ij}=1/b_{ji}(i,j=1,2,\cdots,n)$；因此，只需要判断 n 阶矩阵 B 的上三角或下三角即可得到判断矩阵所有元素。

(2) 权重的计算。

为了得到各指标权重，首先计算判断矩阵 B 的特征向量 W，归一化处理可以得到权重。特征向量 W 的方法如下。

① B 每一行元素的乘积 M_i：

$$M_i = \prod_{j=1}^{n} b_{ij}, \quad i=1,2,3,\cdots,n \tag{7.1}$$

② 计算 M_i 的 n 次方根 $\overline{W}_i$：

$$\overline{W} = \sqrt[n]{M_i} \tag{7.2}$$

③ 对向量 $\overline{W}=[\overline{W}_1,\overline{W}_2,\cdots,\overline{W}_n]^T$ 正规化：

$$W_i = \frac{\overline{W}_i}{\sum_{j=1}^{n}\overline{W}_j} \tag{7.3}$$

所得到的 $\overline{W}=[\overline{W}_1,\overline{W}_2,\cdots,\overline{W}_n]^T$ 即为所求的特征向量。

④ B 最大特征根 $\lambda_{\max}$：

$$\lambda_{\max} = \sum_{i=1}^{n} \frac{(AW)_i}{nW_i} \tag{7.4}$$

式中，$(AW)_i$ 表示向量 AW 的第 i 个元素。

(3) 一致性检验。

在求出最大特征根 $\lambda_{\max}$ 后,需要对判断矩阵进行一致性检验,保证结论的可靠性。

① 计算一致性指标 $C.I.$(consistency index):

$$C.I. = \frac{\lambda_{\max} - n}{n - 1} \quad (7.5)$$

判断矩阵的一致性需要具有如下关系:

$$a_{ij} = \frac{a_{ik}}{a_{jk}}, \quad i, j, k = 1, 2, \cdots, n \quad (7.6)$$

若判断矩阵在满足一致性条件下,具有唯一非零最大的特征根 $\lambda_{\max} = n$,且除了 $\lambda_{\max}$,其余特征根均为零的特点。

② 计算平均随机一致性指标 $R.I.$(random index)。

$R.I.$ 指标是进行多次重复随机判断矩阵特征值的计算后取算数平均值得到[6],如表 7.3 所示:

表 7.3　阶判断矩阵的 $R.I.$ 值

1	2	3	4	5	6	7	8	9
0.00	0.00	0.58	0.90	1.12	1.24	1.32	1.41	1.45

③ 计算一致性比率 $C.R.$(consistency ratio):

$$C.R. = \frac{C.I.}{R.I.} \quad (7.7)$$

当 $C.R. < 0.1$ 时,判断矩阵满足一致性检验。若 $C.R. > 0.1$ 时,则矩阵不满足一致性检验,需要重新构建判断矩阵,直到满足一致性检验。其中,1、2 阶的判断矩阵总是满足一致性检验,只有当判断矩阵阶数大于 2 时,才需要计算 $C.R.$。

在得到各底层指标的权重后,为了得到同一层次指标对于目标层的权重,组合权重的计算需要从目标层一直到子指标层,从最高层开始,向下递推计算。计算方法如下:设 A 层含有 m 个指标 $A_1, A_2, \cdots, A_m$,它们对于目标层的组合权重分别为 $a_1, a_2, \cdots, a_m$。A 层的下一层 B 层共有 n 个指标 $B_1, B_2, \cdots, B_n$,它们对于 A_j 的权重分别为 $b_{1j}, b_{2j}, \cdots, B_{ij}$,此时 B 层的组合权重为该两层组合权重的乘积:

$$w_j = \sum_{i=1}^{m} b_{ij} a_i, \quad j = 1, 2, \cdots, n \quad (7.8)$$

最底层指标也就是评价层次模型的最底层。在多指标的评价体系中,不同指标的量纲往往不同,也就是其衡量单位并不相同。比如,经济指标中的各类费用和成本的单位是"元"或其他货币单位,而可再生能源利用率用百分比表示,是没有单位的;另外,就算指标具有相同单位,其数量级也可能差距很大。所以,进行绿色度综合评价时,不可能将各指标的直接测量值进行评价。为了解决各指标的输入问题,需要进行无量纲处理,才能消除这些因素的影响,为此引入隶属函数和隶属度。

(1) 隶属函数的建立。

建立适当的隶属度函数是对评价指标的无量纲处理过程,是通过模糊转换将指标数值转换成为隶属度,将各类异量纲的评价指标综合成一个总隶属度。隶属函数是建立一个从论域到[0,1]上的映射来描述某个对象属于某个模糊概念或具有某个模糊性质的程度[7]。不同指标具有不同的隶属度,隶属度组成的集合称为模糊子集。

根据隶属函数的建立方法可以看出,它具有一定的主观性,但主观的反映同样受客观事实的制约,因此在一定程度上也能反应事物的渐变性。目前的无量纲的方法通常可以分为两大类:直线型、折线型。其中,直线型无量纲化最简单。在本书构建的绿色度评价体系中,由于缺乏足够的资料,因此可以先建立一个近似的隶属函数,能反映指标值从隶属到不隶属于某一集合的渐变过程,在未来的发展中,根据经验再进行修正。

(2) 隶属度求解方法。

本书对于指标数值越大而船体材料的绿色度越差的消极指标采取降半梯形分布,如图7.9所示。

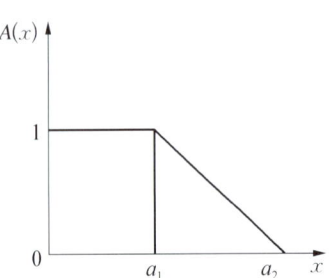

图7.9 模糊降半梯形隶属度函数表达式及分布图

$$A(x) = \begin{cases} 1 & x \leqslant a_1 \\ \dfrac{a_2 - x}{a_2 - a_1} & a_1 < x < a_2 \\ 0 & x \geqslant a_2 \end{cases}$$

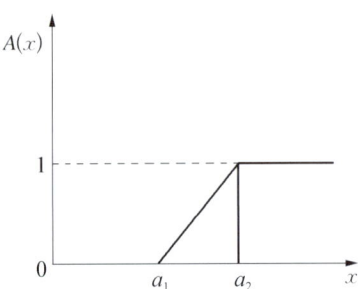

图7.10 模糊升半梯形隶属度函数表达式及分布图

$$A(x) = \begin{cases} 1 & x \geqslant a_2 \\ \dfrac{x - a_1}{a_2 - a_1} & a_1 < x < a_2 \\ 0 & x \leqslant a_1 \end{cases}$$

本书对于指标值越小而船体材料的绿色度越好的积极指标采取升半梯形分布,如图7.10所示:

将指标值代入相应的隶属函数中,就可以得到隶属度,函数的计算如表7.4所示。

本书采取线性加权的方法对材料的绿色度进行评价,计算方法为:

$$T = \sum_{i=1}^{n} W_i \mu_A(x_i) \tag{7.9}$$

式中,$\mu_A(x_i)$是最底层评价指标的隶属度;W_i是最底层指标组合权重;T是绿色度综合评价；x_i 是第 i 项评价指标。

表 7.4 隶属度计算

实际测量值	隶 属 区 间	隶属函数分布	隶 属 度
x	$[a,b]$	升半梯形分布	$\dfrac{x-a}{b-a}$
x	$[a,b]$	降半梯形分布	$\dfrac{b-x}{b-a}$

7.2.5 大型游艇船体材料选择实例

以某大型游艇船体材料分别为全钢、全铝和钢铝混合三个方案为例，结合模糊层次分析法对船体材料的绿色度评价进行分析。

依据前一部分提出的面向船体材料选择的绿色度评价提下，结合之前的分析结果，构建大型游艇船体材料绿色度的评价指标体系，如表 7.5 所示。

表 7.5 某大型游艇船体材料绿色度评价指标体系

环境属性		船体材料生命周期评价(LCA)影响潜值
能源属性		能源利用率
		可再生能源利用率
		能源消耗总量
资源属性	设备资源	先进设备使用率
		环保设备使用率
	材料资源	有毒有害材料使用率
		游艇生产材料利用率
		游艇拆解材料回收率
经济属性	船体材料生命周期费用	材料生产成本
		材料运输费用
		游艇建造成本
		船体维护费用
		航行燃料费
		材料回收价值
		环境污染治理费用占生产成本比例
技术属性	游艇性能	游艇航行性能
		使用性能
	材料性能	材料工艺性能
		材料力学性能

首先构建一级指标的判断矩阵如表 7.6 所示。

表 7.6 一级指标下属指标的判断矩阵

	环境属性	资源属性	能源属性	技术属性	经济属性
环境属性	1	4	4	6	5
资源属性	1/4	1	1/2	4	3
能源属性	1/4	2	1	4	3
技术属性	1/6	1/4	1/4	1	1/3
经济属性	1/5	1/3	1/3	3	1

通过运用 FAHP 的权重确定方法对判断矩阵求解可得一级指标下属五项指标的权重。计算结果中，最大特征根 $\lambda_{max}=5.288$，$C.I.=0.072$，$C.R.=0.0643<0.1$，满足一致性检验，各指标权重如表 7.7 所示。

表 7.7 一级指标相对权重

环境属性	资源属性	能源属性	技术属性	经济属性
0.504 3	0.157 1	0.206 3	0.047 4	0.084 9

采用相同的方法可以求出大型游艇船体材料绿色度评价体系各层指标的相对权重。根据组合权重的确定方法，从层次自上而下的求解，可以求得最底层指标的组合权重，各层指标权重和组合权重结果如下。

首先收集各方案指标的测量数据，其主要来源为相关文献或统计数据。本书采取相对性的评价指标，取钢铝混合方案的为参考方案，其余两方案的隶属度为相对值。对于定性的指标，或者无法确定的定量指标利用 Saaty 的 1～9 标度法进行相对性的评估后得到隶属度；对于定量指标采用隶属度函数进行计算。下面以环境属性下的 LCA 环境影响值为例进行说明，参看表 7.8 所示。

表 7.8 大型游艇船体材料绿色度评价最底层指标权重表

一级指标层	二级指标层	三级指标层	组合权重
环境属性		船体材料生命周期评价（LCA）影响值	0.504 3
能源属性		能源利用率	0.088 4
		可再生能源利用率	0.029 5
		能源消耗总量	0.088 4
资源属性	材料资源	游艇建造材料利用率	0.063 6
		有毒有害材料使用率	0.019 3
		游艇拆解材料回收率	0.035 0

(续表)

一级指标层	二级指标层	三级指标层	组合权重
资源属性	设备资源	先进设备使用率	0.029 5
		环保设备使用率	0.009 8
经济属性	船体材料生命周期费用	材料生产成本	0.022 1
		材料运输费用	0.003 4
		游艇建造成本	0.010 5
		船体维护费用	0.008 1
		航行燃料费	0.019 0
		材料回收价值	0.007 8
	环境污染治理费用占生产成本比例		0.014 2
技术属性	功能技术	游艇航行性能	0.029 6
		使用性能	0.009 9
	材料性能	材料工艺性能	0.005 9
		材料力学性能	0.002 0

环境影响潜值越大,材料的绿色属性约差,所以采用降半梯形的隶属度函数分布,函数的图形可参考图 7.10。隶属域的确定采取相对性的评价标准,将中间影响潜值的隶属度定位 0.5,最小影响潜值的隶属度定位 1,通过隶属度函数的计算可以得到各方案生命周期评价影响值的隶属度,如表 7.9 所示。

表 7.9 环境影响值下属指标隶属度

游艇方案	LCA 影响值	隶属域	隶属度
全钢方案	1.94×10^5		0.12
混合方案	1.48×10^5	$(8.74 \times 10^4, 2.09 \times 10^5)$	0.5
全铝方案	8.74×10^4		1.0

采用相同的方法可以求得各底层指标的隶属度,计算结果如表 7.10 所示。

表 7.10 大型游艇船体材料绿色度综合评价得分

评 价 指 标	全钢方案	混合方案	全铝方案
LCA 影响值	0.12	0.5	1
能源利用率	0.5	0.5	0.5

(续表)

评 价 指 标	全钢方案	混合方案	全铝方案
可再生能源利用率	0	0.4	1
船体材料生命周期能源消耗	0.01	0.42	1
材料利用率	0.5	0.5	0.5
有毒有害材料使用率	1	1	1
废旧材料回收率	0.5	0.5	0.5
先进设备使用率	0.5	0.5	0.5
设备利用率	0.5	0.5	0.5
材料生产成本	1	0.5	0.1
材料运输费用	0.25	0.5	1
游艇建造成本	0.7	0.5	0
船体维护费用	0.4	0.5	1
航行燃料费	0.3	0.5	1
材料回收价值	0.35	0.5	1
环境污染治理费用占生产成本比例	0.5	0.5	0.5
船舶航行性能	0.5	0.6	0.5
使用性能	0.3	0.5	0.8
材料工艺性能	0.8	0.5	0.5
材料力学性能	0.4	0.5	0.7

结合组合权重的计算和各方案隶属度的计算，可以得到最终的评价分值，计算方法如下所示：

$$T = \sum_{i=1}^{n} u(x_i) p_i \tag{7.10}$$

式中，$u(x_i)$ 为最底层指标的隶属度；p_i 为最底层指标的组合权重。

大型游艇各方案绿色度综合评价结果如表 7.11 所示，评价满分为 1.0 分。

表 7.11 大型游艇船体材料绿色度综合评价结果

方　　案	全钢方案	混合方案	全铝方案
绿色度综合评价值	0.27	0.50	0.89

绿色度的综合评价结果在一定程度上反映了某大型游艇各方案的特点，由于本书采取钢铝混合方案为参考方案，因此绿色度综合评价结果为：全铝方案＞混合方案＞全钢方案。具体分析各项指标值如下：

① 从环境属性上来看，全钢方案、混合方案和全铝方案的得分分别为 0.06、0.25 和

0.5,分别达到绿色度综合评分的 23%、50% 和 61%;全铝方案超过了预期的 50%(环境属性的组合权重),全铝方案的环境属性优于另外两个方案;

② 从能源属性上来看,全钢方案、混合方案和全铝方案的得分分别为 0.05、0.09 和 0.16,分别达到绿色度综合评分的 17%、19% 和 20%;全钢方案的可再生能源利用率和生命周期内的能源消耗得分较低,可以看出全铝方案能源属性较为优秀;

③ 从经济属性上来看,全钢方案、混合方案和全铝方案的得分分别为 0.05、0.04 和 0.05,分别达到绿色度综合评分的 18%、8% 和 6%;全钢方案在经济属性上得分超过预期,优势体现在材料生产成本和建造成本上;

④ 从技术属性上来看,全钢方案、混合方案和全铝方案的得分分别为 0.02、0.03 和 0.03,分别达到绿色度综合评分的 9%、5% 和 3%;由于钢材具有易于建造的特点,因此在工艺性能上具有优势,在技术得分上高于预期的 4.7%;

⑤ 资源属性由于实际建造数据的缺乏,对各方案资源的利用情况没有对比,所以在绿色度评价中取相同的得分。

总的来说,通过以上对某大型游艇的船体材料绿色度综合评价结果,设计人员可以根据以上信息在设计过程中根据实际情况对船体材料方案进行选择,得到综合绿色度较好的方案。

7.3 游艇装备产品分类选型

随着我国经济的持续发展,有能力消费的人群也会越来越多,游艇作为一种奢侈和体现身份的消费品,不断地受到人们的青睐。游艇装备产品更是体现奢华和舒适的重要组成部分,国内的游艇装备制造厂商并不少见,但是档次不高,有时对客户的要求不能做到完全满足。游艇装备配置的优劣,对游艇的各性能影响较大,现就装备选择作一些分析。

游艇作为一种高附加值的休闲娱乐产品,各种配套设施种类繁多,可以分成几个大类,如表 7.12 所示。

表 7.12 游艇装备产品分类

类别	包含内容
船体材料	钢质、铝合金、玻璃钢、复合材料等
轮机设备	热交换器、发动机、变速箱、泵系等
电气设备	船用照明灯具、蓄电池、船用变压器、船用电动机;船用发电装置、控制电器、配电电器、电线、电缆等
锚泊设备	锚机及附属、拖曳设备、系泊设备

(续表)

类　别	包　含　内　容
救生设备	救生衣（服）、救生艇、救生筏、烟火信号、登乘设备、其他救生设施等
消防设备	灭火器、消防泵、泡沫灭火剂、固定灭火系统、惰性气体系统、消防炮、人员防护、探火与报警系统等
舾装设备	门、窗、梯、盖、舵系、螺旋桨、装饰材料、座椅、厨房设备等
通信设备	信号设备、通信设备、航行设备等

7.3.1　船体材料的选择

游艇的主体材料，主要有铝合金、玻璃钢及先进的复合材料等，根据游艇的不同用途和长度，所用的主体材料不一样。目前，用量最多的是玻璃钢游艇，由于造价低和重量轻，受到国内人的青睐，但是回收性能很差，其次是钢铝混合结构、钢玻混合结构游艇，相对来说是目前的发展趋势，最后是复合材料的应用，但是造价太高，应用不广泛。

为了使设计和建造的游艇具有性能优异、使用可靠、加工修理方便、成本低廉等优良特性，对用于游艇上的结构材料提出了很高的要求，概括起来主要有以下几个方面。

（1）优良的力学性能。

船艇在航行中由于重力与浮力分布不均产生了中拱弯曲和中垂弯曲，导致船体产生一定的挠曲，船体产生的挠曲必须保持在一定的限度内船艇才能正常工作。因此，作为船体结构的材料必须具有良好的综合力学性能，符合一定的指标要求。

（2）良好的工艺性能。

船艇主船体部分大多采用玻璃钢结构，生产制造过程中必须经过各种加工、塑模成形、装配等工艺流程，这就要求所使用的材料能够承受和适应这些工艺方法，即具有良好的工艺性能。

（3）良好的耐腐蚀和防污性能。

由于长期处于江河湖泊、带微碱性的海水环境中，不但对金属起着比陆地更为剧烈的电化学腐蚀作用，而且对涂装漆膜也起着剧烈的皂化、老化等破坏作用。船体结构材料不仅要采取各种防腐与防污措施，其本身也必须具有很强的耐腐蚀性能。

现在游艇船体建造的主要材料有高强度钢、N8 铝合金、GFRP 短纤维织物（含 30％玻璃纤维）、GFRP 编织布（含 50％玻璃纤维），绝大部分用纤维增强塑料建造，其中包括采用不饱和聚酯树脂、环氧树脂、玻璃纤维和高强纤维（如芳纶纤维、碳纤维等）。根据材料的各种性能、品种、规格、价格，权衡利弊统筹兼顾，运用系统工程思想抓住主要矛盾正确处理，根据客户的要求和船厂的建造工艺，科学合理地选用适合船艇的结构材料。

7.3.2　轮机设备的选择

在轮机设备中，游艇的发动机是游艇最主要的配套设备，它是游艇快速性的动力源泉，其价格在游艇的总造价中占的比例非常大。目前国产内燃机基本很难达到游艇专用机的技术要求,国内已引进的MTU、MAN、Volvo Penta、康明斯等发动机,机型偏重、偏大,装备到游艇上时需慎重。

游艇发动机要求体积小,重量轻,噪声低,易检修;在低转速下也具有高的牵引力;有较强的加速性能和对指令的快速响应;低排放,能符合IMO关于废气排放的要求和各类相关规定。

发动机犹如游艇的"心脏"。体现游艇发动机品质高低主要有三个方面:首先要有良好的动力性,也就是说,发动机即使在低转速下,也具有较高的牵引功率、强大的加速性能和较低的燃料消耗量;其次要使发动机整体设计紧凑,节省空间,低重量高性能,低油耗,使续航力大大增加,大修周期长,运行成本低;最后,要符合关于废气排放和回收处理的相关规定。在游艇上,发动机操作舒适,性能稳定,节省燃料及速度良好是其基本要求。

发动机产品要通过获得ISO90001-9002、ISO14000、CE质量管理体系,以及中国船级社型式认可证书CCS、6S生产管理系统和美国EPA环保标准等。所选择的游艇发动机可以使游艇迅速而平稳地进入指定动力挡,轻松、舒适的良好操纵。

7.3.3 电气设备的选择

一般游艇都有发电机装置或是柴油发电机组,在选择的时候,如果发动机是单独的系统,就要用配套的发电机设备,如果是发电机组,则需要选好型号,满足总负载。

为保证游艇的安全航行,所使用的电气设备必须按规定正确选用,且选择游艇电气设备应遵循下列主要的原则[8]:

① 选用的设备应符合船检局现行的《游艇建造检验规程》的有关规定;

② 选用的电气设备应满足实际工作的需要和所处环境条件的要求,即电气设备的型式应与其所安装处所的环境条件相适应;

③ 应选用经船检部门检验合格的船用产品;

④ 应保证选用的设备能可靠工作;

⑤ 所选电气设备的功率应有一定的储备量。

为了减少磨损,增加机组的使用寿命,常用发电机组宜选中、低速机组,其备用机组可选择中、高速机组。同一电站的机组应选用同型号、同容量的机组,以便使用相同的备用零部件,方便维修与管理。负荷变化大的工程,也可以选用同系列不同容量的机组。游艇发动机组一般要配备隔音罩,防止噪声,其控制系统要反应灵敏,其配件要易于维护和维修。同时要通过国际海事组织IMO及各船级社的认证。

游艇还有很多其他的电气设备,如电动机、配电装置或配电电器、照明灯具和灯光信号设备、电子仪表、空调及电热器具等,应按照检验局的检验规范和船舶的电气设备布置图进行合理选择。

游艇选配电动机,首先需要考虑电动机的容量。如果电动机的容量选大了,虽然能保证设备的正常运行,但增加了投资,并且由于电动机经常不在满载负荷下运行,它的效率和功率因数也都提不高,会造成电力浪费。如果容量选小了,不能保证电动机和生产机械的正常运行,不能充分发挥生产机械的效能,会使电动机过早损坏。

游艇配电装置是用来接收和分配游艇电能,并能对发电机、电网及各种用电设备进行切换、控制、保护、测量和调整等工作的设备。配电装置主要根据游艇的用电负载和配电室的布置进行选择。配电电器主要针对空气断路器、汇流排母线、电气测量仪表做出选择。

游艇照明是航行、作业及船上人员生活的必要条件。一般根据不同的航区进行游艇规范配备,根据客户的要求或游艇自身的布局和生活工作照明根据不同的场所和用途进行设计。

游艇灯光信号设备直接关系到游艇的安全,为了配合游艇的造型和外观,游艇的灯光信号布置有其相应的规范要求,在规范要求之中可以对其设备做适当调整,使其更协调美观和实用。

游艇系列船用空调要做到安静、效果好、外形小巧。一般游艇空调要将噪声控制在45~60 db 范围内,配有防冻系统和辅助加热系统,有需要还可对废热进行回收处理。

游艇中其他电线或电器设备的选择应根据其用途、安装处所的环境条件、敷设方式等因素来确定。艇上的用电设备如厨房用电器具和空调等,在选择的时候注意规范规定的同时,还要注意艇内的空间布置,尽可能地不引起火灾并做到美观实用。

7.3.4 锚泊设备的选择

游艇的锚泊可以进行精美化设计,使之与游艇的造型相配合。根据有关规范进行游艇舾装数的计算和锚泊系统外力分析,其一是锚的布置,根据游艇的排水量及长度对锚机进行合理选择,不管是横卧式或直立式锚机,配备的锚、锚索、锚架、制链器、导滚链轮等零件部件的设计都要根据游艇船型实际要素进行设计定制;其二是系泊设备,根据游艇系泊设备布置图,对系泊用索、导缆钳、缆绳等部件设计与定制,使之与游艇外形协调美观。

7.3.5 救生与消防设备的选择

从游艇的必要装备而言,施救人命的措施有两个方面:其一是通过电信设备进行呼救,其二是在船上设置救生设备。对于游艇的消防来说,自从国际海上人命安全公约(International Convention for Safety of Life at Sea,SOLAS)成立以来,对救生消防的要求就更加严格规范。

游艇救生设备是用以救助落水人员或当游艇遇难弃船时搭乘乘员在船上设置的专用设备及附件的总称。按中国船级社 CCS 规定,救生设备是指符合规定的定义范畴:救生艇、救生筏、救生圈、救生浮具、救生衣、救生抛绳器和存放、登乘、降落装置,以及登艇梯、救助艇、自然灯、烟火信号灯。它们都必须符合一定的技术条件和规格。一切救生设备应保持随时可用的状态,应能在 243~338 K(−30~65℃)的气温范围内存放而不损坏,在 272~303 K(−1~30℃)的水温范围内正常使用。一切救生设备在有效期内应耐腐蚀,并不因阳光、海水、原油或霉菌的侵袭而影响正常使用[9]。游艇的救生设备应该更加齐全,对人员的安全要更加注意,在制造前应将图纸及技术文件提交审查,在制造或装船时需进行检验,并根据航行区域及游艇大小等,按规定定额标准配置。

游艇配置救生消防设备是 SOLAS 公约的强制要求,目的是为了保障船上人员的安全。游艇的消防设备一般应具备良好灵敏的反馈系统,一般的火灾烟雾都在可控范围内,消防设备主要包括:通用紧急报警系统、火灾自动报警系统、水灭火系统、气体灭火系统、预报救生系统以及其他如消防泵、便携式干粉灭火器等消防设备。游艇的消防设备大致分类如下:

(1) 火灾自动报警系统,包括火灾探测器、烟雾探测器、手动报警按钮、火灾警报装置、消防控制设备等;

(2) 水灭火系统,包括室内/室外消火栓(含水枪、水带)、自动喷水灭火系统(含喷淋系统、雨淋系统,里面有喷头、管道、水泵、水泵接合器、水箱、水流指示器)等;

(3) 泡沫灭火系统,包括泡沫罐、比例混合器、管线、喷头等;

(4) 气体灭火系统,主要是 1211、1301 和二氧化碳系统,包括喷头、储气瓶、管线、控制线路等;

(5) 灭火器,包括手提式、推车式,有干粉、清水、泡沫、二氧化碳等不同类型、大小灭火器;

(6) 防火分隔设备,如防火卷帘、防火材料(特殊材料)、防火堵料、防火隔断等;

(7) 消防电梯、防烟风机、排烟风机;

(8) 消防指示标识(如安全出口、疏散方向、禁止烟火等)及应急消防照明灯;

(9) 消防队员专用设备,如抢险装备(破拆斧、链锯、无齿锯、液压顶杆、堵漏器等)、个人防护装备(如防化服,隔热服,消防战斗服,手套,靴,空气呼吸器,呼救器,定位器等)、其他作战设备(消防梯,救生绳,缓降器,对讲机,特种水枪,自动水炮等)等[10]。

一般游艇都配备了火灾自动报警系统、水灭火系统、气体灭火系统,对防火材料的选择及防火器具的配置也是必不可少的。

在对消防设备进行选择的时候,要根据船舶所适用的规范规定对消防设施进行配备,在满足规范要求的同时,对消防产品的种类、使用条件、价格进行比较,选择适合该船型的消防器材。

7.3.6 舾装设备的选择

游艇的舾装分为外舾装和内舾装。外舾装除了上面提到的救生消防与锚泊设备外,还有很多常见的设备,如门、窗、梯及盖等,还有螺旋桨、舵系等。这些外舾装在选择的时候,针对不同的要求有相应的建造规范和检验规范。在规定的范围内,可以根据客户的喜好对某些外舾装进行独特设计。内舾装在建筑材料和内部装潢方面,现在用的都是建筑行业的标准,在游艇上针对客户的不同风格要求和价格的差别,内舾装分为低档、中档和高档三个档次。游艇舒适度是重要指标,外舾装中的螺旋桨、防噪设备、减摇防振装置等都对游艇的舒适性有较大的影响,在选型的时候要综合考虑各项指标。

游艇上最好能设置小型吊机,可携带和起吊各种附属小艇,它很实用但可能影响一点造型,根据客户喜好来定制。游艇为了体现其奢华、舒适、精美,在法规规定的范围内,可以根据客户的喜好对某些外舾装进行独特设计。比如,现代游艇大多采用个性化设计的不锈钢框架和钢化玻璃窗,窗的设计与游艇的上层外形有关,因此窗的制造往往是非标准的。游艇的楼梯也是多样化设计,根据空间进行合理设计布置。

游艇外舾装设备与客船舾装设备的区别体现在以下方面:

① 游艇舾装设备都很精细化,体现奢华和视觉享受,而客船设备一般只作为安全和实用性考虑;

② 游艇舾装设备,特别是内饰方面,个性化人性化要求比较强,订制较多,而客船设备对安全性要求更强;

③ 游艇设备与客船设备在价格方面也天差地别。

7.3.7 通信设备的选择

游艇的通信设备包含 VHF 高频电台、多功能导航系统、助航设备、多功能导航仪及电子显示仪表、船舶操纵信号设备及电气报警信号装置等。

游艇的 VHF 甚高频电台可以使用 VHF 无线电话,实现与外部的通话联系,同时各分机之间也可实现内部互通功能,产品要性能稳定、通话质量好、优质耐用、不受天气环境影响等。

多功能导航系统可以集成多种功能于一体,包括高清数字雷达、电子海图、测深声呐、AIS、NAVTEX、视频监控、发动机监控等。在游艇上可以做到绚丽的真彩高清显示,无与伦比的视觉效果,超强的网络处理能力,可充分满足高端用户的个性化、多元化需求,真正做到为客户提供量身定做的服务。

多功能导航仪及电子显示仪表要满足安全可靠、信息准确,可便携支架和快拆快装,安装方便,还可调整角度。

常规无线电通信是指常规的地面无线电通信系统,使用的设备是发射机、接收机、电台、救生通信设备和终端等。其使命是进行遇险报警、救援协调通信、搜救现场指挥通信以及日常的公众通信和业务往来联络等。

在对这些设备进行选择的时候,根据电气布置图和总布置图来合理选择适用于该船型的设备,同时要满足国家的一些电气设备生产和安装要求规范规定。同时对客户提出的要求要一定满足,同时要体现游艇的奢华和舒适。

7.4 游艇装备绿色选配

7.4.1 游艇装备绿色选配系统开发平台与工具[10]

本书使用 Microsoft SQL Server 2005 数据库和 Microsoft 公司的 Visual Studio

2005 集成开发平台建立游艇装备客户满意度的评估专家系统。

Microsoft SQL Server 2005 是一种典型的关系型数据库管理系统,可以在许多操作系统上运行,它使用 Transact-SQL 语言完成数据操作。Microsoft SQL Server 是开放式的系统,其他系统可以与它进行完好的交互操作。Microsoft SQL Server 2005 结合了分析、报表、集成和通知功能,这使用户的企业可以构建和部署经济有效的 BI 解决方案,帮助用户的团队通过记分卡、Dashboard、Web Services 和移动设备将数据应用推向业务的各个领域。

Visual Studio.NET 经过几个版本的发展,目前应用最多是微软公司 2005 年推出的 Visual Studio 2005,对应的 VB.NET 的版本是集成其中的 Visual Basic9.0,也可称为 VB.NET 2005。相对于 Visual Basic6.0,VB.NET 是基于.NET 框架的完全面向对象的编程语言,使用 VB.NET 可以编制出功能更加强大的 Windows 程序。在 VB.NET 中,可以利用构造函数为对象赋初值,这样就不需要进行繁琐调用赋初值了。构造函数的使用,简化了编码的过程并减少了出错的机会;VB.NET 编写线程的能力比 VB6.0 有很大增强,在 VB6.0 中,需要首先声明一个变量,然后才能对其赋值,这样就需要写两行代码。而在 VB.NET 中可以使用初始化函数将这两个步骤合并在一行中完成,这样更易维护代码。VB.NET 基于.NET 框架,开发者可以快速地可视化开发网络应用程序、网络服务、Windows 应用程序和服务端组件,可以与其他.NET 语言协同工作。其中用于辅助开发访问数据的应用程序可以使用 Visual Studio 生成的新 Table Adapter 对象完成数据集的填充、查询的运行和储存过程的执行。使用新的本地数据功能可以在应用程序中直接包含 Microsoft SQL Server 2005 数据库和 Microsoft Access 数据库。

7.4.2 选配系统基本框架及主要功能

在游艇装备绿色选配体系流程中,一般从客户需求和设计人员需求开始进行分析,客户需求对游艇要求主要是模糊需求,而设计人员对游艇装备的各类产品的技术参数是有详细要求。这些要求都在游艇装备产品配置平台上进行人机交互,可以得到满意的结果。在该体系中,最核心的关键技术是产品配置方案是否满足客户需求,通过模糊数学与加权产生式规则的不确定性推理方法可以把客户要求转化为机器能识别的语言,并判断产品是否满足客户和环境的要求,最后对结果作出评估。图 7.11 所示是系统的基本模块划分。

在游艇装备选配系统中,将系统分为 5 大模块,其中用户登录模块处在最上层,用以验证用户身份,同时读取用户具有权限;中间是功能模块,分别为"用户管理模块""产品管理模块""产品选配模块""配置分析模块"及"清单管理模块",它们分别负责了相关的功能模块。在系统的底层是游艇装备产品的综合数据库。

(1) 用户管理模块。

系统用户登录以后可以添加用户、编辑用户和删除用户及对密码进行修改。系统管理用户可以对产品管理模块进行编辑修改,而普通用户则不行。

(2) 产品管理模块。

主要是游艇装备产品的技术参数及游艇装备产品相关厂商的信息,管理员可以对技

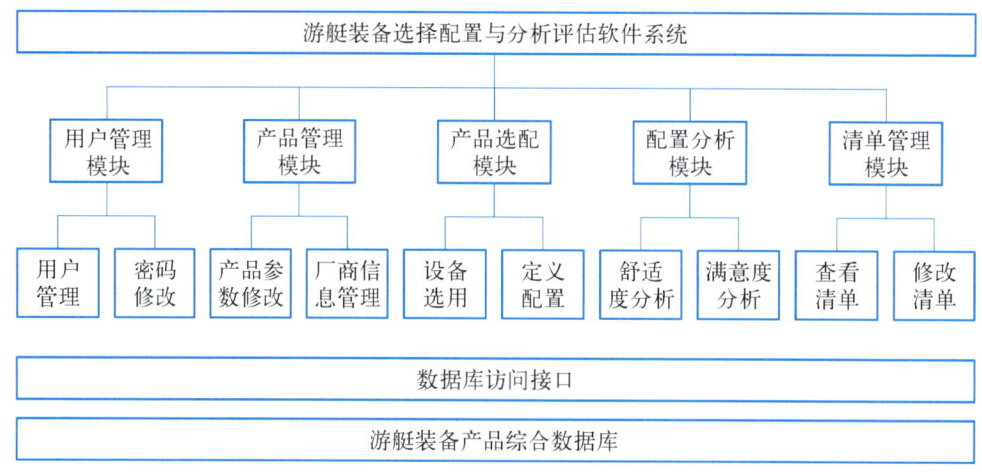

图 7.11　系统基本模块划分图

术参数进行修改编辑和添加更新,而普通用户不能进行该模块功能运用。

(3) 产品选配模块。

主要针对普通用户对游艇设备产品的选用。在该模块中有两个子模块,分别是"设备选用"和"定义配置"。在设备选用中可以从舾装、轮机等设备中通过技术筛选条件选择客户需要的产品;定义配置模块让客户自己创建新的设备信息,可以及时更新游艇装备产品综合数据库中的信息。

(4) 配置分析模块。

在该模块中包含了产品的"舒适度分析"和"满意度分析"两大模块。满意度分析包括知识库的维护、满意度计算和推理评估。知识的维护主要是对知识库规则进行修改、添加和完善,满意度计算包括客户对产品的功能性、经济性和环保性的需求的满意度计算表达,推理评估是对客户选择的产品方案集的满意程度进行评估和相关意见的修改。

(5) 清单管理模块。

主要包含"查看清单"和"修改清单"两个子模块,在查看清单模块中可以看见客户选择的满意产品集,包含了产品所有属性信息。在修改清单模块中可以选择的产品进行删除和修改,剔除不太满意的产品。

游艇装备选配评估系统是以客户选择的产品满意程度为目标,建立良好的人机交互界面和数据库管理系统,它可以有效、方便地为客户和设计人员提供游艇配套实施产品的相关信息;为环保游艇的开发设计提供了有效途径,辅助设计人员对设计方案的改进和完善,提高了游艇设计效率。

7.4.3　游艇装备选择配置与分析评估软件系统运行界面

本系统用户界面设计采用 Windows 风格标准,界面干净整洁,操作人性化,主要的运行界面有登录界面、主界面、用户管理界面、产品管理界面、产品配置与选用界面、配置分析界面、清单管理界面等。

7.5 基于生命周期评价理论的游艇环保材料舒适度

生命周期的概念是指从原材料的生产开始,经过一系列加工、制造、运输、使用、维修,直至废弃回收的整个过程,在此过程中产品无时无刻都会对环境产生或多或少的影响[11]。生命周期评价理论针对这一研究思路,通过对研究对象"从摇篮到坟墓"的分析,改变以往造成污染后再处理的"末端治理"思想,通过识别研究对象生命周期内的重大环境问题,在产品的设计之初就帮助设计人员进行环境友好型设计,努力将环境影响降到最低。生命周期评价作为一种分析产品生命周期活动过程的环境管理工具,已被广泛的接受和应用。

7.5.1 船体材料生命周期评价理论实施框架

国际环境毒理学与化学学会(Society of Environment Toxicology and Chemistry,SETAC)和国际化标准组织(International Organization for Standardization,ISO)相继对LCA做出了定义,尽管定义的表述不尽相同,但所表达思想是相同的:从研究对象所使用的原材料生产阶段开始,到产品废弃回收整个生命周期内,分析其资源、能源的消耗量和对环境的潜在影响,并解释得到结果的原因、提出环境改善的意见。

本书依据 ISO 系列标准提出船体材料 LCA 的实施步骤:确定船体材料生命周期评价的目的和范围,根据所确定的范围进行船体材料生命周期内清单分析的数据收集,主要包括原材料生产阶段、原材料运输阶段、船舶建造阶段、船舶营运阶段和船舶拆解与材料回收再循环这样五个阶段的数据;根据清单分析结果,运用合理的影响评价方法,通过特征化、标准化和归一化三个步骤对清单分析数据进行处理,可以得到船体材料生命周期评价环境影响值,将该影响值作为船体材料选择环境性评估的依据。具体步骤如图 7.12 所示。

7.5.2 目的和范围的确定

评价目的和范围(goal and scope definition,GSD)是整体评价过程的立足点和出发点,并直接决定生命周期评价的计算结果和研究结论。在研究开始前必须阐明研究进行的原因和期望得到的结果,从而确立合理的研究目的和范围。

本书采用生命周期评价这一理论,主要目的是对船体材料的生产、加工、船舶营运和船体拆解全生命周期内的资源、能源和"三废"排放情况进行分析和评价;通过量化生命周期各阶段的环境影响情况,辨识生命周期内的主要环境影响环境,针对性地提出环境改善措施,对能源、资源合理应用,促进节能减排;船体材料的生命周期评价结果为船体材料选择体系提供环境性指标,有利于船舶绿色设计的实现。

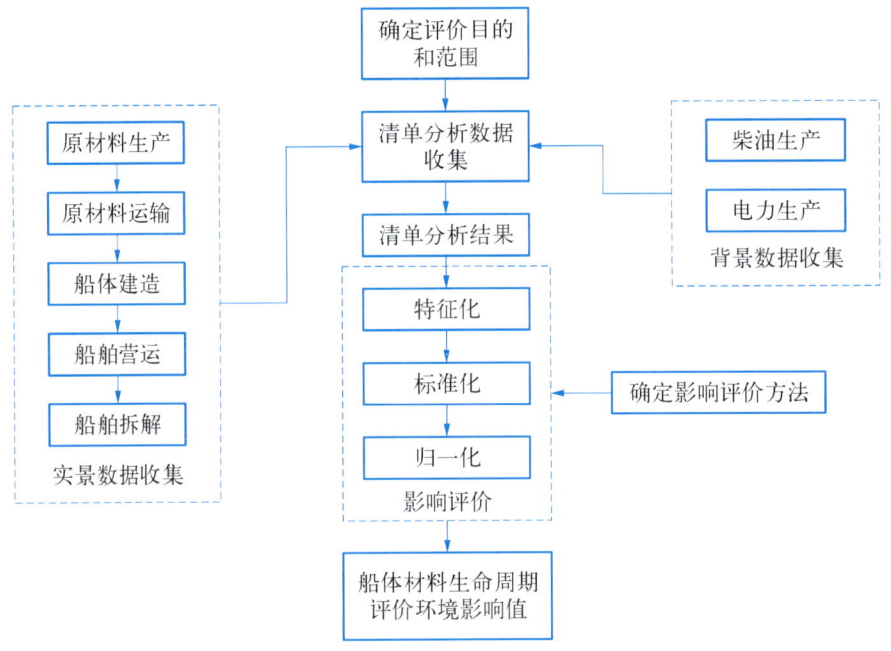

图 7.12　船体材料 LCA 实施框架

功能单位(function unit，FU)是通过选择合适的单位来描述所评价产品的各方面情况，使评价结果具有准确性和一定的可比性。本书参照国内已有的船舶生命周期评价研究[12]，选取功能单位为 t·km/year(船体材料重量·年航行距离)，分析船体材料对环境的影响。

从理论上来说，评价的系统边界应包括研究对象全生命周期各阶段的方方面面，但这样就会使评价的内容过多、范围过于开放而造成评价结果没有突出产品的主要功能和过程，减小了评价结果的实际意义。所以，在 LCA 的实际操作中应该根据研究对象的特点，合理确定系统边界；而在评价过程中也应根据实际情况对系统边界不断修改，直至满足评价要求。根据本书的研究目的和船体材料的特点，确立的系统边界描述如下。

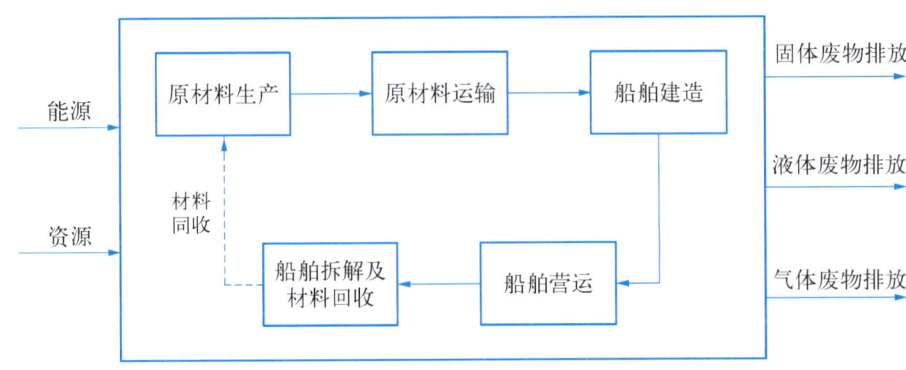

图 7.13　船体材料 LCA 分析系统边界

研究对象生命周期内与环境作用的大量数据是研究者进行生命周期评价的基础,可靠的数据来源和较高的数据质量才能保证生命周期评价结果的可信度。数据质量涉及时间跨度、空间范围和技术覆盖等方面。为了保证清单分析相关数据的质量,本书的原材料生产、加工,船舶建造、船舶营运和船体材料回收过程的排放量均来自正式出版的相关文献或生命周期评价软件数据库,具有了一定的可信度。而为了保证研究的顺利进行,本书的数据也做了一定的简化,简化原则如下:

① 材料生命周期内涉及数据较多,排放量较小的排放物没有计入;
② 原材料生产、制备、回收过程的相关清单数据均考虑一般牌号的钢材或铝材;
③ 柴油生产和电力生产均考虑我国全国平均排放水平;
④ 营运阶段中,船舶主机的排放因子选取一般类型主机的排放研究结果;
⑤ 在影响评价中,考虑船体材料生命周期内主要排放物的环境影响,对影响力较小的类型没有考虑。

7.5.3 清单分析

数据收集包括两个方面:实景(foreground)数据和背景(background)数据[12]。实景数据是收集基于研究对象的制造、使用、废弃过程直接消耗或排放产生的数据,这就需要研究者对研究对象工艺流程各个环节所涉及数据进行收集和整理;背景数据则是研究对象生命周期内间接产生的环境影响,如船舶在航行过程中消耗柴油会直接产生污染物是实景数据,而生产这些柴油所产生的环境影响是间接数据。表7.13所示为柴油生产数据清单。

表7.13 柴油生产数据清单 (kg/kg)

项目		清单结果
原料投入	淡水	2.90
能源投入	煤	7.44×10^{-2}
	天然气	1.44×10^{-4}
环境排放	CO_2	6.71×10^{-2}
	CO	1.75×10^{-4}
	CH_4	1.44×10^{-2}
	NO_x	5.95×10^{-4}
	SO_2	8.65×10^{-4}
	粉尘	7.86×10^{-6}

注:来源于 CLCD-China-Public 0.8 数据库。

本书收集的背景数据主要是柴油生产和电力生产的清单数据,见表7.14。在本书确立的研究范围内,原材料的生产和回收过程的数据收集已考虑背景数据。因此本书的背景数据收集需要考虑生产船舶的建造阶段需考虑生产所用电能和原材料的运输阶段和船舶营运阶段需所用柴油的环境排放。柴油生产和电力生产数据来自 eBalance 内置 CLCD 数据库,其中柴油数据考虑我国柴油生产从开采到出厂平均排放水平,电力生产数据是我国全国平均电网电力从资源开采到电力出厂。

表 7.14 电力生产数据清单　　　　　　　　　　　　　　[kg/(kW·h)]

项　　目		清 单 结 果
能源投入	硬煤	5.47×10^{-1}
	原油	2.80×10^{-3}
环境排放	CO_2	1.36×10^{-2}
	SO_2	2.95×10^{-3}
	NO_x	2.42×10^{-3}
	CO	1.50×10^{-4}
	CH_4	2.45×10^{-3}
	粉尘	4.93×10^{-5}

注:来源于 CLCD-China-Public 0.8 数据库。

原材料生产阶段主要考虑船体材料的生产,本书主要研究的船体材料是钢和铝合金。原材料的生产阶段考虑的工业步骤主要为矿石的开采和金属材料的制备,其中铝合金的生产包含原铝的生产和铝合金的加工。

(1) 钢材生产。

钢铁作为人类社会使用范围最广泛的材料,其生命周期内都会对环境产生很大的影响。从能源消耗上来看,我国的钢铁行业,占工业总能源消耗的 11%;从环境排放来看,固体废物占工业总量的 16%,废气占工业总废气排放的 14%,粉尘则占工业总排放量的 20%[13],所以钢铁产业的节能环保一直备受关注。

我国钢铁工业普遍采用的是转炉炼钢工艺流程,主要工艺流程如图 7.14 所示。本书钢材生产的清单分析参考李兴福、徐鹤对钢材生命周期评价中的研究结果[14]。生产 1 kg 钢材的能源投入、原料投入以及污染物的排放如表 7.15 所示。

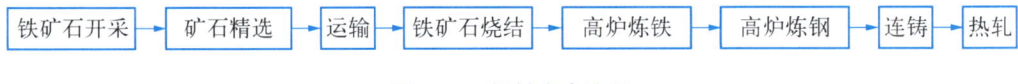

图 7.14 钢材生产流程

表 7.15 钢材生产过程数据清单　　　　　　　　　　　　　　(kg/t)

项　　目		清 单 结 果
原料投入	铁矿	2.89×10^3
	锰矿	5.39×10

(续表)

项　目		清 单 结 果
能源投入	石灰石	2.66×10^2
	石灰	1.04×10^2
	白云石	3.19×10^2
	焦炭	9.98×10^2
	精煤	1.47×10^3
	原煤	1.98×10^3
	萤石	2.30
	水	1.48×10^5
	电力	1.11×10^3
	煤	2.57×10^3
	天然气	7.97×10
	重油	6.50×10^3
	汽油	4.22×10
	柴油	2.06×10^2
	焦炉气	3.76×10^3
	高炉气	3.97×10^3
	其他	4.12×10^3
环境排放	CO_2	1.79×10^3
	SO_2	3.11×10
	NO_x	1.18×10
	CO	1.47×10^2
	CH_4	1.95×10
	粉尘	1.26×10^2
	COD	2.39×10
	SS	4.78×10^2
	油	1.19
	固废	6.98×10^3

(2) 铝合金生产。

铝合金的生产包括原铝的生产和铝合金加工两个步骤。

① 原铝生产。

根据相关资料[15]，2008 年我国氧化铝产量、原铝产量分别为 2 278 万 t 和 1 317 万 t，铝的消费量为 1 341 万 t，原铝产量和消费量均位于世界第一。原铝生产过程如图 7.15 所示。本书原铝生产清单数据参考丁宁对典型铝合金生命周期评价中原铝生产的清单分析[16]，生产 1 kg 原铝的能源、资源投入和污染物排放量如表 7.16 所示。

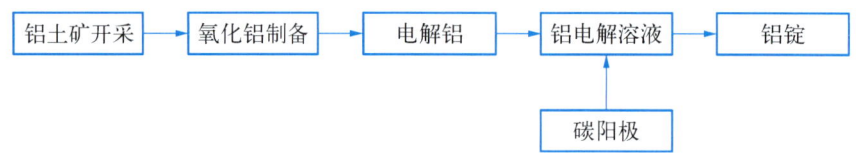

图 7.15 原铝制造过程

表 7.16 原铝生产过程清单数据 (kg/t)

项 目		清 单 结 果
原料投入	铝土矿	4.42×10^3
	石灰石	2.90×10^3
	纯碱	2.36×10^2
	氧化铝	1.92×10^3
	石油焦	4.01×10^2
	煤沥青	8.09×10
	冰晶石	5.00
	氟化铝	2.02×10
	其他氟化物	3.00
	溶剂	4.00
	水	6.70
能源投入	原煤	4.75×10^2
	煤气	8.72×10^2
	燃油	1.05×10^2
	焦炭	5.38×10
	电	4.18×10^4
	天然气	1.12×10^2
环境排放	CO_2	1.53×10^4
	CO	5.19×10^2
	SO_2	5.35×10
	NO_x	4.04×10
	CH_4	3.40×10
	CF_4	1.29×10^{-1}
	C_2F_6	1.56×10^{-2}
	HF	8.01
	PAHs	2.66×10^{-2}
	碱	3.63×10
	油污	7.10×10^{-2}
	赤泥	2.69×10^3
	铝渣	4.00
	粉尘	3.72×10^2

② 铝合金加工。

随着铝及铝合金生产技术不断提高，其应用范围不断扩大，已广泛应用于各类工业、运输业和包装产业。其消费量不断增大也使铝合金零部件加工工艺的环境影响备受关注。铝合金加工方法通常利用铝锭熔炼，并根据铝合金的牌号添加相关的合金元素，最后浇铸成挤压用的圆锭，挤压工艺的流程如图 7.16 所示。铝合金型材加工消耗的燃料包括天然气、煤气、重油和焦炭，并会消耗大量电能，除了燃料燃烧的排放，还会产生粉尘和铝渣。

图 7.16　铝合金型材挤压工艺方法

结合生命周期评价方法和本书的研究目的，确定的铝合金挤压工艺系统边界为熔铸、预热、挤压、热处理、过程废料的重熔，而企业的厂房建设和生产设备的生产、维护不在范围内。本书铝合金加工的环境排放清单参考丁宁对典型铝合金生命周期评价中铝合金生产的清单分析[16]，生产 1 kg 铝合金型材需投入 1.38 kg 原铝，该过程的清单数据如表 7.17 所示。

表 7.17　铝合金型材加工的清单数据　　　　　　　　　　(kg/t)

项　　目		清单结果
原料投入	铝锭	1.38×10^3
	镁锭	6.75
	硅	4.00
	溶剂	4.00
能源投入	原煤	1.22×10
	煤气	6.66×10^2
	燃油	5.03×10
	电	1.24×10^3
	天然气	5.11×10
环境排放	CO_2	1.59×10^3
	CO	5.19×10^2
	SO_2	3.77
	NO_x	2.00×10
	CH_4	2.84
	铝渣	4.00
	粉尘	1.48

完成材料加工阶段后，需要将原材料从材料生产厂家运输到船厂进行下一步的船体

建造工作。为了简化计算,不考虑材料不同对运输方式的影响,运输过程的影响因素仅考虑材料重量和运输距离的影响。运输每吨原材料每公里清单数据如表 7.18 所示。

表 7.18 原材料运输过程清单数据 [kg/(t·km)]

项　　目		清　单　结　果
能源投入	柴油	$7.98×10^{-3}$
环境排放	CO_2	$2.32×10^{-2}$
	SO_2	$3.70×10^{-4}$
	NO_x	$4.40×10^{-4}$
	CO	$7.00×10^{-5}$
	C_xH_y	$4.00×10^{-5}$
	烟尘	$7.00×10^{-7}$

注:来源于 SimaPro 4.0 数据库。

船舶建造过程就是加工制作船体构件,再将它们组装焊接成中间产品(部件、分段、总段),然后吊运至船台总装成船体的工艺过程[17]。船舶生产步骤如图 7.17 所示。

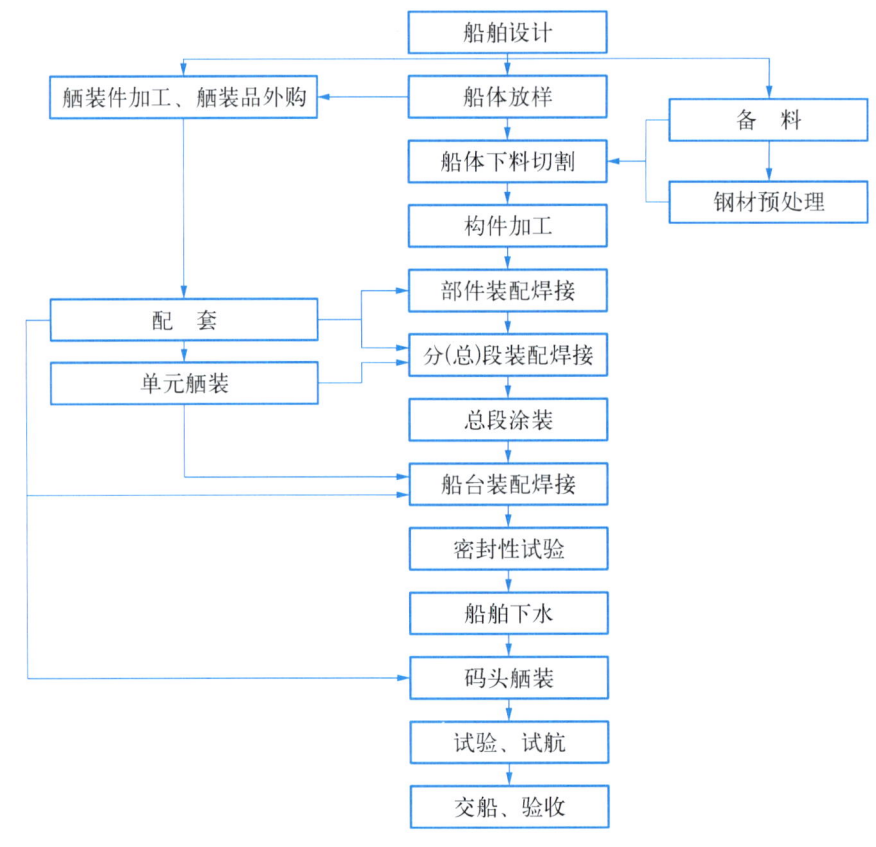

图 7.17 造船工艺流程图

根据本书研究目的,清单分析阶段从材料的角度对船舶建造阶段的环境排放进行数据的收集与计算。通过对船体建造过程的分析,船体材料对该阶段的影响主要来自材料预处理、构件加工和材料焊接三个工艺过程。

(1) 材料的预处理。

以钢材为例,造船使用的钢材由于在运输或储存中的各种因素影响,常常会产生各种扭曲变形,并且会影响号料、气割等其他造船工序的正常进行,所以需要对板材进行矫正、表面清理和涂漆等作业,在过程中会产生粉尘、多余喷漆等污染物;而铝合金船在建造时,在焊接前,通常采用不锈钢刷打磨铝材,以此除掉氧化膜[18],在该过程也会产生粉尘等污染物。

(2) 构件加工。

构件加工包括构件的边缘加工和成形加工。边缘加工是边缘的切割和焊接坡口的加工,加工方法主要有机械切割、化学切割和物理切割;成形加工是将非平直的船体构件进行成形加工,以便得到所要求的空间形状,加工方法主要有各种机械设备在常温下的冷弯成形或高温下的热弯成形[17]。此过程的主要污染物是材料切割产生的粉尘。

(3) 材料焊接。

材料焊接过程数据参考二氧化碳气体保护焊,该过程会产生焊渣、二氧化碳等污染物,但考虑该过程排放较小,故仅考虑该过程消耗的电能产生的环境污染。

船舶建造阶段的清单数据参考廖文对船用钢材生命周期评价[12]中数据。在船体材料实际生命周期评价中,需要收集船舶建造过程中的材料预处理的板材面积、构件切割加工的切割面积和焊接距离。该文献也提供了相关的估算方法:每吨钢材的平均切割面积为 0.33 m^2,每吨钢材的焊接距离约为 9.02 m。船舶建造阶段清单数据见表 7.19。

表 7.19 船舶建造阶段清单数据

环境排放类型	板材预处理排放(kg/m^2)	构件切割排放(kg/m^2)	焊接排放[$kg/(kW \cdot h)$]
CO_2	6.27×10^{-2}	2.14×10^{-2}	2.90×10^{-3}
SO_2	0.00	2.03×10^{-4}	2.75×10^{-5}
NO_x	0.00	1.46×10^{-4}	1.98×10^{-5}
CO	0.00	6.37×10^{-5}	8.64×10^{-6}
C_xH_y	2.54×10^{-3}	0.00	0.00
粉尘	2.32×10^{-2}	7.51×10^{-1}	1.22×10^{-4}
HC	0.00	7.08×10^{-6}	9.60×10^{-7}

船舶在营运阶段的航行中,产生主要的污染物包括主机排放的废气、生活污水和固体废弃物[19]。本书的研究目的是分析船体材料对环境的影响,因此只考虑船体材料对船舶主机排放的影响,计算方法是船体重量占船舶排水量的比例与主机总排放量换算得到。

船舶主机主要排放物有:NO_x、SO_2、CO、CO_2、PM。相关文研究[20]显示,各类船舶

CO_2 的排放因子较为一致;而 SO_2 的排放因子与燃料自身的含硫量相关,因此燃料类型是 SO_2 排放量的主要影响因素;NO_x 的排放与主机类型相关,低速柴油机的排放因子高于高速柴油机;各类型船舶的 CO、PM 排放因子差距较大,与船舶活动、发动机负荷等因素相关。

本书船舶主机排放物的计算根据文献提供的船舶排放因子进行计算,船舶营运阶段清单数据如表 7.20 所示,表示主机每消耗 1 kg 柴油,相关污染物的排放量。船舶营运阶段的影响因素主要包括主机功率、年营运次数、每次航行时间、营运年数、燃油消耗率等数据。

表 7.20 船舶营运阶段清单数据 (kg/kg)

环境排放类型	主机直接排放	柴油生产排放
CO_2	3.17	6.71×10^{-2}
SO_2	2.00×10^{-2}	8.65×10^{-4}
NO_x	5.50×10^{-2}	5.95×10^{-4}
CO	7.40×10^{-3}	1.75×10^{-4}
CH_4	0.00	1.44×10^{-2}
粉尘	7.00×10^{-3}	7.86×10^{-6}

(1) 船舶拆解。

船舶拆解模式按照船舶拆解的环保技术特征,可以分为欧盟模式、中国模式和印巴孟模式,其中中国模式的特点是劳动力成本低,并且具有一定的环保要求。常用的拆船方法有:离岸水上抛锚拆解法、靠泊位拆解法等方法。典型拆船工艺流程如图 7.18 所示。通过对拆船工艺分析,污染源可以分为三个部分,即水体污染、大气污染和固体废物污染。水体污染主要来自洗舱水、压载水等;大气污染来自切割废气、电石废气等;固体污染来自电石渣、拆解产生的石棉、重金属等。

图 7.18 船舶拆解流程

(2) 材料回收。

船舶拆解阶段会产生大量废钢和废铝,通过材料的再循环工艺都可以投入到新产品的使用中。从材料的生命周期循环角度来看,材料回收降低了新船生产对原材料的需求量,降低了材料生命周期对环境的影响。

① 钢材回收再利用。

废弃钢材作为可再生资源,不仅是炼制钢铁的重要来源之一,钢材回收也能改善环境、减少环境污染,为国家节省资源和能源,是一项经济效益和环保效益都很好的一项产业。船舶拆解会产生大量废钢,做好废钢的回收加工再利用工作,可以在很大程度上降低船舶原材料生产阶段的能源消耗和排放。

废钢回收熔炼通常采用电炉炼钢工艺,该工艺能很好地实现铁资源循环利用。从世界范围内来看,电炉炼钢占了总炼钢量的25.3%,而2016年中国电炉炼钢产量只占全国粗钢产量的7.3%。这是因为我国废钢价格高于生铁价格,并且电炉炼钢消耗的高电能也造成了高价格,导致我国废钢利用率较低[21]。

传统钢铁生产包括采矿、选矿、烧结、炼铁、炼钢、连铸、热轧和冷轧,而废钢炼制采用的电炉流程只包括长流程生产的后4道工序[22]。通过对原材料生产阶段相关生产阶段环境排放、能源消耗、原料消耗的链接求和可以得到由废钢生产1t钢材的清单数据,如表7.21所示。

表7.21 钢材再循环数据清单

项 目		单 位	清 单 结 果
能源投入	电力	MJ	7.48×10^2
	煤	MJ	8.57×10^2
	天然气	MJ	7.97×10
	重油	MJ	5.77×10^3
	焦炉气	MJ	9.37×10^2
	高炉气	MJ	5.99×10^2
	其他	MJ	5.64×10^2
环境排放	CO_2	kg/t	8.00×10^2
	SO_2	kg/t	2.48
	CO	kg/t	1.41
	粉尘	kg/t	5.83
	SS	kg/t	2.09×10
	油	kg/t	9.13×10^{-1}
	固废	kg/t	5.25×10^3
产品	钢材	kg/t	1.00×10^3

② 铝材回收再利用。

表7.22 铝材再循环数据清单

项 目		单 位	清 单 结 果
能源投入	电力	kW·h/t	2.57×10^2
	天然气	m³/t	7.97×10
	煤气	m³/t	3.41×10^2
环境排放	CO_2	kg/t	7.02×10^2

(续表)

项　　目	单　位	清单结果
SO_2	kg/t	1.20
CO	kg/t	1.21
粉尘	kg/t	1.63×10^2
铝渣	kg/t	1.30×10^2
固废	kg/t	1.31×10^2
产品　　　铝锭	kg/t	1.00×10^3

废铝的回收是以含铝废料为原料，通过一系列回收处理技术，获得铝及铝合金的铸锭。通过再生铝进行铝材的生产能达到节能减排的目的，根据相关研究显示：我国再生铝工艺的能源消耗仅为原铝生产的4.86%，温室效应仅为原铝生产的1/24[23]。

再生铝的加工与原生铝加工与熔铸工艺相比并没有很大的区别。但是，由于再生铝加工的原料是废铝，其组成和形态十分复杂，并且会有不同程度的污染或掺杂了杂质，这些都给再生铝的重熔加工过程带来了难题。我国熔炼再生铝的设备主要有坩埚炉和反射炉，采用反射炉生产的再生铝大概占到总产量的80%以上[24]。再生铝的工艺过程包括废铝的收集、预处理和熔炼。本阶段清单分析数据参考文献[16]，数据如表7.22所示。

(3) 船舶拆解与材料回收阶段的计算方法。

废弃船体材料的回收工艺虽然仍是在消耗能源、资源，并产生环境排放的，但从材料生命周期的角度来看，实际上是降低了新造船舶船体材料的需求量。因此，材料回收阶段的数据清单应该为回收产生材料数据与原材料生产数据之差。材料回收阶段的环境影响值 EI 的算法应该为[25]：

$$EI = EI_{re} - EI_m \tag{7.11}$$

式中，EI 为材料回收的环境影响值；EI_{re} 为回收工艺对环境产生的影响值；EI_m 为原材料生产的环境影响值。

表7.23　船舶拆解与材料回收阶段清单数据　　　　　(kg/t)

环境排放类型	废钢回收排放减少量	废铝回收排放减少量
CO_2	-9.89×10^2	-1.46×10^4
SO_2	-2.86×10	-5.23×10
NO_x	-1.18×10	-4.04×10
CO	-1.45×10^2	-5.18×10^2
CH_4	-1.95×10	-3.40×10
粉尘	-1.20×10^2	-2.09×10^2
COD	-2.39×10	0.00
SS	-4.57×10^2	0.00

因此，材料回收阶段的清单数据为生产 1 kg 材料，废料再循环工艺环境排放量与原材料生产工艺环境排放量之差，如表 7.23 所示。本阶段的主要影响因素为废料重量和废料回收率。

7.5.4 影响评价

生命周期影响评价（life cycle impact assessment，LCIA）是在清单分析的基础上，对潜在的环境影响程度进行定量或定性的描述和评价。LCIA 是 LCA 理论值中的核心，也是最困难、发展相对不完善的一个阶段。目前在国际上并没有一个统一的评价方法，但 ISO 和 SETAC 都把 LCIA 阶段定义为三个步骤：环境影响分类（classification）、特征化（characterization）和量化（valuation）。

环境影响分类也就是将清单分析中得到的数据按照相似性和一致性归纳到不同的环境影响类型中，以此简化 LCA 过程。因此，不同的排放物可能会引起不同的环境问题，而同一种排放物也可以引起多种环境问题，也就可以归纳到多种环境影响类型中去。环境影响类型通常包括资源耗竭、生态影响和人类健康。

本书主要考虑的船体材料环境影响类型主要有全球变暖潜值（global warming potential，GWP）、酸化效应（acidification potential，AP）、富营养化（eutrophication potential，EP）、光化学臭氧生成潜力（photochemical ozone creation potential，POCP）、粉尘（particulate matter，PM）。分类方法参照联合国政府间气候变化专门委员会（Intergovernmental Panel on Climate Change，IPCC）等相关组织的研究结果[11]环境影响类型，如表 7.24 所示。

表 7.24 IPCC 主要环境影响因子分类及当量值

环境影响类型	相关污染物	当量因子 EF	单位
全球变暖 （GWP）	CO_2	1	$kgCO_2\ eq./kg$
	NO_x	320	
	CO	2	
	CH_4	25	
光化学臭氧生成潜力 （POCP）	C_xH_y	0.5	$kgC_2H_4\ eq./kg$
	CO	0.03	
	CH_4	0.007	
	NO_x	0.03	
酸化 （AP）	SO_2	1	$kgSO_2\ eq./kg$
	NO_x	0.7	
富营养化 （EP）	HC	0.41	$kgNO_3^-\ eq./kg$
	COD	0.23	
	SS	0.18	
	NO_x	1.35	

(续表)

环境影响类型	相关污染物	当量因子 EF	单位
粉尘 (PM)	粉尘	1	kg 粉尘 eq./kg
	烟尘	1	

特征化的意义是把同一影响类型下的不同环境排放物转换成相同的形式或量纲,便于比较。比如,在全球变暖影响类型下,通常以 CO_2 作为基本量,然后将全球变暖下的其他排放物按一定的标准量转化成 CO_2 量,然后将每一类的环境影响类型累加,就可以得到该影响类型的特征化值,所得结果为环境影响类型的潜在影响,称为影响潜值。数据特征化常有不同的计算方案,包含不同的转换因子,影响潜值的计算方法如下所示:

$$EP(j) = \sum EP(j)_i = \sum [Q_i \times EF(j)_i] \tag{7.12}$$

式中,$EP(j)$ 为第 j 类环境影响类型的贡献;$EP(j)_i$ 为第 i 类排放物对第 j 类环境影响类型的贡献;Q_i 为第 i 类物质排放量;$EF(j)_i$ 为第 i 类排放物对第 j 类环境影响类型的当量因子。

量化包括标准化和加权。

(1) 标准化。

在特征化的基础上,不同环境影响类型在数据上可以进行一定的对比。但为了反映不同环境影响类型对环境的影响程度,需要对各类环境影响类型取一个标准化值,将每个影响类型用无量纲的量表示,计算方法如下所示。

若采用 i 年的人均环境影响潜值作为环境影响基准,即:

$$NP(j)_i = EP(j)_i / POP_i \tag{7.13}$$

式中,$NP(j)_i$ 为 i 年全球(或地区)人均环境影响潜值;$EP(j)_i$ 为 i 年全球(或地区)总的环境影响潜值;POP_i 为 i 年全球(或地区)人口。根据该基准,标准化后产品系统的环境影响潜值表述为:

$$NEP(j) = EP(j)/NP(j)_i \tag{7.14}$$

式中,$NEP(j)$ 为标准化后的环境影响潜值;$EP(j)$ 为计算环境影响潜值。标准化后的环境影响潜值单位为:标准人当量,即 eq./(人·年)。

本书选取的标准化方案的基准值参考中国科学院生态环境研究所的相关研究[6]如表 7.25 所示。

表 7.25 环境影响类型的标准化基准值

影响类型	全球变暖 (GWP)	酸化 (AP)	光化学臭氧生成潜力 (POCP)	富营养化 (EP)	粉尘 (PM)
标准化 基准值	8 700 $kgCO_2$ eq./kg	36 $kgSO_2$ eq./kg	0.65 kgC_2H_4 eq./kg	62 $kgNO_3^-$ eq./kg	18 kg 粉尘 eq./kg

(2) 加权。

加权就是在标准化的基础上,根据不同环境影响类型的重要性,对不同环境影响类型赋予不同的权重,并对结果进行合并,最终能够得到一个综合性的影响指标,以此达到不同产品或方案的生命周期影响评价比较的目的。加权后的影响潜值如下:

$$WP(j) = WF(j) \times NEP(j) \tag{7.15}$$

式中,$WP(j)$为加权后的影响潜值;$WF(j)$为j种环境影响的权重因子;$NEP(j)$为标准化后的影响潜值。

加权方案参考中国科学院生态研究所的结果[26],具体权重值如表7.26所示。

表 7.26 环境影响类型的权重

影响类型	全球变暖 (GWP)	酸化 (AP)	光化学臭氧生成潜力 (POCP)	富营养化 (EP)	粉尘 (PM)
权重	0.83	0.53	0.73	0.73	0.61

7.5.5 大型游艇船体材料生命周期评价实例

为了深入研究船体材料生命周期评价方法,本书选取某大型游艇作为实例船型,对船体材料的环境性进行分析。根据对船体材料的初步选择,形成了全船钢制、全船铝制和钢铝混合的三个方案。大型游艇清单数据输入如表7.27所示。

表 7.27 大型游艇船体材料清单分析数据输入

生命周期阶段	输入数据	全钢方案	混合方案	全铝方案
原材料生产 与运输	钢材重量(t)	360	243	0
	铝材重量(t)	0	47	157
	总重(t)	360	290	157
	原材料运输距离(km)	500	500	500
船舶建造	板材面积(m²)	8 474	8 474	8 474
	切割面积(m²)	12	13	15
	焊接距离(m)	3 200	3 500	4 000
船舶营运	航速(kn)	20	20	20
	排水量(t)	1 323	1 253	1 120
	吃水(m)	3.88	3.75	3.5
	主机型号	M96L	M93	M73L
	主机转速(r/min)	2 100	2 100	2 050
	主机额定功率(kW·h)	3 440×2	3 120×2	2 880×2

(续表)

生命周期阶段	输入数据	全钢方案	混合方案	全铝方案
船舶营运	年营运次数	30	30	30
	每次航行时间(h)	120	120	120
	营运年数(year)	20	20	20
	燃油消耗率[kg/(kW·h)]	0.23	0.224	0.22
	结构重量/排水量	0.27	0.23	0.14
材料回收	废钢重量(t)	360	243	0
	再生钢材(t)	288	194.4	0
	废铝重量(t)	0	47	157
	再生铝材(t)	0	38.4	125.6

(1) 能源消耗分析。

通过对船体材料生命周期各阶段能源消耗的计算,可以得到大型游艇各方案生命周期各阶段的能源消耗,如表7.28及图7.19所示。

表7.28 大型游艇各方案生命周期内的能源消耗

能源消耗(MJ)	原材料生产	原材料运输	船舶建造	船舶营运	材料循环	总 量
全钢方案	8.05×10^6	1.23×10^2	1.22×10^4	1.31×10^9	-3.69×10^6	1.32×10^9
混合方案	1.74×10^7	9.87×10	1.22×10^4	9.87×10^8	-1.13×10^7	9.93×10^8
全铝方案	3.99×10^7	5.34×10	1.22×10^4	5.45×10^8	-2.94×10^7	5.55×10^8

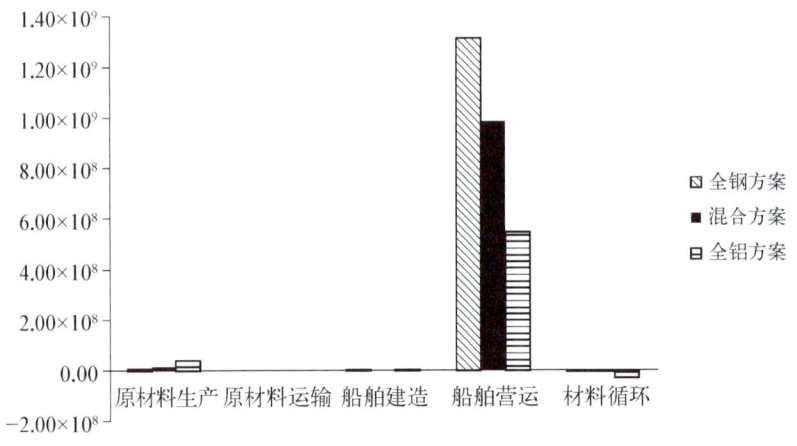

图7.19 某大型游艇船体材料能源消耗

通过图表数据可以得到如下结论:

① 全钢方案的能源消耗总量最高,其次是钢铝混合方案和全铝方案;大型游艇选用铝材时,全铝方案与全钢方案相比能源消耗总量减少约 58%,铝材作为船体材料时能源消耗较少;

② 原材料生产阶段中全铝方案能耗最高,其次是钢铝混合方案和全钢方案;生产相同质量的铝材和钢材,铝材的能耗约为钢材的 5.5 倍;

③ 船舶营运阶段能源消耗在各方案船舶生命周期内所占比例最高,因此在实施节能措施时,应将重点放在船舶营运阶段,尽量降低船舶重量。

(2) 污染物排放汇总。

通过对游艇各方案污染物排放的计算,得到大型游艇三个方案的环境排放,如表 7.29~表 7.31 所示。污染物对环境的影响在影响评价中具体分析。

表 7.29 大型游艇全钢方案污染物排放汇总 (t)

环境排放	原材料生产	原材料运输	船舶建造	船舶营运	材料回收
CO_2	644.06	4.26	0.54	99 579.20	−284.91
SO_2	11.20	0.07	0.00	641.85	−8.25
NO_x	4.23	0.08	0.00	1 710.21	−3.39
CO	52.77	0.01	0.00	233.02	−41.81
CH_4	7.03	0.00	0.00	442.97	−5.62
粉尘	45.22	0.00	0.21	215.57	−34.50
COD	8.59	0.00	0.00	0.00	−6.87
SS	172.14	0.00	0.00	0.00	−131.69
C_xH_y	0.00	0.01	0.02	0.00	0.00

表 7.30 大型游艇混合方案污染物排放汇总 (t)

环境排放	原材料生产	原材料运输	船舶建造	船舶营运	材料回收
CO_2	1 501.83	3.43	0.54	74 928.85	−741.20
SO_2	11.21	0.05	0.00	482.96	−7.53
NO_x	6.42	0.06	0.00	1 286.85	−3.81
CO	93.67	0.01	0.00	175.34	−47.69
CH_4	7.08	0.00	0.00	333.32	−5.08
粉尘	54.72	0.00	0.21	162.21	−31.15
COD	5.80	0.00	0.00	0.00	−4.64
SS	116.20	0.00	0.00	0.00	−88.89
C_xH_y	0.00	0.01	0.02	0.00	0.00

表 7.31 大型游艇全铝方案污染物排放汇总 (t)

环境排放	原材料生产	原材料运输	船舶建造	船舶营运	材料回收
CO_2	3 564.53	1.86	0.54	41 348.70	−1 833.51
SO_2	12.18	0.03	0.00	266.52	−6.57
NO_x	11.89	0.03	0.00	710.14	−5.07
CO	193.93	0.01	0.00	96.76	−65.03
CH_4	7.81	0.00	0.00	183.94	−4.27
粉尘	80.83	0.00	0.21	89.51	−26.25
COD	0.00	0.00	0.00	0.00	0.00
SS	0.00	0.00	0.00	0.00	0.00
C_xH_y	0.00	0.00	0.02	0.00	0.00

通过船体材料影响评价的方法，对清单分析得到的污染物排放量进行分类、特征化、标准化和加权一系列处理，可以得到大型游艇各方案影响评价结果。本书主要从船体材料对环境影响类型和生命周期各阶段的影响进行分析，计算结果如表 7.32～表 7.34 所示。

表 7.32 大型游艇全钢方案影响评价结果

影响类型	GWP	POCP	AP	EP	PM	总 计
材料生产	2.18×10^2	1.98×10^3	2.09×10^2	4.55×10^2	1.53×10^3	4.39×10^3
材料运输	2.85	7.17	1.82	1.27	4.65×10^{-3}	1.31×10
船舶制造	5.36×10^{-2}	1.21×10	2.03×10^{-3}	1.07×10^{-3}	6.98	1.91×10
船舶营运	6.28×10^4	6.90×10^4	2.71×10^4	2.72×10^4	7.31×10^3	1.93×10^5
材料回收	-1.52×10^2	-1.57×10^3	-1.56×10^2	-3.52×10^2	-1.17×10^3	-3.40×10^3
总 计	6.29×10^4	6.94×10^4	2.71×10^4	2.73×10^4	7.68×10^3	1.94×10^5

表 7.33 大型游艇混合方案影响评价结果

影响类型	GWP	POCP	AP	EP	PM	总 计
材料生产	3.74×10^2	3.43×10^3	2.31×10^2	3.64×10^2	1.85×10^3	6.25×10^3
材料运输	2.30	5.78	1.47	1.03	3.75×10^{-3}	1.06×10
船舶制造	5.36×10^{-2}	1.21×10	2.04×10^{-3}	1.07×10^{-3}	7.01	1.91×10
船舶营运	4.73×10^4	5.19×10^4	2.04×10^4	2.05×10^4	5.50×10^3	1.45×10^5
材料回收	-2.08×10^2	-1.77×10^3	-1.50×10^2	-2.61×10^2	-1.06×10^3	-3.45×10^3
总 计	4.74×10^4	5.36×10^4	2.05×10^4	2.06×10^4	6.30×10^3	1.48×10^5

表 7.34 大型游艇全铝方案影响评价结果

影响类型	GWP	POCP	AP	EP	PM	总计
材料生产	7.59×10^2	7.00×10^3	3.02×10^2	1.89×10^2	2.74×10^3	1.10×10^4
材料运输	1.24	3.13	7.95×10^{-1}	5.55×10^{-1}	2.03×10^{-3}	5.73
船舶制造	5.37×10^{-2}	1.21×10	2.05×10^{-3}	1.07×10^{-3}	7.06	1.92×10
船舶营运	2.61×10^4	2.86×10^4	1.12×10^4	1.13×10^4	3.03×10^3	8.03×10^4
材料回收	-3.52×10^2	-2.40×10^3	-1.49×10^2	-8.07×10	-8.90×10^2	-3.87×10^3
总计	2.65×10^4	3.32×10^4	1.14×10^4	1.14×10^4	4.89×10^3	8.74×10^4

① 全钢方案。

如图 7.20 可知,全钢方案生命周期评价环境影响类型大小依次是光化学臭氧生成潜力(POCP)、全球变暖(GWP)、富营养化(EP)、酸化效应(AP)和粉尘(PM)。光化学臭氧生产潜力和全球变暖是全钢方案船体材料的主要影响因素,分别占总环境影响值的 35% 和 32%,富营养化、酸化效应次之,粉尘潜力的影响力最小,占 3%。

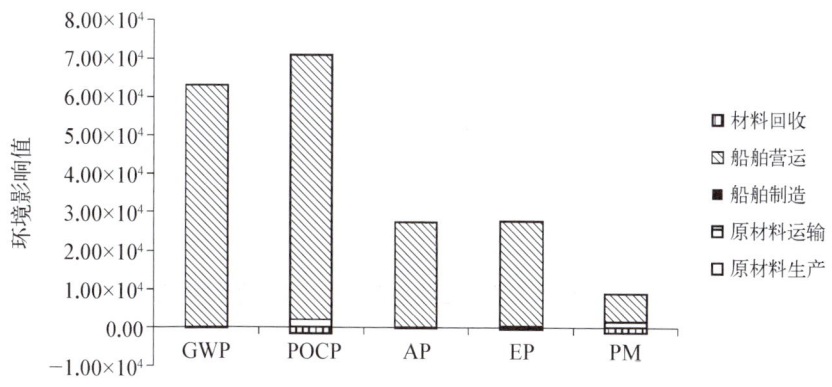

图 7.20 全钢方案各环境影响类型的影响值

如图 7.21 所示,全钢方案生命周期各阶段中船舶营运阶段的影响值所占比例最大,达到了 95% 以上,原材料生产和材料回收阶段的影响值次之,原材料运输和船舶建造阶段环境影响值很小。船舶营运阶段中,主要环境影响类型是光化学臭氧生成潜力和全球变暖。

② 混合方案。

如图 7.22 所示,钢铝混合方案生命周期各阶段中船舶营运阶段的影响值所占比例最大,约为 98%,原材料生产和材料回收阶段次之,原材料运输和船舶建造阶段环境影响值很小。船舶营运阶段中,主要环境影响类型是光化学臭氧生成潜力和全球变暖。

③ 全铝方案。

如图 7.23 可知,全铝方案生命周期评价环境影响类型大小依次是光化学臭氧生成潜力(POCP)、全球变暖(GWP)、富营养化(EP)、酸化效应(AP)和粉尘(PM)。与其他影响

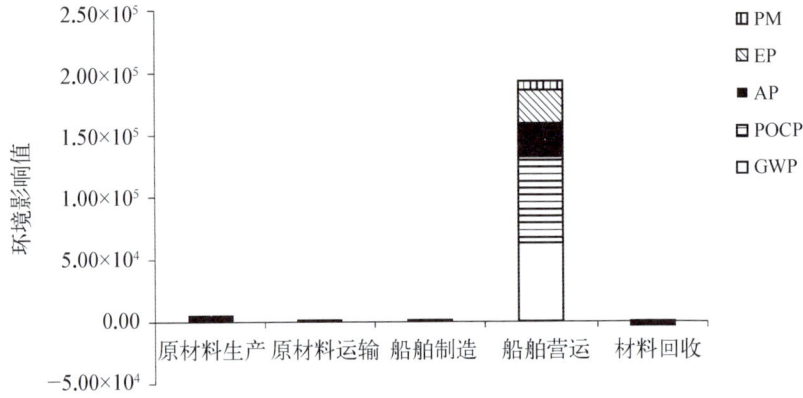

图 7.21　全钢方案生命周期各阶段的影响值

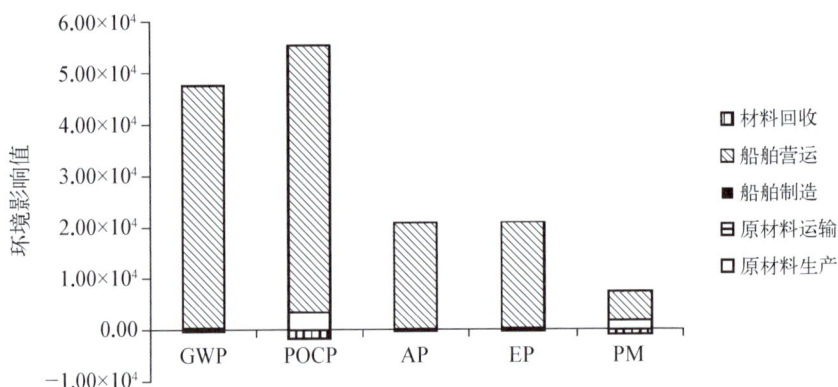

图 7.22　钢铝混合方案生命周期各阶段的环境影响值

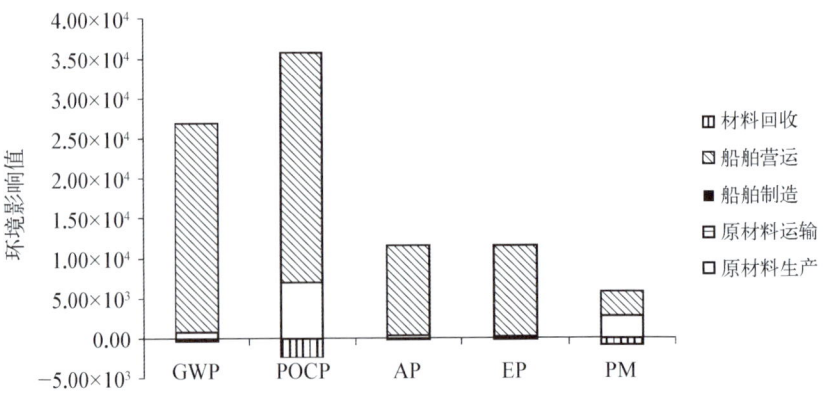

图 7.23　全铝方案各环境影响类型的影响值

类型相比,光化学臭氧生产潜力和全球变暖是全铝方案船体材料的主要影响因素,分别占总环境影响值的 38% 和 30%;富营养化、酸化效应次之,占影响总值的 13%;粉尘潜力的影响力最小,占 5.6%。

如图 7.24 所示,全铝方案生命周期各阶段中船舶营运阶段的影响值所占比例最大,约为 92%,原材料生产和材料回收阶段次之,原材料运输和船舶制造阶段环境影响值很小。船舶营运阶段中,主要环境影响类型是光化学臭氧生成潜力和全球变暖。

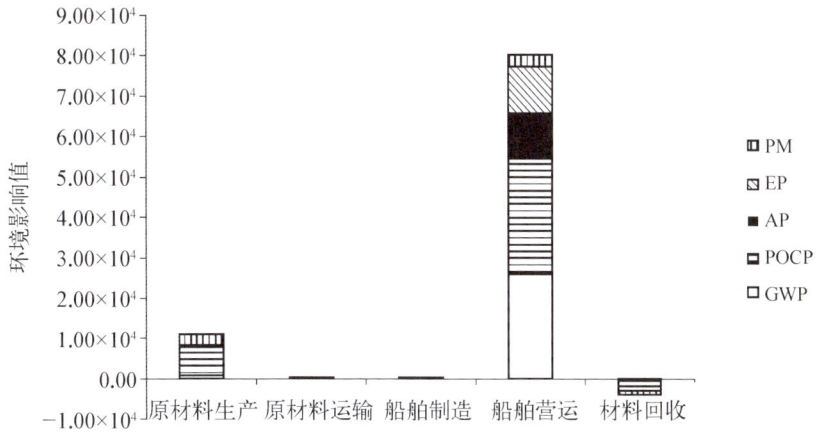

图 7.24　全铝方案生命周期各阶段的环境影响值

下面是三个方案的环境影响对比分析。

(1) 环境影响类型的比较。

如图 7.25 所示,从环境影响总值上来看,全钢方案、钢铝混合方案和全铝方案的环境影响总值逐渐减小。当船体材料使用铝材时,全球变暖(GWP)、酸化(AP)和富营养化(EP)的影响值显著减小,全铝方案游艇的生命周期内环境影响值与全钢方案相比均降低了约 55%;光化学臭氧生成潜力(POCP)影响值降低了约 35%,除粉尘外的各类环境影响值均有较大程度的减小;而从粉尘(PM)影响值上看,三个方案的影响值基本持平。

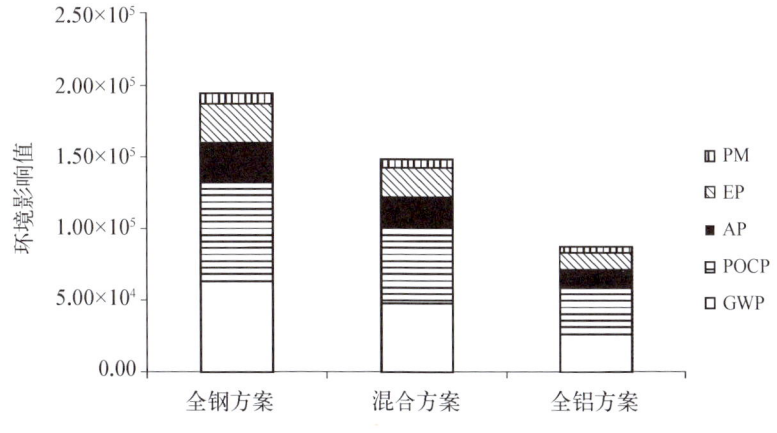

图 7.25　大型游艇各方案环境影响值

分析各方案游艇生命周期内不同环境影响类型占总影响值的比例,全铝方案与全钢方案相比,全球变暖(GWP)、酸化(AP)和富营养化(EP)所占比例减小,而光化学臭氧生成潜力(POCP)、粉尘(PM)类型所占比例有所增加。因此铝材能更有效地降低全球变暖、酸化和富营养化这三个类型的潜在影响。

(2) 生命周期各阶段的比较。

如图 7.26 所示,全铝方案在材料生产阶段的环境影响值与全钢方案相比显著增加,增加量为 50% 以上,因此全铝方案与全钢方案相比,原材料生产阶段、材料回收阶段所占影响值的比例较大;全铝方案在船舶营运阶段的环境影响值显著降低,减少量为 50% 以上;各方案也表现出相同的特点:船舶营运阶段在全生命周期内所占比例最大,其次是原材料生产阶段和船舶拆解和材料回收阶段,而原材料运输和船舶制造阶段所占比例很少。

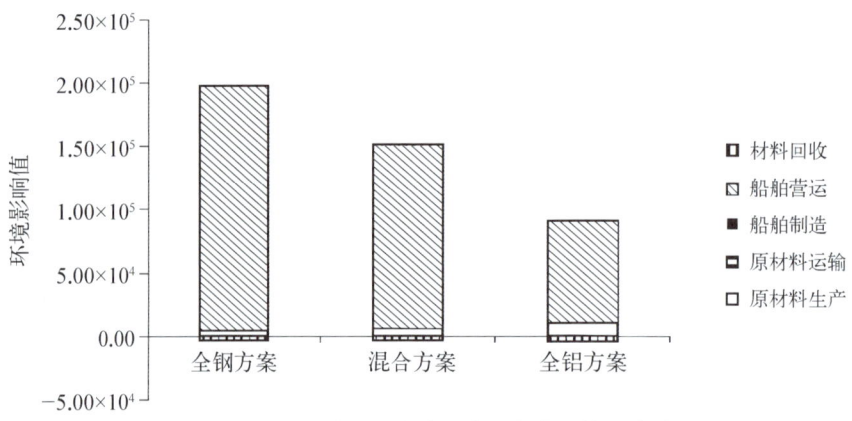

图 7.26 大型游艇各方案生命周期内环境影响值

(3) 结论及改进意见。

根据对比结果,对大型游艇材料选择的环境性分析及改进措施如下:

① 在原材料生产阶段中,同一船型使用铝材的环境影响值约为使用钢材时的 2.5 倍;而制造相同质量的铝材和钢材时,铝材的环境排放约为钢的 5.7 倍,这也是由于铝材生产过程的高能耗和高排放所致,所以若仅从材料生产阶段来看,铝材的环境影响大于钢材;该阶段应提高材料生产过程中能源利用率,提升工艺技术水平,降低生产过程能耗;

② 原材料运输过程和船舶制造过程在船舶全生命周期内的排放所占比例都很小;原材料运输阶段环境影响与材料重量正相关,该阶段应选择排放较低的运输工具,采用合理的物流运输方式;而船舶制造阶段故该阶段可采用船舶绿色制造技术,如干式切割、激光切割等切割技术;绿色焊接工艺,如熔化气体保护焊、摩擦搅拌焊等工艺方法;

③ 铝材最大的优势体现在质量轻,相同船型使用铝材能有效降低结构重量,这一点优势很好地体现在了船舶营运阶段;作为船舶生命周期中影响最大的阶段,有效降低结构重量,材料引起的环境影响也能有效降低;全铝方案与全钢方案相比结构重量约降低了 56%,游艇营运阶段环境影响值约降低了 51%;该阶段的绿色船舶材料相关技术应更多

地放在船体结构轻量化设计技术,或采用轻型高强度复合材料如生物树脂、金属泡沫材料等,通过船体减重这一途径能有效降低船舶营运阶段的环境排放;

④ 材料回收阶段的工艺方法可看作原材料生产阶段的部分工艺过程,各环境影响类型所占比例与生产阶段相似;此阶段应尽量提高报废材料的回收率,对建造过程的废料尽量做到循环使用,并使用绿色拆船技术降低拆解过程的污染物排放。

总体来说,从生命周期评价这一角度对钢、铝两种材料作为大型游艇船体材料时进行环境影响比较,选用铝材时与钢相比对环境的影响较小。相同船型的游艇选用铝材与钢材相比:能源消耗可降低58%,LCA环境影响潜值可降低55%,选用铝材具有较小的环境影响。

7.6 本章小结

本章首先把游艇装备产品分为八类,分别为船体材料、轮机设备、电气设备、锚泊设备、救生设备、消防设备、舾装设备和通信设备。然后针对这些设备的特点、法规的要求,对设备选择选型作出了分析比较,能够在下一步的选配系统中作为参考建议。将绿色设计的理念融入船体材料选择中,通过分析绿色材料的特点、传统船体材料选用原则,构建船体材料选择的结构体系。将生命周期评价方法应用到船体材料选择中,根据ISO的生命周期评价理论框架提出了基于船体材料选择的LCA实施框架。根据绿色产品、绿色材料评价体系建立原则,结合船舶自身的特点,融入LCA理论,给出了面向船体材料选择的绿色度评价体系;该体系从生命周期的角度对船体材料的环境、资源、能源、经济和技术进行综合分析。

参考文献

[1] 张丹丹.绿色设计中材料选择关键技术研究[D].青岛:山东科技大学,2011.
[2] L Shou-ze,L Xiao-song,Y Jian-jun. Green materials research and development[J]. Manufacture Information Engineering of China,2010.
[3] 李碧英.绿色船舶及其评价指标体系研究[J].中国造船,2008,49(B10):27-35.
[4] Du D,Pang Q,Wu Y. Modern comprehensive evaluation method and case selection[M]. Beijing: Tsinghua University Press,2005.
[5] Saaty T L. How to make a decision: the analytic hierarchy process[J]. European journal of operational research,1990,48(1):9-26.
[6] Saaty T L. What is the analytic hierarchy process?[M]. Berlin:Springer Berlin

Heidelberg，1988.

[7] Chang D Y. Applications of the extent analysis method on fuzzy AHP[J]. European journal of operational research，1996，95(3)：649-655.

[8] 陈刚. 船舶电气[M]. 北京：人民交通出版社，2011.

[9] 周宏. 船舶设备[M]. 北京：人民交通出版社，2011.

[10] 龙马工作室. 新编 VB. NET 2005 程序设计从入门到精通[M]. 北京：人民邮电出版社，2008.

[11] Consoli F，Allen D，Bousted I，et al. Guidelines for life-cycle assessment：a code of practice [M]. STEAC，Pensacola，FL，1993.

[12] 廖文. 面向绿色设计的船舶材料生命周期评价方法及应用[D]. 武汉：武汉理工大学，2010.

[13] 蔡九菊，殷瑞钰. 钢铁生产流程环境负荷评价体系的研究方法[J]. 钢铁，2002，37(8)：66-70.

[14] 李兴福，徐鹤. 基于 GaBi 软件的钢材生命周期评价[J]. 环境保护与循环经济，2009，29(6)：15-18.

[15] 中国有色金属工业年鉴编辑委员会. 中国有色金属工业年鉴 2003—2009[M]. 北京：中国国家有色金属工业局，2009.

[16] 丁宁. 典型铝合金的生命周期评价[D]. 北京：北京工业大学，2010.

[17] 徐兆康. 船舶建造工艺学[M]. 人民交通出版社，2000.

[18] 孟轶. 铝合金高速船建造特点[J]. 中国水运，2014(8)：62-63.

[19] 李碧英. 基于生命周期评价的船舶环境影响行为研究[J]. 环境保护与循环经济，2009，29(7)：17-20.

[20] Yokelson R，Christian T. Emissions of trace gases and particles from two ships in the southern Atlantic Ocean[J]. Atmospheric Environment，2003，37(15)：2139-2148.

[21] 汤俊平. 废钢回收和加工[J]. 钢铁技术，2005(4)：6-8.

[22] 张存星. 废钢资源对钢铁生产能耗影响的研究[D]. 鞍山：辽宁科技大学，2012.

[23] 丁宁，高峰，王志宏，等. 原铝与再生铝生产的能耗和温室气体排放对比[J]. 中国有色金属学报，2012(10)：2908-2915.

[24] 蔡艳秀. 分离式三室再生铝熔炼炉技术探讨[J]. 资源再生，2010(3)：42-45.

[25] 刘志峰，王进京，张雷，等. 铝合金与玻璃钢汽车引擎盖的生命周期评价[J]. 合肥工业大学学报：自然科学版，2012，35(4)：433-438.

[26] 杨建新. 产品生命周期评价方法及应用[M]. 北京：气象出版社，2002.